DÉCROISSANCE *VERSUS* DÉVELOPPEMENT DURABLE

DÉCROISSANCE *VERSUS* DÉVELOPPEMENT DURABLE

Débats pour la suite du monde

Sous la direction d'Yves-Marie Abraham,
Louis Marion et Hervé Philippe

écosociété

Coordination de la production : Anne-Lise Gautier, Valérie Lefebvre-Faucher
Maquette de la couverture : Christian Bélanger
Typographie et mise en pages : Andréa Joseph

C.P. 32052, comptoir Saint-André
Montréal (Québec) H2L 4Y5
Dépôt légal : 1er trimestre 2011

ISBN 978-2-923165-51-6

Catalogage avant publication de Bibliothèque et Archives nationales du Québec et Bibliothèque et Archives Canada

Vedette principale au titre :

Décroissance versus développement durable : débats pour la suite du monde

Textes présentés lors d'un colloque tenu à HEC Montréal en mai 2009.

Comprend des réf. bibliogr.

ISBN 978-2-923165-51-6

1. Développement durable - Congrès. 2. Décroissance soutenable - Congrès.
3. Développement économique - Aspect de l'environnement - Congrès.
I. Abraham, Yves-Marie. II. Marion, Louis, 1964- . III. Philippe, Hervé.

HC79.E5D42 2011 338.9'27 C 2011-940456-7

Les Éditions Écosociété reconnaissent l'appui financier du gouvernement du Canada et remercient la Société de développement des entreprises culturelles (SODEC) et le Conseil des arts du Canada de leur soutien.

Gouvernement du Québec – Programme de crédit d'impôt pour l'édition de livres – Gestion SODEC.

Canada SODEC Québec Canada Council for the Arts Conseil des arts du Canada

TABLE DES MATIÈRES

INTRODUCTION

Développement durable ou décroissance soutenable ?

Yves-Marie Abraham, Louis Marion et Hervé Philippe

Que faire « pour la suite du monde »[1] ? Parmi ceux qui considèrent que nos sociétés sont engagées sur une voie sans issue et qu'il est donc urgent d'en modifier la trajectoire, le projet d'un « développement durable » ou « soutenable » a aujourd'hui la faveur du plus grand nombre. Formulé au cours des années 1980, notamment dans le rapport Brundtland (1987), et entré officiellement en politique lors du Sommet de Rio en 1992, ce projet repose, rappelons-le, sur l'idée qu'il est à la fois nécessaire et possible de concilier respect de l'environnement, croissance économique et progrès social. On le sait, la notion de développement durable est désormais omniprésente, non seulement dans le débat politique, mais également dans le monde des affaires.

Cependant, peut-on vraiment envisager une croissance économique continue qui n'aggraverait pas la crise environnementale dont nous constatons chaque jour davantage les symptômes ? Est-il possible que l'on puisse se développer à l'infini dans un monde fini ? Par ailleurs, l'effort de croissance n'a de sens que dans la mesure où il favorise l'accomplissement de ces deux idéaux fondateurs de l'Occident moderne que sont l'égalité et la liberté individuelle. Or, la création de richesses phénoménales dont nos sociétés sont capables, les progrès scientifiques et techniques qu'elles accomplissent, ne se traduisent pas nécessairement par davantage d'égalité entre les humains, ni davantage de liberté. C'est même le contraire que l'on a maintes fois observé, notamment au cours des trois dernières décennies, que ce soit en Occident ou ailleurs.

En somme, n'y a-t-il pas une contradiction indépassable entre croissance économique d'une part, progrès social et respect de l'environnement,

---

1. Expression que nous empruntons à l'un des personnages du grand film de Pierre Perrault, intitulé *Pour la suite du monde* (1963).

d'autre part ? Dans ces conditions, ne serait-il pas temps de remettre en question cette course à la croissance et au développement – même « durable » – dans laquelle nos sociétés sont engagées ? Plutôt que de relancer la croissance à tout prix, comme promettent actuellement de le faire nos dirigeants politiques et économiques, ne vaudrait-il pas mieux profiter des crises présentes pour tenter de bâtir un monde reposant sur de tout autres fondements ? Telle est, dans son principe, la voie que veulent explorer les partisans de la « décroissance soutenable » ou « volontaire ».

Préconiser une telle solution ne va évidemment pas de soi. Au moins depuis les *Recherches sur la nature et les causes de la richesse des nations*, d'Adam Smith, en 1776, les « modernes » considèrent que leur bonheur passe par une amélioration continue de leur bien-être matériel. La révolution industrielle a reposé entièrement sur cette prémisse ; une prémisse qu'ont partagée ensuite socialistes et capitalistes. Quant à « l'aide au développement » des pays du tiers-monde, elle a d'emblée été envisagée comme une aide à la croissance économique. Il y a donc quasi-unanimité en Occident, et depuis bientôt trois siècles, sur cette question : il est essentiel de produire toujours plus de biens (et de services) pour satisfaire toujours plus de besoins ; le débat porte sur le mode de production et de répartition de ces biens, pas sur la raison d'être de leur création. Prôner la décroissance ou l'objection de croissance constitue donc une remise en cause fondamentale de notre monde.

Cela dit, il reste à savoir à quoi pourrait bien ressembler une société de décroissance et comment s'engager sur cette voie. Peut-on concevoir notamment de « décroître » sans pour autant en revenir à des mondes du passé ? Le projet de décroissance ne risque-t-il pas de sombrer dans les eaux troubles du malthusianisme ? N'entre-t-il pas en contradiction surtout avec une « nature humaine » spontanément portée vers la croissance et le développement ? Et dans ce cas, sa mise en œuvre peut-elle éviter l'écueil des solutions autoritaires ? Ne vaut-il pas mieux dès lors en rester au projet de développement durable ?

Élargir le cercle du débat

Souhaitant que ces questions soient débattues publiquement et en particulier dans les lieux où elles ne sont généralement pas abordées, nous avons organisé un colloque à HEC Montréal en mai 2009, à l'initiative du Mouvement Québécois pour une Décroissance Conviviale. Lancé en janvier 2009, l'appel à contributions sollicitait des réponses aux trois séries de questions suivantes :

1. Qu'est-ce que le développement durable et qu'est-ce que la décroissance soutenable ? Quels sont les fondements théoriques

de ces deux options ? De quelles traditions intellectuelles et politiques sont-elles les héritières ? Quelles sont les principales différences entre elles ? Sur quels plans ou sur quels points se rejoignent-elles ?

2. Quels sont les principaux arguments en faveur de chacune de ces options ? Pourquoi préférer le développement durable ou la décroissance soutenable ? Quelles sont les limites et les risques propres à chacune de ces solutions ? Pourquoi la thématique du développement durable a-t-elle connu un tel succès au cours des 10 dernières années ? Pourquoi le projet d'une « décroissance soutenable » reste-t-il à ce jour marginal ?

3. Comment mettre en œuvre concrètement chacune de ces deux options ? Sur quels types d'actions ou de projets débouchent-elles ? Que serait une société en développement durable, comparée à nos sociétés actuelles ? Que serait une société décroissante ou « a-croissante » ? Quels sont les principaux obstacles à la mise en œuvre d'un développement durable ou d'une décroissance soutenable ?

Près d'une quarantaine de textes nous ont été soumis, par des chercheurs essentiellement, venant du Québec et d'Europe (France, Espagne, Allemagne et Suisse). Un comité scientifique international constitué pour l'occasion a retenu 18 de ces contributions. Nous avons complété le programme du colloque en invitant par ailleurs quatre conférenciers de renom au Québec à se prononcer sur ces questions : Michel Freitag, Corinne Gendron, Harvey Mead et Claude Villeneuve.

La qualité des conférences et des débats nous ont convaincus de l'intérêt de fixer sur les pages d'un livre l'essentiel des idées présentées au cours des deux journées du colloque. Selon nous, répétons-le, ces questions doivent être discutées sans attendre, par un public aussi large que possible. L'écrit reste, pour ce faire, un vecteur irremplaçable. Par bonheur, nous avons trouvé aux Éditions Écosociété des interlocuteurs que nous n'avons même pas eu besoin de convaincre de l'importance d'un tel projet. Qu'ils en soient ici chaleureusement remerciés.

Soucieux d'aller au-delà d'une simple publication des actes du colloque, nous avons relu avec l'éditeur toutes les contributions qui avaient été présentées au public et en avons finalement sélectionné 13 (10 textes et 3 retranscriptions de conférences) qui nous ont semblé particulièrement stimulantes et originales, tout en restant accessibles à des lecteurs non spécialistes. Pour renforcer la cohérence de l'ensemble et approfondir la réflexion, plusieurs de ces textes ont été remaniés par leurs auteurs. Nous y avons ajouté par ailleurs une introduction et un texte final, qui soulignent la perspective dans laquelle nous avons travaillé.

De quoi parle ce livre

Les auteurs de cet ouvrage s'accordent sur au moins deux points : 1) en adoptant les manières de penser et d'agir caractéristiques de l'Occident moderne, l'humanité court à sa perte ; 2) il est à la fois souhaitable et possible d'intervenir pour empêcher cette issue funeste. Les divergences apparaissent lorsqu'il s'agit de définir l'objectif et le contenu de cette intervention. Dans une large mesure, ces disparités tiennent à des différences de diagnostic. C'est pourquoi les deux premières parties de ce livre présentent une série d'analyses, tantôt complémentaires, tantôt contradictoires, des raisons pour lesquelles notre « monde » est en péril.

Tout d'abord, sous le titre « Pourquoi l'avenir de notre monde est-il menacé ? », sont rassemblés des textes qui tentent de mettre en évidence la cause essentielle du « mal » dont souffre notre modèle de société. Après avoir présenté une très éclairante typologie des positions possibles dans le débat que nous avons lancé, le sociologue Andreu Solé, professeur à HEC Paris, soutient que c'est l'entreprise qui constitue le problème fondamental de notre monde. Pour le philosophe Louis Marion, c'est plus généralement l'idéologie du progrès et de la technique qu'il convient de mettre en cause. Enfin, Catherine Beau-Ferron, militante du Mouvement Québécois pour une Décroissance Conviviale, suggère de manière originale que nos difficultés présentes sont la conséquence du penchant des « modernes » pour l'abstraction.

Dans la deuxième partie, intitulée « Quelles sont les raisons de notre inaction ? », il est encore question de diagnostics. Mais cette fois, il s'agit de se pencher sur les motifs pour lesquels, bien que (relativement) conscients des périls qui nous menacent depuis quelques décennies, nous n'avons pas réussi pour le moment à infléchir la trajectoire de notre monde. L'économiste Pascal van Griethuysen, enseignant-chercheur à l'Institut de Hautes Études Internationales et du Développement de Genève, met en cause un effet dilatoire de l'idéologie du développement durable. Gilles Rotillon, professeur d'économie à l'Université de Nanterre, montre que, dans le contexte d'une société de croissance, personne n'a intérêt à travailler « pour la suite du monde ». Le sociologue Reiner Keller, professeur à l'Université de Koblenz-Landau (Allemagne), souligne quant à lui la difficulté d'agir dans la « société du risque », société caractérisée notamment par une incertitude radicale. Enfin, Paul Sabourin, professeur de sociologie à l'Université de Montréal, s'inquiète de l'espèce de naïveté sociologique qui est la nôtre quant nous prétendons vouloir réguler l'économique.

Les chapitres qui constituent les troisième et quatrième parties de cet ouvrage ne se situent plus seulement sur le registre de l'analyse. Ils présentent des axes de solution aux crises qui menacent d'ores et déjà nos sociétés. Nous les avons regroupés en deux grandes catégories.

D'un côté, nous avons des textes qui préconisent une réforme profonde de notre modèle de société mais qui, somme toute, ne mettent pas en question l'idéal de développement illimité sur lequel repose ce modèle. Entrent dans cette catégorie les contributions d'André Thibault, sociologue et correspondant des Amis du *Monde diplomatique* à Montréal, Corinne Gendron, professeure de stratégie à l'UQAM et spécialiste des questions de responsabilité sociale des entreprises et de développement durable et Claude Villeneuve, biologiste et professeur en sciences de l'environnement à l'UQAC. En dépit de divergences importantes de point de vue, ces trois auteurs ont en commun de privilégier des solutions que l'on peut qualifier de « réformistes ». D'où le titre de la partie dans laquelle nous avons rassemblé leurs textes : « Un “accommodement raisonnable” avec notre modèle de société reste-t-il possible ? ».

D'un autre côté ont été réunies des contributions dont les auteurs prônent une rupture radicale avec les principes fondateurs des sociétés occidentales et la nécessité d'inventer un monde tout autre, qui serait notamment « a-croissanciste » et « a-économique ». Le biochimiste Hervé Philippe, professeur à l'Université de Montréal, en appelle ainsi à une « décroissance de la recherche scientifique ». Les sociologues Mercedes Martinez-Iglesias et Ernest Garcia, professeurs à l'Université de Valence (Espagne), soutiennent qu'il est trop tard pour envisager un développement durable, mais qu'il est encore temps de s'engager sur la voie d'une décroissance volontaire, avant que cette décroissance ne nous soit imposée par l'effondrement de notre civilisation. Enfin, Michel Freitag, philosophe et sociologue, professeur émérite à l'UQAM, malheureusement disparu en novembre 2009, conclut cette quatrième et dernière partie en soutenant qu'« [i]l n'y a pas de limite à l'amélioration qualitative de la vie ».

Le livre s'achève sur un épilogue, dans lequel Yves-Marie Abraham, professeur de sociologie à HEC Montréal, revient sur les principaux termes du débat et invite finalement le lecteur à se libérer de l'idée de « Nature »...

PREMIÈRE PARTIE

Pourquoi l'avenir de notre monde est-il menacé ?

CHAPITRE PREMIER

Développement durable ou décroissance ?

Le point aveugle du débat

Andreu Solé

Aujourd'hui, le réflexe (y compris parmi les chercheurs : économistes, sociologues, politologues, philosophes) est d'opposer « développement durable » et « décroissance ». C'est présupposer un débat circonscrit à deux positions, une alternative par conséquent.

L'étude que nous présentons – une exploration du débat en cours à partir de l'analyse des textes qui le nourrissent – remet en cause ce présupposé.

Dans ce compte rendu de notre recherche, nous exposons d'abord la méthode de lecture des textes que nous avons adoptée, puis les deux étapes de la démarche d'étude que nous avons suivie. Ensuite, nous tentons de faire voir l'essentiel du débat qui, selon nous, constitue son point aveugle : l'entreprise. Enfin, nous nous interrogeons sur les limites de cette étude.

Comment lire les textes qui parlent de « développement durable » et de « décroissance » ?

Il s'avère que plus on lit de textes qui, d'une manière ou d'une autre, mettent en avant les mots « développement durable » et « décroissance », plus augmente la diversité des significations (conceptuelles, politiques, sociales, morales) de ces vocables – leur ambiguïté donc. Comment faire face à celle-ci, autrement dit comment lire et situer ces textes ?

Nous sommes parti, non pas des définitions consacrées du « développement durable » et de la « décroissance » (que l'on trouve dans les écrits d'auteurs de référence ou encore sur Wikipédia), mais de l'hypothèse suivante : *les positions des auteurs dans le débat en cours expriment, d'abord et surtout, leurs attitudes à l'égard du monde existant.*

Quelles sont ces attitudes? *Nous postulons que, d'une manière générale, les humains peuvent adopter trois attitudes à l'égard de leur «monde»* (concept que nous préférons à ceux de «société», «culture» ou «civilisation»).

Tableau 1. Attitudes possibles des humains à l'égard de leur monde

Attitude conservatrice	le monde existant est le meilleur des mondes possibles	totale adhésion, plein soutien au monde existant
Attitude réformiste	le monde existant est améliorable, il est le moins pire des mondes possibles	doutes, questionnements, inquiétudes, critiques, demande de réformes (pouvant être majeures) mais on s'inscrit dans le monde existant
Attitude révolutionnaire	le monde existant n'est pas améliorable, il est inacceptable	critique radicale, condamnation sans appel, refus catégorique du monde existant; souhait d'un autre monde

La première attitude est celle d'humains qui se sentent bien dans le monde existant, qui adhèrent pleinement au système économique, social et politique en place. Convaincus qu'ils vivent dans le meilleur des mondes possibles, leur soutien à celui-ci est total. Parce qu'elle suppose la volonté de conserver ce monde, cette attitude peut être qualifiée de *conservatrice.*

Une autre attitude est celle qui mêle adhésion et critique. On s'interroge sur le monde dans lequel on vit, on dénonce certains de ses traits. Cependant, comme on croit ce monde améliorable grâce à des réformes (pouvant être majeures), cette attitude peut être qualifiée de *réformiste.* On n'imagine pas un monde différent, meilleur, on craint les événements pouvant survenir lors du passage à un nouveau monde, on raisonne à l'intérieur du monde existant – que l'on estime le «moins pire» finalement.

La troisième attitude est le rejet du monde existant. On le juge invivable, on est convaincu qu'il n'est pas améliorable, on le condamne sans appel, on le refuse catégoriquement. Comme on souhaite un autre monde, espère un autre monde, rêve d'un autre monde, on peut parler d'attitude *révolutionnaire* (dans notre langage, révolution signifie changement de monde – quel que soit le processus qui nous amène du monde en place au nouveau).

Nous supposons qu'entre l'attitude réformiste et les deux autres attitudes, la différence n'en est pas seulement une de degré. Il s'agit d'une manière singulière de vivre *hic et nunc*: on ne se sent pas bien dans le monde existant, on le critique mais il est le seul horizon que l'on se donne.

Ces trois attitudes étant des constructions conceptuelles, le schématisme de leur présentation ne doit pas faire oublier que des différences significatives existent à l'intérieur de chacune d'entre elles. Par exemple, on est prêt à défendre le monde existant, ou à changer de monde, par la voie pacifique ou la violence.

Bien entendu, les mots et expressions que nous employons pour décrire ces attitudes sont discutables. Par exemple, dans notre langage, celle qualifiée de conservatrice ne conduit pas forcément à défendre le *statu quo*. On peut réclamer des changements et avoir une attitude conservatrice: c'est le cas lorsque ceux-ci visent la perpétuation du monde existant.

Les attitudes des humains à l'égard du monde existant ne sont pas figées. Elles peuvent évoluer, basculer même. Ainsi qu'en témoigne l'exploration de l'histoire humaine, nous avons affaire à une imprévisible dynamique.

Les cinq positions identifiées

Reposant sur l'hypothèse et le postulat que nous venons d'expliciter, la démarche d'étude que nous avons suivie a comporté deux étapes. La première a été consacrée à la lecture d'une grande quantité de textes, ayant en commun de mettre en avant les mots « développement durable » et « décroissance ». Notre choix a été d'élargir au maximum l'éventail des documents étudiés.

Le *corpus* que nous avons radioscopé comprend: des livres et articles d'économistes, de sociologues, de politologues; des déclarations de dirigeants politiques; des programmes de partis politiques; des réactions de dirigeants d'entreprises dans la presse; des propositions de syndicats ou d'associations; des communications de gouvernements; des papiers de journalistes; des interventions d'experts dans le cadre de conférences internationales.

L'hypothèse étant que les positions des auteurs des textes manifestent leurs attitudes à l'égard du monde existant, la méthode d'investigation adoptée oblige à caractériser celui-ci. Quel est ce monde? Dans cette première étape, nous lui avons associé les mots et expressions suivants: « capitalisme », « marché », « croissance économique », « société de consommation », « mondialisation », « progrès ». D'où vient cette liste? En lisant les textes, nous nous sommes très vite rendu compte que leurs auteurs – quelles que soient leurs positions dans le débat qui nous intéresse – emploient (ou acceptent implicitement) ces vocables pour désigner le système économique, social et politique en place.

En conséquence, nous avons étudié chaque document en posant la triple question suivante :

- est-il favorable au capitalisme, au marché, à la croissance économique, à la société de consommation, à la mondialisation, au progrès (*position conservatrice*) ?
- est-il critique par rapport à ces idées, sans toutefois les rejeter (*position réformiste*) ?
- est-il un refus catégorique de ces idées (*position révolutionnaire*) ?

En procédant de la sorte, il est apparu, d'une part, qu'il fallait distinguer deux conceptions du « développement durable » et, d'autre part, qu'il existait deux critiques radicales – très différentes – à la fois du « développement durable » et de la « décroissance » C'est ainsi que, finalement, nous avons identifié cinq positions (voir le tableau 2, qui croise les trois attitudes à l'égard du monde existant et ces cinq positions).

Position 1. Parmi les textes extrêmement critiques à l'égard du développement durable, certains expriment clairement une attitude conservatrice. Leurs auteurs prônant le laisser-faire en matière d'environnement, on est tenté de les qualifier d'« ultra-libéraux »[1]. Leur position est la suivante : la meilleure manière de protéger l'environnement est de faire confiance à la responsabilité individuelle, aux initiatives privées ; l'État doit intervenir le moins possible. Pour ces auteurs, une démarche comme celle du Grenelle de l'environnement menée en France (à l'initiative du gouvernement de François Fillon) est une hérésie. Quant à la décroissance, il s'agit d'une folie. Face à la montée des préoccupations concernant l'environnement, le souci prioritaire des tenants de cette position est de défendre le système économique, social et politique existant (le capitalisme, le marché, la société de consommation, la croissance économique, la mondialisation en cours)[2].

Position 2. On repère aisément une catégorie de textes dans lesquels l'expression « développement durable » est omniprésente et a une connotation positive. L'un des raisonnements prédominants est le suivant : le développement durable est la prise en compte, dans les activités économiques, des conséquences de celles-ci sur l'environnement (risques de pollution, souci de protéger les ressources naturelles...) ; cette intégration de « l'enjeu environnemental » est une promesse de nouveaux marchés qui

---

1. Nous pensons, par exemple, à la position défendue par John Baden, président de la Foundation for Research on Economics and the Environment, dans « L'économie politique du développement durable », document de l'International Center for Research on Environmental Issues (ICREI) ; <www.euro92.com/acrob/baden.pdf>.

2. D'où, dans le tableau 2, dans la troisième colonne, le signe > pour signifier que le système économique, social et politique est une préoccupation plus importante que la question de l'environnement.

stimulent la consommation, qui créent de l'emploi – qui favorisent la croissance économique. Ainsi, fin mars 2009, se référant au secteur du bâtiment, Jean-Louis Borloo, ministre français de l'Écologie, de l'Énergie, du Développement durable et de l'Aménagement du territoire, explique-t-il: «Les investissements du Grenelle de l'environnement qui, bien sûr, participent pleinement de la relance sont également au cœur d'un nouveau modèle de croissance. Ainsi, la rénovation thermique permettra, à elle seule, de créer près de 115 000 emplois[3].» «Développement durable» signifie «réconciliation de l'économie et de l'écologie». Parmi bien d'autres formules, on peut retenir «capitalisme vert» et «croissance verte». Selon cette vision des choses, le développement durable doit devenir une dimension majeure de la mondialisation; il atteste des «régulations internes» du système économique, social et politique existant; il est la preuve de la capacité de ce système à régler les problèmes qu'il peut engendrer. Pour les propagandistes de cette conception du développement durable, les actions menées en son nom sont l'éclatante confirmation de la logique de progrès du capitalisme, de l'économie de marché, de la croissance économique, de la société de consommation. Les problèmes d'environnement (pollutions, changement climatique, émissions de gaz à effet de serre...) constituent la préoccupation première et prédominante, mais pas exclusive[4]. On parle de «développement responsable», de «responsabilité sociale de l'entreprise»; on insiste sur la nécessité d'un «commerce équitable» ou encore de la «lutte contre la pauvreté» (grâce notamment au micro-crédit). On ne voit aucune raison de remettre en question le système économique, social et politique en place. Au contraire, les préoccupations, réalisations et projets labellisés «développement durable» sont présentés comme des progrès rendus possibles par ce système. L'expression «développement durable» appelle deux questions naïves: développer quoi? faire durer quoi? La réponse qui ressort de l'analyse de cette catégorie de textes est la suivante: développer le capitalisme/l'économie de marché, faire durer le monde existant. C'est pourquoi ce développement durable mérite d'être qualifié de conservateur. Qui le porte et le défend? Les gouvernements de tous les pays (ou presque), les dirigeants des instances internationales (le Fonds monétaire international par exemple), les partis politiques conservateurs (de droite), des composantes des partis de gauche, une partie des militants écologistes, les patrons et cadres d'entreprise, les institutions de formation de ces derniers (les écoles de gestion), la presse dite économique. Pour les défenseurs de

---

3. «L'habitat au cœur de la croissance verte», *Le Figaro*, 25 mars 2009.

4. D'où, dans le tableau 2, dans la troisième colonne, le signe › qui signifie que la question de l'environnement constitue une préoccupation plus importante que le système économique, social et politique existant.

cette approche du développement durable, la décroissance est une idée dangereuse, car trop radicale.

Position 3. Il existe un autre ensemble de textes dans lesquels l'expression « développement durable » est également très présente et positive. Mais, à la différence de la position précédente (P2), les réflexions et propositions portent presque autant sur le système économique, social et politique existant que sur l'environnement, les deux dimensions étant jugées indissociables[5]. Ces textes contiennent des critiques (plus ou moins fortes, mais toujours significatives) du capitalisme, de l'économie de marché, de la croissance économique, de la société de consommation, de la mondialisation – idées auxquelles on oppose « l'économie sociale », « l'économie solidaire », « l'altermondialisme ». Pour autant, on ne rejette pas le monde existant. On croit au progrès, on est convaincu que le système économique, social et politique dans lequel on vit peut – en étant réformé – être source de progrès. Cette position ne s'oppose pas aussi radicalement que P1 et P2 à la notion de décroissance. Ceux qui reprennent ce mot à leur compte atténuent et limitent la portée des idées défendues par les théoriciens et militants de la décroissance (P4). Ainsi, dans un document des Verts français, on lit :

> « La critique antiproductiviste dont les Verts sont porteurs depuis leur origine implique nécessairement la préconisation d'une décroissance ciblée sur des objectifs concrets. Par exemple : décroissance des hauts revenus et profits indécents, issus de l'économie financiarisée ; de l'exploitation des ressources non renouvelables (stocks) ; des gaspillages énergétiques, et en particulier de la production électronucléaire ; de la production et de la vente d'armements, de pesticides, etc. ; des transports aériens et routiers, du commerce intercontinental[6]. »

Étant indissociable d'une remise en cause de traits significatifs du monde existant, ce développement durable mérite d'être qualifié de *critique*. Cette position est celle de beaucoup d'adhérents des partis de gauche (socialistes, sociaux-démocrates), d'une majorité peut-être au sein du mouvement écologiste, de beaucoup de militants syndicaux.

---

5. D'où, dans le tableau 2, dans la troisième colonne, le signe = pour signifier que le système économique, social et politique est une préoccupation aussi importante que la question de l'environnement.

6. Jérôme Gleizes, « Les Verts et la décroissance », La Commission économie, social, services publics des Verts, 20 mai 2007. Voir : <economie-social. lesverts. fr/spip. php? article260>.

Tableau 2. Positions par rapport au développement durable et à la décroissance

Attitude / monde existant	Position / développement durable – décroissance		
Attitude conservatrice	P1 contre le développement durable et de la décroissance	système économique, social, politique existant > environnement	« ultra-libéralisme » : laisser-faire en matière d'environnement ; capitalisme, croissance, mondialisation, progrès
	P2 pour un développement durable conservateur	environnement > système économique, social, politique existant	capitalisme vert croissance verte ; commerce équitable développement responsable ; croissance, mondialisation, progrès
Attitude réformiste	P3 pour un développement durable critique	environnement = système économique, social, politique existant	critique : du capitalisme, de l'économie de marché, de la mondialisation ; économie sociale, solidaire ; croissance, progrès

Attitude / monde existant	Position / développement durable – décroissance		
Attitude révolutionnaire	P4 pour la décroissance	système économique, social, politique existant > environnement	contre la croissance économique, la mondialisation, la loi du profit, la loi du marché, la société de consommation, l'idéologie du progrès; pour un nouveau monde caractérisé par: la démocratie, la solidarité, la vie simple, la relocalisation de la vie économique, la croissance des relations humaines
	P5 contre le développement durable et la décroissance	système économique, social, politique existant > environnement	« écosocialisme », pour une autre mondialisation, progrès

Position 4. Pour désigner ce groupe de textes, un mot s'impose : « décroissance »[7]. Rappelons que les idées et principes auxquels il renvoie doivent beaucoup à des travaux d'économistes, en particulier ceux de Nicholas Georgescu Roegen, souvent présenté comme « le fondateur de la décroissance ». Ces textes reposent sur la conviction que le monde existant ne peut aucunement résoudre les problèmes d'environnement auxquels il est de plus en plus confronté ; que c'est le capitalisme (l'économie de marché) qui les engendre. On est convaincu que c'est le système économique, social et politique en place qui est en cause[8]. On refuse le « dogme de la

7. Certains défenseurs de cette idée critiquent cependant le terme, préférant le vocable « a-croissance ».

8. D'où, dans le tableau 2, dans la troisième colonne, le signe › pour signifier que le système économique, social et politique est une préoccupation plus importante que la question de l'environnement.

croissance », le « productivisme », « l'économisme », la « société de consommation », la « loi du profit », « la loi du marché », « l'idéologie du progrès ». Contre la « mondialisation », on pense « local » : « Pourquoi "local" ? En réponse à la mondialisation et à la crise écologique, nous considérons important de s'approvisionner, ainsi que de vivre et de produire dans le respect du lieu où nous habitons, de ses écosystèmes et de ses ressources particulières[9]. » On rejette le monde existant, on prône clairement la rupture, on est (rigoureusement) « altermondialiste ». La « décroissance », insistent ses propagandistes, n'est pas la récession :

> La décroissance, ce n'est pas la décroissance économique, ce n'est pas la récession, c'est la décroissance de l'économie elle-même comme représentation idéologique dominante qui légitime son autonomie désastreuse à l'abri de toutes attaches et de toutes responsabilités normatives et collectives. "À l'abri" puisque, au final, dans l'acte d'achat d'une marchandise par l'argent, nous nous libérons des attaches normatives du tissu social : après avoir payé, nous avons réglé notre dette vis-à-vis du vendeur du produit que nous achetons. L'économie moderne nous détache en quelque sorte de la communauté[10].

Quel autre monde les tenants de la décroissance proposent-ils ? Bien que l'on ne puisse pas le décrire puisqu'il s'agit d'une rupture, six orientations notamment imprègnent leurs écrits : cet autre (*alter*) monde est caractérisé (contrairement à l'actuel) par la démocratie, la justice sociale, le partage, la solidarité ; comme solution de rechange à la mondialisation, il suppose une « re-localisation de la vie économique » ; il repose sur « une vie simple » (sobre, frugale ; « décroissance » signifie décroissance des besoins) ; il entraîne une décroissance des inégalités, des transports des marchandises sur la planète, du gigantisme, du pouvoir économique sur les médias, de la publicité[11] ; par contre, il suppose la « croissance des relations humaines » ; il implique le respect de toutes les cultures. Même si son écho semble s'élargir, cette position – clairement révolutionnaire – est très minoritaire aujourd'hui en France et dans les pays comparables. On trouve ses défenseurs parmi les militants écologistes, dans des associations et des mouvements souvent très actifs mais aux effectifs limités.

Position 5 : Il existe un ensemble de textes qui rejettent vigoureusement à la fois le développement durable et la décroissance. La position des auteurs est très différente de P1 puisque ceux-ci sont des esprits révolutionnaires marqués par le marxisme. Ainsi, Olivier Besancenot[12] – le

---

9. Courriel du Mouvement québécois pour une décroissance conviviale, 21 février 2009.

10. Louis Marion, « Le progrès en procès », *L'objecteur de croissance*, vol. 1, n° 1, janvier 2009.

11. Voir le site du Parti des objecteurs de croissance : <objecteursdecroissance.fr>.

12. Olivier Besancenot et Daniel Bensaïd, *Prenons parti. Pour un socialisme du XXIe siècle*, Paris, Mille et une nuits/Librairie Arthème Fayard, 2009, p. 313 à 329.

porte-parole du Nouveau Parti anticapitaliste (NPA) qui vient de naître en France – voit dans le slogan « développement durable » une manifestation de la « religion du développement » et dans « le discours de la décroissance » un « fondamentalisme », voire un « extrémisme ». Selon lui, le principe de décroissance repose sur la confusion entre croissance et développement ; c'est un « culte fondé sur l'ascétisme plutôt que sur le "bien-vivre" ». Au développement durable et à la décroissance, Besancenot oppose un projet qui articule écologie et socialisme : « L'écosocialisme n'est pas pour nous le partage de la misère, mais bien la richesse, dans les limites fixées par l'harmonie avec l'environnement et le climat. La vraie question n'est donc pas d'être pour ou contre la croissance, mais de concevoir un développement socialement et écologiquement utile. » On rejette le monde existant, on milite pour une alternative au capitalisme, à la logique du marché. Alors que les militants de la décroissance pensent contre la mondialisation, Besancenot – fidèle à l'analyse marxiste – défend une vision mondialiste (même si, évidemment, il souhaite l'avènement d'une mondialisation très différente de celle en cours). Cet écosocialisme suppose la notion de progrès.

Chacune de ces cinq positions est critique (voire très critique) envers les autres. Par exemple :

- Les esprits ultra-libéraux (P1) soutiennent que le développement durable, même s'il est conservateur (P2), est une idée dangereuse car elle justifie des mesures gouvernementales et des politiques étatiques aux effets imprévisibles et potentiellement néfastes, tant au plan économique que du point de vue écologique.
- Les tenants du « développement durable conservateur » (P2) condamnent sans appel la « décroissance » (P4) : selon l'ancien ministre français Christian Blanc, l'avenir, c'est « la croissance ou le chaos »[13] ; des voix s'élèvent pour dénoncer la critique de la modernité faite au nom de la « décroissance » ; on voit dans la « décroissance » un malthusianisme.
- Les défenseurs de la décroissance (P4) accusent le « développement durable conservateur » (P2) d'aggraver les problèmes : « [il faut] bien faire comprendre ce qui nous distingue des gestionnaires de la production et de tous ceux qui prétendent réconcilier l'écologie et l'économie, l'éthique et le capital, avec leur recette de développement durable permettant effectivement de "polluer moins pour pouvoir polluer plus longtemps" comme le dit Paul Ariès[14]. »
- Des théoriciens de la décroissance (P4) critiquent, avec force, les défenseurs du « développement durable critique » (P3) : « Il faut décoloniser notre imaginaire envahi par l'idéologie de la croissance et du profit. [...] C'est parce qu'ils sont incapables de décoloniser leur imaginaire que le Parti socialiste

13. Titre d'un ouvrage signé par Christian Blanc et paru en 2006 aux Éditions Odile Jacob.
14. Marion, *op. cit.*

français et tous les mouvements politiques "sociaux-démocrates" sont condamnés à faire du libéralisme social[15] » ; « Ce qui sépare les avocats de la décroissance des autres écologistes, des tenants de l'écoefficience aux promoteurs de la "décélération" comme l'association Attac, c'est qu'à toutes ces questions, ils offrent une réponse invariable : non. À leurs yeux, il ne suffit pas de modérer les ardeurs du système économique, voire de le transformer en profondeur, afin de le rendre plus économe en énergie ou moins polluant. Toutes les réductions relatives sont vaines car immédiatement annulées par les augmentations absolues du niveau de production. [...] se doter d'ampoules plus économes en électricité incite à les laisser allumées plus longtemps... Cet "effet rebond" explique pourquoi il n'existe pas d'autres remèdes que de s'en prendre à la racine du mal : la croissance[16]. »

- Des militants de la décroissance (P4) associent dans leur virulente critique les deux versions du développement durable (P2 et P3) : « Nous ne sommes pas dupes : le "développement durable" ou "le capitalisme vert" promus, par exemple, lors du Grenelle de l'environnement, ne sont qu'une façon de relancer la fuite en avant dans la croissance infinie. Portée par la liste de Daniel Cohn-Bendit, la version ultra-light de la "décroissance" prônant de "scinder les flux entre la croissance économique et la croissance des flux de matière et énergétique" est une ultime escroquerie destinée à vider la décroissance de son sens politique et à récupérer l'avancée de ces thèses dans la société[17] » ; « Nos gouvernements ne cherchent qu'à sauver le système actuel ; ce faisant, ils ne vont qu'aggraver la situation en augmentant cette consommation qui est train de détruire la planète. Ce n'est pas de réformisme dont nous avons besoin aujourd'hui, mais d'un changement majeur, d'une véritable révolution, que nous ne voulons pas faire avec les armes ; donc, il nous faudra chercher d'autres moyens d'agir[18]. »
- Des tenants du développement durable conservateur (P2) et du développement durable critique (P3) se rejoignent : pour dénoncer les dangers de l'utopie que, selon eux, contient l'impératif de décroissance (P4) ; pour accuser les militants de la décroissance de diffuser des idées que, selon eux, seuls des privilégiés (des personnes vivant dans les pays « riches ») peuvent défendre.
- Les militants de « l'écosocialisme » (P5) expliquent que, s'ils refusent la décroissance, c'est parce qu'elle prône « à ceux qui subissent déjà la pauvreté, l'ascétisme et la frugalité[19]. »

---

15. Serge Latouche cité dans Matthieu Auzanneau, « La décroissance : renaissance d'un concept révolutionnaire », dans Transfert. net. La société de l'information. Voir : <www.transfert.net/a9387>.

16. Xavier de la Vega, « La décroissance en chantant », *Sciences Humaines*, n° 184, juillet 2007 ; <www.scienceshumaines.com/la-decroissance-en-chantant_fr_21077.html>.

17. Voir le site du Parti des objecteurs de croissance : <www.objecteursdecroissance.fr>.

18. Mouvement québécois pour une décroissance conviviale, procès-verbal de l'assemblée générale de mobilisation du 24 janvier 2008.

19. Besancenot et Bensaïd, *op. cit.*, p. 322.

Face à l'ambiguïté des mots « développement durable » et « décroissance », nous proposons donc un cadre d'étude (présenté au tableau 2) aidant à positionner tout texte dans lequel ces mots occupent une place significative. Cette grille d'analyse est le résultat de la première étape de notre étude.

Une confusion majeure : marché, entreprise

Dans cette première étape, l'exploration des textes étudiés nous a donc conduit à caractériser le monde existant en lui associant les mots et expressions : capitalisme, marché, société de consommation, croissance économique, mondialisation, progrès.

Que ces vocables soient jugés totalement positifs (par les défenseurs des positions P1 et P2), totalement négatifs (P4 et P5) ou à la fois positifs et négatifs (P3), tous les auteurs les emploient ou les acceptent pour désigner le système économique, social et politique en place.

Dans la seconde étape de notre démarche, nous sommes revenu sur ce consensus à la lumière de travaux personnels de recherche qui portent sur l'interrogation : *quel est ce monde, le nôtre, celui qui s'empare – inexorablement, semble-t-il – de l'humanité*[20] *?* Est-ce le monde moderne, le capitalisme, la société de marché, le libéralisme, la démocratie, la société de consommation, etc. ? L'examen des grandes théories de référence (celles de Smith, Tocqueville, Marx, Durkheim ou encore Weber) nous a conduit, comme nous allons le voir, à proposer une autre manière de voir, de penser et finalement de nommer notre monde.

Quel est ce monde, celui dans lequel vivent Français, Allemands, Italiens, Espagnols, Catalans, États-uniens, Canadiens, Québécois, Japonais, Australiens, Argentins ; celui dans lequel nous rejoignent aujourd'hui, par dizaines de millions, Chinois et Indiens ? Pour répondre, il faut commencer par remonter à la question : qu'est-ce qu'un monde (une société, une civilisation) ?

Nos travaux de recherche nous ont amené à formuler notamment trois idées : un monde est caractérisé par son organisation fondamentale ; un monde est tenu par une conception du bonheur ; un monde est une création de l'imagination. Ces idées, nous allons les expliciter et nous attacher à indiquer leurs retombées sur le débat « développement durable »/« décroissance ».

---

20. Certaines composantes de ces travaux ont fait l'objet de plusieurs articles que nous citons dans la suite de ce texte. L'ensemble de cette recherche sera présentée dans un livre, en cours de rédaction, provisoirement intitulé : *À la recherche de notre monde. Éléments pour l'histoire d'un bonheur totalitaire.*

En guise d'illustration de l'idée qu'*un monde est caractérisé par son organisation fondamentale (ou force organisatrice)*[21], considérons le monde du Moyen Âge (la société médiévale). Les mots « Moyen Âge » et « médiéval(e) », les historiens les utilisent par commodité, pas par adhésion puisque, créés après-coup (à la Renaissance), ils servent à disqualifier 1000 ans d'histoire de l'Europe. Insistant sur son imprégnation par le christianisme, beaucoup d'historiens désignent le monde qui couvre l'Europe du ve jusqu'au xve siècle (au moins) par l'expression « monde chrétien ». Quelle est l'organisation fondamentale de ce monde, celle qui le caractérise, qui le colore en quelque sorte ? L'Église. Ce n'est pas seulement spirituellement que l'Église tient ce monde, c'est également politiquement, économiquement, esthétiquement (que l'on pense aux cathédrales gothiques). Pour souligner que nous avons affaire à un monde organisé par et pour l'Église, nous avons forgé l'appellation « Église-Monde ».

Quelle est l'organisation fondamentale, la force organisatrice de notre monde ? Que répondent les auteurs des textes qui parlent de développement durable et de décroissance ? Dans l'ensemble, leur réponse (explicite ou implicite) est : le marché. Les « ultra-libéraux » qui font l'apologie du marché aussi bien que les esprits les plus critiques envers l'« économie de marché » (les militants de la décroissance ou encore ceux du NPA en France) raisonnent sur la base de l'équivalence « capitalisme = économie de marché ». Pour les uns comme pour les autres, notre monde est – pour le meilleur ou pour le pire – organisé par et pour le marché.

Ne se trompe-t-on pas de mot lorsqu'on utilise celui de « marché » ? Ne baigne-t-on pas dans une confusion fondamentale, favorisée par l'ambiguïté du mot « capitalisme » ?

Dans son étude consacrée à la naissance et au développement du capitalisme en Europe, l'historien Fernand Braudel souligne que « capitalisme » est un « mot de combat, ambigu et peu scientifique, utilisé à tort et à travers[22] ». Il rejette l'équivalence « capitalisme = marché ». Le « marché », explique-t-il, c'est la libre concurrence, la simplicité et la transparence des échanges, une zone géographique limitée d'échanges ; par contre, « capitalisme » veut dire monopole de droit ou de fait, calculs et spéculation, zones d'ombres, activités d'initiés, rapports de force, manipulation des prix, parasitisme social, aire multinationale d'échanges. Braudel associe « capitalisme » non pas à « marché », mais à « entreprise » à la grande entreprise surtout.

---

21. Andreu Solé, « La force organisatrice de notre monde », Paris, *AGIR-Revue générale de stratégie*, n° 28, octobre 2006, p. 7-14.

22. Fernand Braudel, *Civilisation matérielle, économie et capitalisme. XVe-XVIIIe siècles*, Paris, Librairie Armand Colin, 1979, vol. 2, p. 267.

Dans son célèbre article « La nature de la firme » publié en 1937, Ronald Coase[23] (prix Nobel d'économie 1991) pose la question : *comment se fait-il que, dans l'économie du « monde moderne » (c'est l'expression qu'il emploie), il y ait des entreprises et pas seulement du « marché » ?* Il existe, soutient-il, deux manières de concevoir et d'agencer les activités économiques aujourd'hui : le marché et l'entreprise. Il s'agit donc d'une alternative. Toute activité pouvant être prise en charge par le marché ou l'entreprise, nous avons affaire à deux organisations concurrentes, ce qui signifie que toute extension du domaine d'intervention de l'entreprise entraîne une réduction du périmètre du marché. Coase appelle « marché » un tissu d'échanges de marchandises entre « agents » tel qu'aucun d'eux n'est en position d'en dominer d'autres ou d'être dominé. Il définit, par contre, l'entreprise comme une « hiérarchie », une organisation dirigée par un « entrepreneur ». L'économiste est on ne peut plus clair à propos de cette relation dirigeant/dirigé, puisqu'il utilise les mots « maître » et « serviteur » (*master, servant*). Cette relation maître/serviteur, c'est le salariat.

Qu'est-ce que le « marché » ? Les travaux de Braudel et de Coase (très différents mais complémentaires) permettent de retrouver la signification – originelle et *stricto sensu* – de ce mot. Le « marché » est une manière particulière (qui n'a rien de naturel) d'organiser les échanges de marchandises. Cette organisation est celle que l'on peut observer sur une place de marché ou sous une halle : quantités échangées limitées, relations directes entre acheteurs et vendeurs, aucun vendeur ne domine les autres vendeurs, aucun acheteur ne domine parmi les acheteurs, les vendeurs ne dominent pas les acheteurs et réciproquement (pas de monopole ou même d'oligopole, pas de hiérarchie).

Les relations humaines qui caractérisent le marché sont très différentes de celles existant au sein d'une entreprise, entre les entreprises, entre celles-ci et les clients. Le problème est que, pour la plupart, les économistes emploient le mot « marché » pour parler de l'entreprise. Et les conséquences conceptuelles, politiques et sociales de la confusion ainsi créée sont fondamentales.

L'Entreprise-Monde : un totalitarisme aveuglant

Cette confusion empêche de voir que l'entreprise détruit le marché. Dans des pays comme la France, l'économie de marché (au sens strict) est devenue marginale. D'une manière générale, il apparaît que moins un pays est « développé » (plus il est « pauvre »), plus il est organisé par le marché ; et que plus il est « développé » (« riche »), plus il l'est par l'entreprise.

23. Ronald Coase, « La nature de la firme », *L'entreprise, le marché et le droit*, Paris, Éditions d'Organisation, 2005, p. 51-73.

Quelle est l'organisation fondamentale de notre monde, la force organisatrice des pays dits « modernes » ou « développés » ? L'entreprise, pas le marché. L'idée que nous vivons dans un monde organisé par et pour, non pas le marché, mais l'entreprise, nous la condensons dans l'expression « Entreprise-Monde »[24] – appellation qui permet de sortir de l'ambiguïté du mot « capitalisme ».

Les événements que nous vivons – ceux appelés « crise financière » – ne confèrent-ils pas du crédit à cette manière de voir, de penser et de nommer notre monde ? Fin 2008, début 2009, à qui les gouvernements (quelle que soit leur couleur politique) ont-ils prêté, voire accordé des sommes colossales afin, ont-ils expliqué, de « sauver le système économique » ? À des banques, à des organismes de crédit, à l'industrie automobile – c'est-à-dire à des entreprises ? Quand les dirigeants politiques ont craint que le « système » ne s'écroule, si leur réflexe a été de venir en aide à des entreprises, n'est-ce pas parce que ce monde tient sur les entreprises et qu'il est tenu par elles – que notre monde est caractérisé par une économie, non de marché mais d'entreprise ?

La « mondialisation » (*globalization* en anglais) est une évidence. Devenus réflexes, ces mots sont peu questionnés, y compris parmi les chercheurs. Qu'est-ce qui se mondialise (se globalise), c'est-à-dire se répand sur la planète ?

Nous vivons un processus historique dont on peut distinguer notamment cinq composantes. La première d'entre elles est l'expansion géographique de l'entreprise. À la suite du basculement des pays du « bloc soviétique » puis de la Chine (pays dans lesquels l'entreprise était une organisation interdite), près de deux milliards d'humains ont commencé à rejoindre l'Entreprise-Monde. Si bien qu'on en arrive à considérer les ultimes pays sans entreprises comme des anomalies. En outre, et c'est la seconde composante de ce processus, dans chaque pays, c'est toujours plus avec les marchandises inventées, produites et commercialisées par les entreprises que nous nous alimentons, habillons, déplaçons (voitures, trains, avions) ; les maisons, immeubles et tours dans lesquels nous habitons sont également des marchandises que l'on doit aux entreprises. Même nos rêves sont largement produits par des entreprises (que l'on pense aux films que nous allons voir dans les salles de cinéma et aux DVD que nous achetons). Troisième composante, l'entreprise prend en charge de plus en plus d'activités et de relations humaines. La vague de privatisations (la transformation d'organisations publiques en entreprises privées), à partir des années 1980, qui a touché pratiquement tous les pays, est une des manifestations les plus visibles de cette extension conti-

24. Andreu Solé, « L'entreprisation du monde », *in* J. Chaize et F. Torres (dir.), *Repenser l'entreprise*, Paris, Le Cherche midi, 2008, p. 27-54.

nue du périmètre de l'entreprise. On note encore, c'est la quatrième composante, que l'entreprise est toujours plus le modèle obligatoire pour les autres organisations humaines. Les méthodes, les schémas d'organisation du travail, le langage de l'entreprise sont introduits dans les hôpitaux publics ou encore les associations humanitaires. La cinquième dimension de ce processus concerne le temps : celui de l'entreprise s'impose à toujours plus d'habitants sur la planète.

Qu'est-ce qui se mondialise ? Le mode de vie et le type de relations humaines produits et diffusés par l'entreprise. Pour la première fois dans l'histoire de l'humanité, une organisation s'empare du genre humain. Ce gigantesque processus – économique, politique, social, culturel –, nous proposons de l'appeler « Entreprisation du monde »[25]. Comment se fait-il que les chercheurs en sciences humaines à voir et à nommer ce totalitarisme se fassent si rares ?

Comment peut-on ne pas voir que les constats critiques qui sont à la base des idées de développement durable et de décroissance (pollutions, modification du climat, commerce inéquitable, pauvreté, productivisme, mondialisation...) sont des conséquences directes de l'Entreprisation du monde ? Les pollutions et la modification du climat ne sont-elles pas provoquées par le mode de vie « moderne », créé et diffusé par les entreprises ? Le commerce pratiqué par les entreprises n'est-il pas, comme le souligne Braudel, naturellement inéquitable ? La montée de la pauvreté dans les pays dits développés, n'est-elle pas due à l'augmentation du chômage et de la précarité engendrée par les politiques d'emploi privilégiées par les directions des entreprises ainsi qu'à la faiblesse des salaires versés à la plus grande partie des salariés ? Bref, comment peut-on ne pas se rendre compte que le problème, c'est l'entreprise ?

La seconde idée (annoncée) que nous tirons de nos recherches concerne la question : qu'est-ce qui tient ensemble des humains, de sorte qu'ils constituent un monde ? *Les habitants d'un monde (qu'il s'agisse du monde grec, du monde romain, de l'Église-Monde ou du nôtre) partagent une même conception du bonheur – singulière dans l'histoire humaine*[26]. Dans notre langage, bonheur signifie : « la bonne manière de vivre » (le verbe « vivre » étant pris au sens le plus large). La bonne manière de vivre, c'est la bonne manière de manger, de boire, de s'habiller, de saluer, de parler, de prier ; ce sont les bonnes croyances, les bonnes mœurs, les bonnes relations entre humains, la bonne manière de s'organiser pour pêcher, cultiver la terre, faire la guerre, etc. C'est la certitude que leur manière de vivre est la bonne

25. Andreu Solé, « L'entreprisation du monde », *op. cit.*
26. Andreu Solé, « Une volonté de bonheur totalitaire », Actes du 3e colloque Philosophie et management (Représentation(s) et volonté(s) en management), Lille, IAE de Lille, 24 mai 2006.

(la meilleure ou la « moins pire ») qui tient ensemble les membres d'un monde. Telle est notre hypothèse anthropologique.

La relation entre les deux idées présentées – un monde est caractérisé par son organisation fondamentale et par sa conception du bonheur – est aisée à comprendre. Revenons au Moyen Âge, que nous avons rebaptisé Église-Monde. Quelle est la bonne manière de vivre dans ce monde ? Se comporter de manière à éviter le pire – l'Enfer – et à augmenter ses chances de bénéficier d'une félicité éternelle dans l'au-delà. C'est l'Église qui invente le bonheur propre à ce monde, qui diffuse ce bonheur, qui édicte les conditions de cette bonne manière de vivre (comportements adéquats : prières, pèlerinages, etc.), qui contrôle le respect des conditions à remplir pour atteindre « la vraie félicité ». D'où le pouvoir de l'Église dans ce monde.

Quelle est la relation entre l'organisation fondamentale de notre monde – l'entreprise – et la conception du bonheur qui caractérise celui-ci ? Elle est aveuglante. Pour nous, la bonne manière de vivre est d'avoir un travail afin de gagner l'argent nécessaire pour acheter des marchandises avec lesquelles nous cherchons à satisfaire nos besoins (manger, boire, se loger, voiture, vacances, cinéma, match de football, téléphone portable, etc.). Ne pas avoir de travail, être chômeur, c'est être « exclu » de ce monde. Où les Allemands, les Anglais, les Canadiens, les Québécois, les Français, les Brésiliens, les Russes, les Chinois, etc., travaillent-ils ? Plus un pays est dit moderne et développé, plus la proportion des salariés des entreprises dans la population active est élevée. D'où viennent les marchandises (les « biens et services ») que nous achetons ? Plus le pays se dit moderne et développé, plus ces dernières sont inventées, produites et commercialisées par des entreprises. Autrement dit, c'est l'entreprise qui produit et diffuse notre bonheur.

Comment se fait-il que l'entreprise soit, dans l'ensemble, le point aveugle des auteurs qui parlent de développement durable et de décroissance ? Le mot « entreprise » figure dans nombre de textes, mais – c'est le point sur lequel nous souhaitons insister – les auteurs n'établissent pas de relation significative entre leurs préoccupations, leurs critiques, leurs propositions et l'entreprise.

« Les vues qui nous sont les plus familières, écrit David Hume, sont susceptibles, pour cette raison même, de nous échapper. » Si cette relation n'est pas faite (ou exceptionnellement), ne serait-ce pas parce l'entreprise est notre évidence et que, comme le rappelle le philosophe, c'est ce qui est le plus évident qui est le plus difficile à distinguer et à penser ?

Nous proposons une image. Un monde est un aquarium, un bocal dans lequel des humains (comme de petits poissons) tournent et font des bulles – mais ne voient pas. Notre aquarium, n'est-ce pas l'entreprise ?

Que faire de l'entreprise et du bonheur que cette organisation totalitaire répand sur la Terre ? Si cette question (la question essentielle, selon notre approche) est pratiquement absente dans le débat développement durable/décroissance, ne serait-ce pas parce que dans notre monde nous sommes, dans l'ensemble, mentalement prisonniers de l'entreprise ?

Nous en arrivons à la troisième idée (annoncée) concernant le concept de « monde ». Un monde est une création de l'imagination humaine. Il est caractérisé par les possibles, impossibles et non-impossibles que partagent et qui lient ses habitants. Telle est notre hypothèse[27]. Nos possibles sont nos imaginables, nos impossibles nos inimaginables, nos non-impossibles nos certitudes (on n'imagine pas que cela ne soit pas). Par exemple, pourquoi les Aztèques pratiquaient-ils des sacrifices humains à grande échelle ? En honorant ainsi les dieux, ils faisaient le nécessaire afin d'empêcher le retour des Ténèbres car, pour eux, il était constamment possible que le soleil (une création divine) ne se lève pas. On ne comprend rien au monde aztèque (à son caractère guerrier et à son économie notamment) si l'on ne prend pas en compte ce possible. Pour nous, il est impossible que le soleil ne réapparaisse pas chaque matin ; nous n'imaginons pas que cela ne soit pas le cas. Notre non-impossible (notre certitude) est confirmé par les calculs des astrophysiciens : l'astre éclairera la Terre pendant plusieurs milliards d'années encore.

Aujourd'hui, au sein du monde qui se dit moderne et développé, la perspective d'un monde – acceptable, désirable – sans entreprises est un impossible massif. Cet inimaginable n'est-il pas une composante essentielle de l'histoire que nous vivons ?

La question de l'imagination est mise en avant également par l'économiste Serge Latouche (figure de proue de la « décroissance »), qui souligne la nécessité de « décoloniser l'imaginaire ». De quoi notre imaginaire est-il prisonnier selon lui ? « Pour concevoir la société de décroissance sereine et y accéder, il faut littéralement sortir de l'économie. Cela signifie remettre en cause sa domination sur le reste de la vie, en théorie et en pratique, mais surtout dans nos têtes[28]. » Associant au monde existant les mots capitalisme, marché et économie, il ne voit pas – selon nous – l'essentiel. Pour lui aussi, l'entreprise est un point aveugle.

27. Cette hypothèse anthropologique, nous la présentons dans Andreu Solé, *Créateurs de mondes*, Paris/Monaco, Éditions du Rocher, 2000.

28. Serge Latouche, « Pour une idée de décroissance », Paris, *Le Monde Diplomatique*, novembre 2003. Voir : <www. monde-diplomatique. fr/2003/11/LATOUCHE/10651>.

Retour sur le cadre d'étude

La série de considérations qui précèdent (celles issues de la seconde étape de notre démarche) oblige à revenir sur le cadre d'étude présenté au tableau 2. Elle appelle quatre séries de modifications.

Pour commencer, nous proposons de remplacer « monde existant » par « Entreprise-Monde ». Il en découle (c'est la seconde modification) la nécessité de redéfinir les trois attitudes à l'égard de notre monde. L'attitude conservatrice est celle qui vise la conservation d'un monde organisé par et pour l'entreprise. Bien que supposant une demande de réformes affectant (directement ou indirectement) l'entreprise, l'attitude réformiste contribue au maintien de l'Entreprise-Monde. Attitude révolutionnaire veut dire souhait de sortir de l'Entreprise-Monde.

Troisième série de modifications, il convient de revoir l'interprétation des cinq positions identifiées. Prenons la position « ultra-libérale » (P1) : le refus du « développement durable » n'est-il pas une conséquence logique de la défense radicale de la « liberté d'entreprendre », de la « liberté de l'entreprise » – de l'Entreprise-Monde finalement ? Le monde que souhaitent les tenants de la « décroissance » (P4) n'est pas organisé par et pour l'entreprise. Qu'est-ce qui autorise une telle interprétation ? Notamment les lignes suivantes de Georgescu-Roegen : « Nous devons aussi nous débarrasser de la mode, "cette maladie de l'esprit humain", comme l'abbé Ferdinando Galiani l'a appelée dans son fameux *Della monetta* (1750). C'est bien, en effet, une maladie de l'esprit que de jeter une veste ou bien un meuble alors qu'ils sont en mesure de rendre les services que l'on est en droit d'en attendre. Et c'est même un crime bioéconomique que d'acheter une "nouvelle" voiture chaque année et de réaménager sa maison tous les deux ans[29]. »

L'entreprise n'est-elle pas une organisation qui produit constamment de nouveaux besoins, ne s'agit-il pas d'« une machine à insatisfaire »[30] ? Qu'est-ce que la mode sinon la création de besoins ? Se débarrasser de la mode, n'est-ce pas se débarrasser de l'entreprise finalement ? Mais Georgescu-Roegen ne soulève pas la question de l'entreprise. La position P5 (celle, par exemple, du NPA en France) constitue également un refus de l'Entreprise-Monde. Mais, voyant le monde existant comme un monde organisé par et pour le marché, Besancenot lui aussi semble ne pas se rendre compte que le monde qu'il appelle de ses vœux (« l'écosocialisme ») marque la fin de l'entreprise.

La quatrième série de modifications consiste à introduire la question

---

29. Nicholas Georgescu-Roegen, *La décroissance*, Paris, Éditions Sang de la Terre, 2006, p. 148-149.

30. Andreu Solé, Créateurs de mondes, *op. cit.*

du bonheur. Par exemple, l'étude des deux positions révolutionnaires – P4 et P5 – sous ce nouvel angle permet de comprendre que nous avons affaire à deux conceptions opposées de la bonne manière de vivre. Être marxiste, n'est-ce pas faire sienne la vision de Karl Marx d'un monde (le « communisme ») peuplé d'humains libres et égaux, dans lequel chacun est en mesure de satisfaire ses besoins ? Alors que le communisme marxiste, c'est le règne de l'abondance pour tous, les « décroissants » en appellent à une « vie simple », à la « simplicité volontaire », à la « frugalité ».

Limites de l'étude

Cette étude n'est pas achevée. Le travail consistant à revenir sur la grille d'analyse présentée au tableau 2 à partir de la théorie de l'Entreprise-Monde se poursuit.

Bien qu'elle ne se limite pas au cas de la France, il se pourrait que notre étude soit, sur certains aspects, trop dépendante d'événements français que nous mettons en avant (le Grenelle de l'environnement et la création du NPA, notamment).

Même si nous avons cherché à élargir le plus possible notre *corpus*, peut-être n'avons-nous pas pris en compte des textes qui obligeraient à modifier, significativement, la grille d'analyse que nous avons développée.

CHAPITRE 2

Critique du progressisme technocratique

Louis Marion

> Il n'est pas complètement impossible que nous, qui fabriquons ces produits, soyons sur le point de construire un monde au pas duquel nous serions incapables de marcher et qu'il serait absolument au-dessus de nos forces de « comprendre », un monde qui excéderait absolument notre force de compréhension, la capacité de notre imagination et de nos émotions tout comme notre responsabilité.
>
> Günther Anders

Un obstacle symbolique à l'émancipation ?

Il est fort probable qu'en faisant appel à toutes les connaissances disponibles des sciences humaines, nous puissions élaborer plusieurs explications historiques ou sociologiques pertinentes pour expliquer le manque flagrant d'intérêt, individuel ou collectif, vis-à-vis d'une révolution nécessaire pour limiter les risques d'extermination de l'espèce humaine par elle-même.

> Pourtant, comme le souligne Fabrice Flippo, l'« obsession actuelle à produire et consommer, à maintenir les mêmes schémas d'analyse alors qu'ils ne résistent pas à la critique est difficile à expliquer. Ce ne sont pas seulement des arguments scientifiques qui sous-tendent la course à la technologie, mais des croyances d'ordre religieux quant au destin de l'humanité dans le monde. Elles représentent l'être humain comme une créature devant sans cesse innover pour vivre dans un univers hostile, à l'instar du film *La guerre du feu* de J.-J. Annaud[1]. »

Ce qui semble difficile à expliquer réside dans le fait que nous n'avons pas collectivement et politiquement encore suivi la critique rationnelle et raisonnable que des sociologues et philosophes divers ont, depuis 50 ans au moins, livrée à la culture savante à propos des conséquences désastreuses et catastrophiques entraînées par notre mode de développement industriel productiviste. Ensuite, pour expliquer ces « schémas d'analyse »,

---

1. Fabrice Flippo, « Le développement a-t-il un avenir ? », Les Amis de la Terre. Voir : <www. amisdelaterre.org/IMG/pdf/atf_developpement.pdf>.

ces croyances qui ne résistent pas à la critique, il faut d'abord croire à la critique elle-même, à sa capacité de nous émanciper d'une situation théorique ou pratique perçue comme nuisible ou irrationnelle.

Sur ce point, la position de Fabrice Flippo demanderait quelques éclaircissements épistémologiques : dans la mesure où nous avons appris depuis cette critique – grâce au recul historique que permet la durée du temps écoulé entre la conscience d'hier et l'inaction d'aujourd'hui – à ne plus nous faire d'illusion justement sur les capacités de la conscience critique, puisque « le XXe siècle est là pour nous montrer que les pires abominations peuvent être digérées par la conscience commune sans embarras particulier[2] ».

Face à cette destruction technoscientifique, industrielle, programmée par la valorisation capitaliste, mais évidemment pas du tout reconnue par les individus et les sociétés, la critique sociale en tant que médiation émancipatrice est devenue complètement impuissante. Bref, si « le malheur est notre destin, [il s'agit d'] un destin qui n'est tel que parce que les hommes n'y reconnaissent pas les conséquences de leurs actes[3] ». Nous pensons sans doute que « le changement climatique, la pollution des océans, les dangers de l'énergie nucléaire ou du génie génétique : l'humanité saura bien s'en accommoder, trouvera les réponses techniques adéquates. La catastrophe a ceci de terrible que non seulement on ne croit pas qu'elle va se produire alors même que l'on a toutes les raisons de savoir qu'elle va se produire, mais qu'une fois qu'elle s'est produite, elle apparaît comme relevant de l'ordre normal des choses. Sa réalité même la rend banale. Elle n'était pas jugée possible avant qu'elle se réalise ; la voici intégrée sans autre forme de procès dans le "mobilier ontologique du monde"[4]. » Cette banalisation de la catastrophe évitable s'explique par le confinement du possible, au sens d'événement probable non encore advenu, dans les statuts d'un savoir cognitif abstrait au détriment de la « croyance » nécessaire à l'action collective sage et prudente.

Reconnaissons, du moins, que le destin catastrophique auquel Dupuy se réfère ne s'oppose pas au principe d'une volonté politique libre et humaine. En fin de compte, ce qui décidera si – dans la rencontre de l'espèce avec les limites de la biosphère – l'on s'en sort ou pas (si nous réussissons collectivement à nous organiser de manière conviviale et responsable ou si, au contraire, nous continuons encore longtemps à aggraver de manière peut-être irréparable les conditions de la vie sur Terre et à balayer sous le tapis des générations futures les conséquences de notre démesure et de notre absence de limites), n'est pas déterminé par le passé

2. Jean-Pierre Dupuy, *Pour un catastrophisme éclairé*, Paris, Seuil, 2002, p. 85.
3. *Ibid.*, p. 63.
4. *Ibid.*, p. 84.

ni par l'avenir comme un destin, mais par nos actes collectifs, notre politique et nos idéologies, ici et maintenant.

« Les hommes ne sont limités par rien que par des opinions[5]. » Et « la puissance de la machine qui saisit et détruit K n'est rien d'autre que la pseudo nécessité qui peut devenir réelle en vertu de l'admiration que lui manifestent les hommes.[6] » Ou encore, comme le résume Michéa, « le système capitaliste mondial s'effondrerait en quelques semaines si les individus cessaient brutalement d'intérioriser en masses et à chaque instant un imaginaire de la croissance illimitée et une culture de la consommation, vécue comme le fondement privilégié de l'image de soi[7]. »

Quelles sont donc pour nous les contraintes socioculturelles empêchant une transition vers la société vivant selon les valeurs de l'écologie sociale radicale proposées par les objecteurs de croissance ? Pourquoi donc, malgré les conséquences désastreuses déjà connues sur la biosphère de notre aventure thermo-industrielle, la critique de la croissance est-elle encore si faible ? Qu'est-ce donc qui la neutralise si efficacement depuis plus de 50 ans maintenant ? Pourquoi croyons-nous si facilement aux promesses impossibles du développement durable et de tous les discours positifs, relayés par la domination, qui inlassablement prétendent pouvoir réconcilier économie et écologie grâce au développement de la technologie ? Pourquoi aussi fatalement priser, au lieu d'une prise en charge responsable des problèmes, l'espoir, directement programmé du capital, d'une technologie verte permettant la poursuite de la croissance économique ? Quels sont les obstacles au changement nécessaire dans une société pourtant paradoxalement fondée sur le changement et l'innovation permanente ? Pour résumer en une seule phrase une réponse philosophiquement pertinente à toutes ces questions à propos de la marginalité politique du projet de la décroissance, il faut simplement et brutalement se borner à dire que, pour diverses raisons : *notre époque semble très mal préparée aux conséquences de son idéologie progressiste.*

L'idéologie moderne du progrès

Pour ceux et celles qui vivent dans les conditions socio-idéologiques de la modernité, les choix politiques problématiques et les événements qui affectent l'humanité sont généralement envisagés comme faisant partie d'une amélioration ininterrompue du monde. Autrement dit, le mal, le négatif n'a désormais plus rien d'absolu, c'est dans le passé et c'est destiné

5. Anonymes, *Remarques sur la paralysie de décembre 1995*, Paris, EDN, 1996, p. 45.

6. Hannah Arendt, *La Tradition cachée. Le juif comme paria*, Paris, Christian Bourgois, 1987, p. 100.

7. Jean-Claude Michéa, *La double pensée*, Paris, Flammarion, 2008, p. 95.

à être dépassé grâce au génie de l'homme. Dans un monde qui refoule la finitude de l'existence humaine et où la mort elle-même apparaît comme une décision privée par opposition à l'inéluctabilité du développement technologique, la simple idée que cela puisse mal finir semble difficilement envisageable aujourd'hui, car :

> [s]i l'on additionne l'augmentation de l'espérance de vie à l'impératif culturel du développement personnel, on comprend bien qu'il devient de plus en plus difficile dans nos sociétés d'envisager le vieillissement et la mort. [...] Nées dans un monde marqué par le double processus de déconstruction et de désymbolisation de la mort, les générations d'après-guerre ont été bercées par la promesse libérale d'une croissance illimitée. L'abandon des métarécits, à la suite des traumatismes politiques causés par la guerre et les totalitarismes, a laissé libre cours au déploiement d'une société de consommation fondée sur une temporalité de l'immédiat où la quête du bonheur individuel se conjugue au présent[8].

Mais quel sens désormais peut prendre le constat de la prééminence du présent, dans le contexte d'un avenir occulté par la continuité des idéologies du passé ?

La modernité avait fixé, sous l'idéologie du progrès, le principe de l'iniquité des générations ; on se souviendra en effet que Kant « trouvait inconcevable que la marche de l'humanité put ressembler à la construction d'une demeure que seule la dernière génération aurait le loisir d'habiter ». En effet, « dans la conception moderne progressiste les générations antérieures se sacrifient pour les générations terminales[9] », mais, de nos jours, évidemment, cette ruse de l'histoire s'est inversée et ce sont plutôt les générations futures qui ne jouiront pas des bienfaits de la marche de la raison et du progrès.

Il est rendu loin derrière nous le temps où Marx pouvait écrire : « [l]es philosophes n'ont fait qu'interpréter le monde de différentes manières, ce qui importe c'est de le transformer[10]. » À l'opposé, les « objecteurs de croissance » constatent qu'on a peut-être trop transformé le monde, sans réfléchir, au point où l'on ne peut plus y vivre humainement. Le projet moderne de transformer le monde semble avoir complètement échoué dans l'accouchement de son idéal d'un monde libéré des préjugés et gouverné par la raison.

Les conséquences de ce retournement imprévu de l'ancien scandale moral intergénérationnel peuvent être très problématiques du point de

---

8. Céline Lafontaine, *La société post-mortelle*, Paris, Seuil, 2008, p. 55 et 59.

9. Jean-Pierre Dupuy, « Le problème théologico-scientifique et la responsabilité de la science », Premières Rencontres « Science et Décideurs », Poitiers, 28 novembre 2003 : <formes-symboliques.org/article.php3 ? id_article=66>.

10. Karl Marx, *L'idéologie allemande*, Paris, Nathan, 1845, p. 64.

vue de la « soutenabilité » et de la conservation de la nature, car elles peuvent nous conduire à augmenter notre désir de jouir du présent, du dernier *party* possible, à fuir les responsabilités, à oublier la catastrophe. Sombrer dans la tentation nihiliste où le non-sens de notre mort privée nous console de la mort de l'Être.

Nos actions collectives de production et de consommation ont des conséquences qui se répercutent pour des millénaires et, pourtant, nos actions et préoccupations se limitent à des perspectives relativement insignifiantes vis-à-vis des enjeux éthiques. Nous semblons prisonniers d'une temporalité sans envergure.

Le présent semble en effet omniprésent dans la société de consommation. Il s'accapare le futur lui-même par la médiation des règles sociales de la production de la valeur, par le capital et la spéculation, qui exproprient l'avenir aux intérêts de la poursuite impossible des conditions de la reproduction du présent.

Les sociétés modernes se sont dotées de la capacité de configurer l'avenir. Malheureusement, ce qu'elles en font maintenant, elles ne veulent plus le savoir et elles l'enterrent avec la mort. Voilà pourquoi nos institutions, par la bouche de leurs experts, les mandarins technocrates, essaient toujours de nous rassurer sur l'avenir, en nous gavant de l'illusion que demain sera fait comme hier. Ils semblent complètement prisonniers des projections que produisent les logiques actuelles de production industrielle. C'est sans doute d'ailleurs pourquoi ils ne peuvent proposer que des solutions partielles, qui font généralement partie des causes du problème auquel pourtant ils prétendent remédier. Ils nous proposent en effet toujours la croissance comme solution même si, crise financière oblige, on n'entend plus abandonner cette croissance au laisser-faire libéral quelque peu éclaboussé. Néanmoins, cette crise économique devrait permettre aux arguments progressistes de mieux se faire entendre dans leurs défenses réformistes d'une régulation politique des marchés. Car il faut bien, n'est-ce pas, mobiliser la responsabilité citoyenne des entreprises et faire progresser le développement durable pour aider l'économie capitaliste à mieux s'adapter aux nouvelles réalités écologiques qui menacent désormais notre mode industriel de production. Il faut internaliser les externalités pour permettre la poursuite tranquille du mode de vie présent.

Comment ici ne pas percevoir que la pauvreté des politiques contemporaines, qu'elles soient de droite ou de gauche, est simplement le symptôme et le résultat de la pauvreté de cette projection dans le futur ? Nous pouvons diagnostiquer ce phénomène jusque dans notre vocabulaire usuel, très exposé aux valeurs du monde présent. Par exemple, le concept d'« évolution » tend à remplacer celui d'« avenir ». Céline Lafontaine observe à ce propos que « l'idée d'avenir sous-tend l'existence d'un projet commun et d'une volonté politique tandis que le concept d'évolution suppose la poursuite exponentielle des logiques sociales déjà existantes, au sens où l'on parle d'évolution des marchés et d'évolution technologique[11] ».

Or, cette évolution technologique n'est pas un vrai destin, même si, par ignorance, nous rendons de plus en plus nécessaire l'autonomisation de son développement par la fuite en avant qu'implique le soulagement minimal de ses effets environnementaux non prévus. Si la technique était effectivement un destin, une fatalité, elle n'aurait pas besoin d'entretenir son propre mythe avec autant d'assiduité. Nous n'aurions plus besoin de tous ces discours sur les nécessités de rattraper les retards de la nation sur la concurrence internationale dans la course au développement technique. Si le développement technique était inéluctable, pourquoi donc faudrait-il l'imposer avec autant de force ? Sur ce point, Mandosio a raison de nous rappeler que « [s]i la technologie apparaît aujourd'hui comme une force irrésistible, un destin, c'est avant tout parce que ses promoteurs ont su la rendre en grande partie irréversible et ce processus n'a pas été anonyme ; car ni la bombe atomique, ni les ordinateurs, ni les centrales nucléaires, ni Internet, ni le décryptage du code génétique humain ne sont nés spontanément ; ils sont le résultat de programmes étalés sur des décennies, le plus souvent à l'instigation des États ou avec leur soutien massif[12]. » Et au-delà de l'effet cumulatif de cette propagande, il y a aussi un soutien intérieur massif des individus à la technique comme quasi-fin en soi de l'organisation sociale.

Il faut signaler aussi que dans un monde devenu aussi désenchanté que le nôtre, la technique est souvent perçue comme une sorte d'intervention miraculeuse extérieure à l'humain. Si le discours technologique occupe aujourd'hui une place privilégiée, c'est peut-être par ce qu'il est le seul qui soit encore efficace pour donner un sens à l'histoire humaine, le seul qui soit encore en mesure de se référer à une temporalité téléologique, le seul, au fond, qui peut nous faire croire encore un peu au progrès. C'est le succès de l'utopie technologique qui expliquerait en partie l'impuissance politico-sociale du projet de la décroissance. C'est-à-dire que, si pour l'instant aucune force sociale significative opposée à la « réalité matérielle du système de besoins développé par la société industrielle[13] » ne s'est incarnée politiquement dans la société, c'est sans doute lié fortement aux croyances eschatologiques que nous entretenons vis-à-vis de la technique, au mirage qu'elle peut faire disparaître les dommages collatéraux infinis de la croissance et l'oubli de ses limites.

---

11. Lafontaine, *op. cit.*, p. 55.

12. Jean-Marc Mandosio, *Après l'effondrement*, Paris, L'Encyclopédie des nuisances, 2000, p. 127.

13. Jacques Philipponneau, « Quelques questions préalables très pratiques », *In extremis. Bulletin de liaison et de critique anti-industrielle*, n °2, 2002.

Pour limiter les dégâts, nous prendrons le temps de rappeler à tous les experts et économistes en développement durable ces quelques principes bien décrits par Ellul : 1) toute solution technologique déplace les limites, elle ne les annule pas ; 2) de grandes technologies mènent à de grandes chutes ; 3) les technologies à échelle humaine sont à échelle humaine dans tous leurs effets ; 4) toute technologie opère dans un cadre institutionnel, moral et esthétique déterminé[14].

Pour expliquer l'occultation systématique des limites de la technique face à la tâche actuelle de nettoyage de la planète, diverses causes peuvent être évoquées. Un des problèmes très préoccupants et relativement peu soulignés avec la technique moderne industrielle, c'est qu'elle nous procure un certain confort matériel et une puissance non négligeable. Malheureusement, ce confort, ce bien-être est à double tranchant, car c'est ce même confort qui nous place aussi en situation de grande vulnérabilité vis-à-vis des conséquences du développement technoscientifique et qui nous affaiblit face aux manifestations de cette domination.

> Plus la vie devient facile dans une société de consommateurs ou de travailleurs, plus il devient difficile de rester conscient des forces de nécessité auxquelles elle obéit même quand le labeur et l'effort, manifestations extérieures de la nécessité, deviennent à peine sensibles. Le danger est qu'une telle société, éblouie par l'abondance de sa fécondité, prise dans le fonctionnement béat d'un processus sans fin, ne soit plus capable de reconnaître sa futilité[15].

Pour bien comprendre les raisons de cette vulnérabilité de l'homme face à la technique, il faut sans doute revenir à Marx et à sa critique de l'aliénation. On se rappelle que chez Marx, la dépossession du travailleur des fruits de son travail par l'institution bourgeoise du salariat produit une aliénation. À celle-ci, Anders en ajoute une autre. « Notre vie à tous est doublement aliénée, elle n'est pas seulement faite de travail sans fruit, mais également de fruits obtenus sans travail[16]. » Pour lui, la technique ajoute à l'aliénation du travail, l'aliénation de la non-expérience même du travail. C'est-à-dire que le confort obtenu sans effort grâce à la science tend à nous installer dans une habitude qui nous rend « paresseux au regard des activités que l'humanité nous réclamait avant que nous soyons raccordés au réseau électrique ou électromagnétique[17] ». Grâce à la puissance obtenue par le développement technoscientifique, le pays des

---

14. Ernest Garcia, « La technologie et les dilemmes de la décroissance », *Entropia*, n° 3, automne 2007, p. 152-154.

15. Hannah Arendt, *La condition de l'homme moderne*, Paris, Calmann-Levy, 1961, p. 186.

16. Günther Anders, *L'obsolescence de l'homme. Sur l'âme à l'époque de la deuxième révolution industrielle*, Paris, L'Encyclopédie des nuisances, (1956) 2002, p. 229.

17. Baudouin de Bodinat, *La vie sur Terre*, tome second, Paris, L'Encyclopédie des nuisances, 1999, p. 60.

gourmands se réalise : tout devient facile, accessible, s'ouvre comme ces portes automatiques au supermarché.

Les rêves ancestraux de l'humanité deviennent une réalité. C'est le pays de cocagne, lieu du moindre effort, un endroit magique où toute médiation de la satisfaction est abolie. Dans le pays de cocagne, nous dit Anders, « il suffit d'ouvrir la bouche toute grande pour qu'y tombent des "poulets rôtis"[18] ». De même, il suffit aujourd'hui d'ouvrir le téléviseur pour que le monde y tombe tout cuit dans nos yeux et nos oreilles en nous transformant par le fait même en mangeur du monde, en consommateur. Grâce à la magie technique, le monde est devenu à la portée de la télécommande, et « la présence devient la totalité pour ceux auxquels tout est présenté ou tout est présent[19] ».

La technique, en abolissant la résistance du monde, risque du même coup d'abolir la raison, puisque celle-ci « [...] n'a pu se constituer qu'en rencontrant sous la forme de la nature extérieure et intérieure à l'homme, une limite, quelque chose qui lui résistait : "ce dehors dont l'homme a besoin pour n'être pas enfermé en lui-même, c'est-à-dire pour ne pas sombrer dans le solipsisme, le délire de toute-puissance"[20] ».

« Techniquement, l'intervention humaine au moment de la décision de tirer ne sera plus nécessaire. » Selon Omead Amidi, ingénieur en robotique de l'université Carnegie-Mellon, cette division du travail est logique, « dans 20 ans, les hommes resteront meilleurs que les robots pour reconnaître les formes et les objets. En revanche, les robots seront meilleurs que les hommes pour viser juste. » Qu'un robot puisse appuyer seul sur la détente pour tuer des humains ne lui pose pas de problème : « Dans une guerre urbaine, un robot pourra atteindre un homme au milieu d'un groupe sans faire de dommages collatéraux. En général, un robot fera moins de victimes innocentes qu'un soldat fatigué, stressé ou agressif[21]. »

Neutralisation cybernétique du symbolique ?

Les effets de la réalisation technique des rêves de puissance de l'homme sont assez préoccupants, puisque le contrôle exercé par la technologie ne s'inscrit plus dans un ordre significatif duquel participeraient et sur lequel pourraient effectivement agir ceux qui y sont assujettis. Selon Freitag, « [l]'univers informatique cybernétique produit des effets qui échappent à notre volonté, à notre engagement et à notre responsabilité.

18. Anders, *op. cit.*, p. 224.

19. Günther Anders, *La menace nucléaire. Considérations radicales sur l'âge atomique*, Courtry, Serpent à Plumes, (1960) 2006, p. 182.

20. René Riesel, *Aveux complets des véritables mobiles du crime commis au CIRAD le 5 juin 1999*, Paris, L'Encyclopédie des nuisances, 2001, p. 34.

21. Yves Eudes, « Alerte aux robots-guerriers », *Le Monde*, 20 octobre 2005.

[...] L'automatisation, l'informatisation et la cybernétisation des procès productifs quelconques équivalent à l'objectivation et à la réification, dans des systèmes situés et opérant hors de nous, de cette dimension la plus spécifique de notre nature qu'est la faculté de juger et de penser. Nous nous en "libérons", "déchargeons" ou "exonérons" – *entlasten* – alors sur des artefacts informatiques cybernétisés[22]. »

En somme, le développement d'une réalité systémique se fait au détriment de la réalité symbolique, seule capable de donner signification au monde. Rappelons que pour Freitag, ce qui caractérise d'ailleurs en profondeur la tendance du mode actuel de régulation de la pratique sociale, « c'est la dislocation des actes signifiants appartenant aux individus d'un ordre commun synthétique (qui, dans la modernité, leur conférait un sens) ces significations sociales synthétiques se trouvent désormais remplacées par des systèmes de régulations purement autoréférentiels et automatiques (le marché, les technologies, les médias informatiques) dont le mode d'opération n'est plus mesuré par rien d'autre que par leur propre taux de croissance exponentielle[23]. »

Désormais, « le monde n'est plus seulement réuni devant notre conscience, il est rassemblé dans nos mains[24] ». C'est-à-dire que « [l]'avenir ne "vient" plus à nous : nous ne le comprenons plus comme "ce qui vient", c'est nous qui le faisons[25] ». « Puisque les effets de ce que nous faisons aujourd'hui persistent, nous avons déjà atteint aujourd'hui cet avenir. » Ce qui signifie qu'« il est entièrement présent, il est le mouvement du présent lui-même. Il n'est pas seulement attendu, il est systématiquement produit dans le cours actuel des choses[26]. »

Le contrôle exercé par ces systèmes sur la pratique, sur l'action humaine, devient donc totalement indépendant du sens que les acteurs donnent à leur action, soustraite *de facto* à la réflexivité constitutive de l'ordre symbolique. Comme l'a remarqué également Ellul, le langage n'est plus nécessaire aux affaires humaines. La technique et le capitalisme ont de plus en plus évacué la dimension symbolique propre à l'homme pour reproduire la société dans ses médiations intimes essentielles. De nos jours comme du temps d'Ellul, « pour l'effort le plus important il n'est plus besoin de s'entendre[27] ». Ce qui veut dire que « l'affaire est trop importante pour que l'on en délibère ; laissons donc cela à quelques

---

22. Michel Freitag, « La dissolution systémique du monde réel dans l'univers virtuel des nouvelles technologies de la communication informatique : une critique ontologique et anthropologique », *Colloque BOGUES*, Globalisme et pluralisme Montréal, 2002, p. 12.

23. Michel Freitag, Présentation du colloque *Penser ce que nous faisons,* Université Laval, 2001.

24. Michel Freitag, *Le naufrage de l'université,* Québec, Nuit Blanche, 1995, p. 24.

25. Anders, *op. cit.*, p. 315.

26. Freitag, *Le naufrage de l'université, op. cit.*, p. 10.

27. Jacques Ellul, *La technique ou l'enjeu du siècle,* Paris, Collin, 1954, p. 120.

hippies ou aux écologistes, éternels adolescents ; les contrats se signent et l'indifférence s'installe sur goulags et torturés. Babel sans Dieu : on construit (et on détruit) dans le *silence hypertechnicien* sur l'essentiel (les objectifs, les effets, le sens ou l'absence de sens de cette technicisation forcenée)[28] » auquel rien ne semble résister.

Évidemment, ne plus avoir besoin du langage, c'est ne plus avoir besoin de l'Homme, puisque le propre de l'Homme réside dans cette dimension symbolique d'objectivation de la réalité et qui permet la responsabilité. C'est là aussi que réside le danger de la véritable aliénation symbolique, car « aussi fiers que nous puissions être d'avoir brisé le cadre de la nature ou des phénomènes par une causalité libre et de nous être mis en chemin vers la liberté, ce chemin nous a, au moins en tant qu'*homines fabros*, égarés[29] ».

À tel point, peut-être, que nous risquons de perdre la liberté spécifiquement humaine conquise par le dépassement de l'animalité. Anders en énonce clairement la portée et la signification : « Si la région préhumaine d'où nous provenons est celle de l'animalité totale, la région posthumaine, que nous sommes maintenant sur le point d'atteindre, est celle de l'instrumentalité totale[30]. » Mais, pour s'émanciper de l'économie et de la technique « autonomisée », il faut commencer par reconnaître que les procès sociaux les plus déterminants pour la vie humaine sont (bien que créés par les humains) de moins en moins régulés par des activités symboliques et politiques, mais de plus en plus par des signes neutres et sans dimensions que s'échangent des machines au service d'autres machines ou des organisations au service d'elles-mêmes.

Un abîme de plus en plus grand se creuse entre les finalités politiques, les projets conscients d'émancipation humaine et « l'indifférence des procès techniques et opérationnels ». Nous avions invité la technique à modifier notre relation au monde, pas à prendre sa place.

---

28. Dominique Janicaud, *La puissance du rationnel*, Paris, Gallimard, 1985, p. 129.
29. Günther Anders, *La menace nucléaire*, *op. cit.*, p. 286.
30. *Ibid.*, p. 287.

CHAPITRE 3

L'abstraction ou le détachement du monde : comment l'humain a oublié qu'il y avait des limites

Catherine Beau-Ferron

L'argument principal soutenant la thèse de la décroissance soutenable, ou du moins le plus connu, repose sur la notion d'une planète finie – au sens de « limitée » – sur laquelle une croissance infinie de la consommation de ressources serait, à long terme, insoutenable. Selon cette notion, les mots « développement » et « durable » deviennent contradictoires, toute durabilité n'étant possible qu'en renonçant au tracé ascendant de la civilisation occidentale, qui entraîne aujourd'hui dans sa danse tous les retardataires, jusqu'aux coins les plus reculés de la forêt amazonienne. Or cet argument, qui repose sur la nature limitée des ressources terrestres, si retentissant qu'il puisse tinter aux oreilles de certains, ne semble pas recevoir les échos tant attendus dans les corps politiques, sociaux, corporatifs et intellectuels contemporains.

Cet argument est pourtant loin d'être neuf, ce sont même d'éminents économistes qui auraient été les premiers à donner le signal d'alarme des limites de la croissance. En effet, dès 1865, W. Stanley Jevons évoquait, dans *The Coal Question*, l'épuisement éventuel des réserves minières, alors que Malthus (1766-1834) et Ricardo (1772-1823) avaient manifesté des craintes similaires par rapport aux terres fertiles, quelques décennies plus tôt[1]. Un peu plus d'un siècle après Jevons, la finitude de notre planète est évoquée avec une intonation plus urgente par l'économiste Nicolas Georgescu-Roegen, un personnage qui, bien que contesté au sein même des partisans de la décroissance, est néanmoins parmi les plus connus pour avoir dénoncé l'incompatibilité entre une planète limitée et un système économique fondé sur une croissance illimitée. S'inquiétant, par exemple, de la fin du pétrole, il avait prévu avec une acuité surprenante comment notre dépendance irréaliste à cette énergie non renouvelable mènerait un jour à des absurdités telles que le recours aux biocarburants,

1. Serge Latouche, *La mégamachine*, Paris, La Découverte, 1995, p. 133.

où l'Homme, malgré des problèmes de famine touchant plusieurs coins du globe, choisirait de sacrifier des champs nourriciers pour faire rouler ses voitures[2].

À cette époque, la voix de Roegen était elle-même loin d'être solitaire; en prévenant du danger d'épuisement des ressources dans lequel nous plongeait un système économique complètement abstrait de sa réalité environnementale, il s'inspirait lui-même du rapport *The Limits to Growth*[3] (*Halte à la croissance!*) du fameux Club de Rome qui, en 1972, établissait, grâce à un calcul mathématique de ce qu'ils appelaient « l'index exponentiel de réserves[4] », que les ressources énergétiques telles que le pétrole et le gaz naturel ne seraient pas suffisantes pour maintenir une croissance exponentielle à long terme, et ce, malgré le progrès technologique – facteur qui ne ferait par ailleurs que retarder l'échéance de la pénurie[5]. Le rapport attira évidemment plusieurs critiques, certaines justifiées, mais la plupart s'attardant à la méthodologie plutôt qu'à l'essence du propos. Ainsi, malgré l'évidence pourtant presque enfantine – calcul à l'appui ou non – qu'une ressource dite « non renouvelable » est, par définition, épuisable, le prix Nobel d'économie Robert Solow réfuta le contenu du rapport dans sa totalité, en critiquant la base factuelle des données utilisées[6]. De même à la Ressources For the Future (RFF), où l'on critiqua le fait que le calcul était erroné puisqu'il attribuait une croissance exponentielle à la démographie, au capital et à la pollution, alors que la croissance de la technologie y était représentée de façon linéaire[7].

C'est donc malgré tout avec une incrédulité optimiste que l'on envisagea, jusqu'à tout récemment, ce fameux « pic du pétrole », même si des avertissements planaient depuis aussi tôt que 1914[8]. Les recherches sur les solutions de l'emplacement à ce combustible fossile – entamées après le premier choc pétrolier en 1973[9] – n'ont donné rien de beaucoup plus convaincant, en ce qui concerne le transport, que les contestés biocarburants.

2. En éliminant l'hypothèse de l'époque selon laquelle on transformerait éventuellement du pétrole en nourriture, Roegen prédisait effectivement que, au contraire, « l'humanité se tournera vers la transformation inverse de produits végétaux en essence ». Nicholas Georgescu-Roegen, *op. cit.*, p. 54.

3. Donella Meadow et autres, *Halte à la croissance!*, Paris, Fayard, 1973.

4. Janine Delaunay, « Halte à la croissance? Enquête sur le Club de Rome », dans Donella Meadow et autres, *op. cit.*, p. 176.

5. *Ibid.*, p. 252.

6. Henry C. Wallich, *Newsweek*, 13 mars 1972, p. 103.

7. *Ibidem.*

8. Cécile Philippe, *C'est trop tard pour la Terre,* Paris, JC Lattès, 2006, p. 57.

9. *Ibidem*, p. 66.

La perte du concret

Or, l'exemple du pétrole n'en est qu'un parmi tant d'autres pour illustrer un constat : *il semblerait que l'existence d'une limite physique aux activités humaines ait perdu tout son sens dans la conscience collective de notre ère.* Il sera donc question ici d'explorer ce que j'estime être rien de moins qu'une caractéristique de l'Homme occidental moderne, une caractéristique qui forge, entre les lignes, sa vision du monde ou, en d'autres mots, sa fenêtre de perception. Car tout questionnement sur les solutions concrètes à l'impasse actuelle doit débuter par les chemins sinueux de notre rapport au monde, là où se forgent et se dénouent les dogmes qui créent une société et déterminent ses choix. À travers cette fenêtre, donc, l'impératif de croissance économique semble aussi inéluctable que le cycle des saisons. À travers cette fenêtre, aussi, il semble que les limites n'existent plus. Cette « perte du concret » dans notre perception peut sembler assez vague, mais on verra qu'elle peut être associée à plusieurs dimensions d'une vision du monde propre à l'homme moderne, cette même vision qui accueille l'idée saugrenue d'un développement qui soit « durable ». Ces dimensions sont constituées, entre autres, de notre foi démesurée en la technologie, du rapport entre société et économie, de l'argent comme agent de détachement du monde et, enfin, de la déconnexion de l'humain avec son environnement. Finalement, que l'on pardonne à ce texte les détours et les suppositions parfois ambitieuses qui n'auront pour but que d'ébranler des certitudes et de soulever des questions, sans avoir l'orgueil d'y répondre.

D'abord, qu'entend-on par une « perte de la notion de limite » ? Cette espèce d'oubli dans la conscience contemporaine refléterait un détachement de l'humain de son univers concret, tangible, vers une perception de plus en plus abstraite de son environnement et, donc, des limites physiques, biologiques et même temporelles de ce dernier. Car autrement, comment concilier l'irréversibilité de nos actions concrètes, qui menacent notre milieu de vie (et la vie elle-même), avec une *mégamachine*[10] techno-scientifique dont la propulsion ne saurait être entravée ? L'abstraction, c'est en quelque sorte une dérive vers l'atemporalité, vers un mode de perception dans lequel l'irréversibilité n'existe plus, et donc à travers lequel notre existence vorace n'est pas remise en question. La réalité virtuelle, qui prend de plus en plus de place dans nos vies, fournit une illustration facile de ce monde atemporel, mais nous verrons bientôt que notre montée vers l'abstraction touche à de nombreuses autres sphères de notre quotidien où les conséquences sont, quant à elles, tout sauf abstraites.

10. Terme emprunté à Serge Latouche dans *La mégamachine*, Paris, La Découverte, 1995.

Notre détachement du monde tangible, sous plusieurs termes, a été abordé de près ou de loin par de nombreux penseurs, de Jean-Jacques Rousseau à Ivan Illich, Serge Moscovici, Bernard Charbonneau et Michel Serres. La plupart de ces auteurs se sont surtout attachés, pour l'évoquer, à l'idée de « nature » : on parlera donc souvent d'un *détournement de l'être humain du monde naturel*, d'une *aliénation de sa place dans son écosystème*, d'un *homme dénaturé*, d'une *rupture du lien avec la nature*. Illich, dans *La convivialité*, en parlera indirectement, en évoquant plutôt un *déracinement de l'homme de son environnement*[11], phénomène qu'il attribue notamment à la sur-croissance du système industriel. Pensons aussi à Max Weber qui, en parlant du « désenchantement du monde », évoquait, à sa manière, la même idée[12].

Or, parler de « nature » amène sur un terrain glissant, ce concept n'étant que pure création, puisque son existence n'est définie qu'en opposition avec son propre inventeur, l'être humain. Car cette nature, comme l'explique l'anthropologue Philippe Descola, ne serait en fait qu'une simple production sociale. En nous rappelant que la dualité entre nature et culture, qui conçoit « humains et non-humains [...] comme se développant dans des mondes incommunicables et selon des principes séparés[13] », est purement historique[14]. Descola décrit finalement cette dualité comme rien de plus qu'un « fétiche » de l'Occident moderne. Parler de nature aujourd'hui, c'est donc non seulement évoquer une chimère, mais c'est aussi risquer d'être traité d'obscurantiste, de « rousseauiste », de romantique et même d'ésotérique... Sans renoncer complètement aux préoccupations découlant de ce concept, il est donc plus adéquat de cerner une notion moins chimérique qui en émane, à savoir celle d'une *rupture de l'être humain avec les limites de son environnement*, une rupture qui découlerait, par ailleurs, d'une aspiration croissante à les transcender. Sans se lancer dans le projet ambitieux d'en retracer l'historique, on se contentera ici d'examiner les répercussions de cette attitude sur notre monde actuel, sur sa perception et sur la direction qu'il est en train de prendre en réaction à l'impasse de la croissance.

---

11. « La surcroissance menace le droit de l'homme à s'enraciner dans l'environnement dans lequel il a évolué » dans Ivan Illich, *La convivialité*, Paris, Seuil, (1973) 2003, p. 74.

12. Dans *Le savant et le politique* (1919), Max Weber décrit notre monde comme dominé par la rationalité, où l'explication scientifique remplace le mystique et le sens caché des choses. C'est cette rupture avec le chaos naturel et l'occulte que Weber appelle « désenchantement du monde. »

13. Philippe Descola, *Par-delà nature et culture*, Paris, Gallimard, 2005, p. 56.

14. *Idem*, p. 13.

Une foi démesurée en la technologie : symptôme d'une abstraction du monde

Le développement technoscientifique, aujourd'hui plus que jamais le pilier principal de la croissance économique et de l'élévation du niveau de vie, est évidemment la facette la plus manifeste de cette attitude d'émancipation de notre environnement qui pousse à en ignorer les limites. En effet, grâce à ce qu'on appelle « la technique », « le monde va parfaitement à l'homme et l'homme va parfaitement au monde, comme le gant va à la main et la main au gant[15]. » Ainsi, il n'offre plus de résistance à une façon d'« être-au-monde[16] » de plus en plus exigeante en matière de confort, de santé, de productivité, de rapidité, de communication. Tour à tour, de nombreuses limites physiques, biologiques et temporelles ont été transcendées : la gravité a été vaincue grâce à l'avion, puis la fusée ; de nombreuses barrières biologiques ont été abolies par les avancements notamment en médecine et en agriculture ; les barrières géographiques par les moyens de transport terrestres et maritimes, puis par des moyens de communication de plus en plus divers et sophistiqués... jusqu'à l'Internet qui, aujourd'hui, abolit toutes les barrières temporelles, ou presque, qui séparaient jusqu'alors les êtres humains les uns des autres. Aussi, à travers l'existence virtuelle que cette technologie permet, un nombre croissant d'individus peuvent enfin s'évader de leurs enveloppes corporelles souvent décevantes pour s'envoler vers un monde abstrait et donc sans limites.

À voir ainsi tomber tour à tour les barrières que notre environnement physique osait nous imposer, on peut s'imaginer que l'aboutissement logique du développement technologique et scientifique (qui n'est en fait rien d'autre que la quête par l'homme du contrôle total de son environnement) serait l'immortalité... L'espoir de vaincre un jour les limites de notre écorce charnelle, ultime barrière physique à transcender pour un univers enfin *sur-mesure*, devient le symbole de la quête du progrès et, pour certains, un objectif possible ! Plusieurs fondent en effet de tels espoirs sur le fait que la durée moyenne de la vie humaine aurait déjà triplé dans les trois derniers siècles, ainsi que sur les plus récentes avancées dans les domaines du clonage et des cellules régénératrices, avancées qui abolissent en quelque sorte une barrière de plus entre nous et ce mythe[17]... Car n'est-ce pas une croyance de l'ordre du mystique que de s'imaginer que les limites physiques de ce monde, dont l'ultime est la mortalité, seraient *toutes* franchissables ? La *perte du concret* réfère ainsi au fait que

15. Günther Anders, *op. cit.*, p. 223.

16. Expression empruntée à Andreu Solé dans *Créateurs de mondes ; nos possibles, nos impossibles*, *op. cit.*

17. Georges David, « Quel rêve derrière le clonage ; reproduction ou immortalité ? », *Mémoire cliniques*, vol. 45, 2002-1, p. 27-43.

l'humain aurait oublié non seulement qu'il existe des limites à son environnement – comme le prouve le constat tardif de l'épuisement possible du pétrole – mais même à son propre corps ! Des folies aussi pures que des laboratoires de recherche sur l'immortalité, par le simple fait qu'elles *existent*, ne résument-elles pas une dangereuse déviance de la conscience humaine vers une foi démesurée en sa suprématie ?

C'est pourtant sur cette foi – la foi quasi-sacrée en l'innovation techno-scientifique – que se fonde aujourd'hui l'impératif de la croissance, que la thèse du développement durable persiste à soutenir. C'est dans cet esprit d'*immortalité* – au sens symbolique cette fois – que les annonces du président américain Barack Obama sur les technologies vertes amorcent aujourd'hui le pas décisif qu'est en train de prendre la société occidentale : un virage vers des technologies de plus en plus propres et de moins en moins énergivores qui, éventuellement, nous permettront d'éviter le gouffre qu'un système économique non durable était en train de creuser. L'innovation, en plus de représenter le pilier de la croissance comme le clamait Schumpeter[18], devient donc en même temps notre bouée de secours. Ainsi, avec des technologies promettant une économie grandissante des ressources, le caractère limité des matières et de l'énergie planétaires perd-il comme par magie sa sonorité inquiétante, ce qui explique en partie le manque de popularité de la thèse de la décroissance.

Pourtant, attardons-nous, ne serait-ce que superficiellement, à la question : est-il concrètement possible, malgré un accroissement démographique effréné et une augmentation constante du PIB (après une récession bien sûr temporaire) que la technologie évolue assez efficacement pour renverser la vapeur ? Cela impliquerait, comme le clamait la RFF, que la technologie croisse à un rythme non seulement exponentiel, mais suffisant pour surpasser la croissance du PIB et de la population… Il est permis d'en douter ! Bien qu'il semble en effet que la technologie évolue de plus en plus vite, les innovations liées à l'économie des ressources semblent être parmi les plus lentes à venir – ou plutôt à faire surface selon des impératifs économiques favorables. Notons que la première voiture hybride n'est sortie sur le marché qu'en 1997. Pensons aussi à l'échec de tous les pays signataires du Protocole de Kyoto dans leur tentative d'atteindre ses objectifs de réduction des gaz à effet de serre[19], protocole

18. Dans *Théorie de l'évolution économique; recherche sur le profit, le crédit, l'intérêt et le cycle de la conjoncture* (1911), Joseph Schumpeter décrit effectivement l'innovation – qui distingue l'entrepreneur du simple industriel capitaliste – comme le moteur premier de l'évolution économique, et donc de la croissance.

19. Extrait du rapport *Encore un effort ! Kyoto et ses objectifs* de l'Institut pour un développement durable (2005) : « À l'échelon mondial, le protocole ne conduit donc pas à une réduction des émissions d'ici 2010 par rapport à leur niveau en 1990, mais il a très

qui ne touche par ailleurs qu'à une seule dimension de la problématique de la croissance. Le Canada, par exemple, abandonnait déjà la partie en 2006 – donc à peine un an après la ratification du protocole – principalement à cause des impératifs de croissance de l'Alberta, devenue le principal fournisseur de pétrole pour les États-Unis[20]. Cet échec illustre bien l'immense difficulté – si ce n'est pas l'impossibilité – de concilier une réduction de l'impact environnemental à une croissance continue du PIB.

Une autre mise en évidence de la nature tout à fait illusoire des promesses des technologies vertes est le fait que les activités de recherche universitaire sur ces technologies (et dans tous les domaines liés à l'écologie et l'environnement) consommeraient paradoxalement une quantité phénoménale de ressources et contribueraient au réchauffement climatique dans une proportion probablement beaucoup plus grande que ce qu'elles promettent éventuellement de réduire…

C'est ce que nous expliquait Hervé Philippe, que vous pourrez lire dans cet ouvrage, lors d'une conférence en janvier 2008 au département des science biologiques de l'Université de Montréal : ses propres travaux de recherche, avec tout l'équipement et l'énergie qu'ils requièrent, engendreraient « 44 tonnes de CO^2 par année, alors que la production annuelle est de 20 tonnes par habitant aux États-Unis[21] ». Ce paradoxe n'est pas sans évoquer le fameux « effet rebond », concept qui décrit le principe que toute économie nouvelle d'énergie ou de ressources permise par une technologie mène à une augmentation de sa consommation, que ce soit par exemple à cause du sentiment de « bonne conscience » suscité chez ses utilisateurs ou à cause de l'illusion d'abondance engendrée par une diminution de son coût. Une voiture plus économique ne poussera pas le conducteur à moins la conduire ; son sentiment d'économie de ressources et d'argent l'incitera au contraire à faire davantage de kilométrage, compensant le plus souvent à la hausse la réduction de son empreinte écologique.

La croyance que l'innovation technologique puisse malgré tout renverser le sablier semble donc reposer sur une *incapacité à entrevoir la fin de quoi que ce soit*, incapacité qui peut être interprétée comme le symptôme de ce fameux détachement du monde concret chez l'être humain. C'est ainsi que le questionnement peut être poussé encore plus loin : *l'occidentalisation du monde représenterait-elle une élévation progressive de la subjectivité humaine vers l'abstraction, au détriment d'une conscience éclairée du monde tangible dont dépend pourtant notre survie ?*

---

probablement amené à un infléchissement par rapport à ce qu'auraient été ces émissions en son absence dans les pays industrialisés. »

20. Carole Duffrechou, « Kyoto : le Canada de plus en plus glacial », *Libération. fr*, 9 novembre 2006.

21. Daniel Baril, « La recherche universitaire contribue au réchauffement climatique ! », *Nouvelles@UdM*, 4 février 2008.

Dans *L'Encyclopaedia Universalis*, un sens premier du mot « abstraction » est le suivant :

> (N)égliger toutes les circonstances environnant un acte, ne pas tenir compte des accidents d'une substance, ne pas s'arrêter aux particularités d'un être. Il s'agit pour la pensée de faire effort pour se détourner de toute considération concrète : les circonstances, les motifs, les contextes, etc., bref de s'extraire de la relativité constitutive de l'expérience et des *questions de fait*[22].

Or n'est-ce pas, à bien y penser, ces mêmes comportements qui caractérisent la sphère économique, cette entité qui semble voler au-delà, justement, de *toute considération concrète* ?

La sphère économique comme abstraction

Car l'économie de marché, cette sphère qui conditionne aujourd'hui les rapports entre société et environnement, est, on le sait, bel et bien virtuelle. La pensée de Karl Polanyi est sans doute la plus éclairante à ce sujet. Ce qu'on appelle ici *abstraction* de l'économique, n'est-ce pas aussi ce que le célèbre intellectuel décrivait, en 1944, comme un *désencastrement* de l'économique de la substance de la société, de par sa transformation en un système « commandé, régulé et orienté par les seuls marchés, la tâche d'assurer l'ordre dans la production et la distribution des biens [étant] confiée à [son] mécanisme autorégulateur[23] » ? Or, cette autonomisation de la sphère économique du tissu social, dont on constate les effets aujourd'hui, ne ferait pas, comme on pourrait le croire, partie de l'ordre des choses.

La sphère économique aurait, au contraire, toujours été encastrée dans la sphère sociale : son extraction récente serait le résultat d'un basculement majeur dans les idées – et donc dans notre conception du monde – depuis l'ère industrielle. Ce changement profond dans la conscience moderne, nous explique Polanyi, concernerait principalement les conceptions du travail, de la terre et de la monnaie. Pour que l'ère industrielle soit projetée à sa pleine capacité, il était effectivement nécessaire que ces sources de profit, qui ne se portaient pas concrètement à l'appropriation, soient artificiellement transformées en marchandises. Bref, la société en entier devait être soumise aux mécanismes du marché. Or, en rendant *achetables* ces dimensions de la vie humaine, particulièrement le travail et la terre, on « subordonn[ait] aux lois du marché la substance de la société elle-même[24] ! » Car effectivement, comme l'explique l'auteur de *La Grande*

---

22. « Abstraction – sens premier » dans *Encyclopaedia Universalis*, 2008.
23. Karl Polanyi, « Le marché autorégulateur », dans *La Grande Transformation. Aux origines politiques et économiques de notre temps*, Paris, Gallimard (1944) 1983, p. 104.
24. Polanyi, *op. cit.*, p. 106.

Transformation, qu'est-ce que le travail, sinon, les humains eux-mêmes qui forment une société et qu'est-ce que la terre sinon l'environnement naturel qui garantit son existence… et j'ajouterais : sa subsistance ?

Si l'on revient à la notion d'abstraction, la marchandisation du travail et de la terre ne serait, en fait, rien d'autre que leur abstraction du monde réel, leur détachement de toute considération concrète autre que les lois de l'offre et de la demande qui régissent l'économie de marché. En d'autres mots, on ne transigerait pas des hommes mais des « ressources humaines », et non pas une parcelle de forêt millénaire mais un « capital » susceptible de rendement. Ainsi, toute transaction avec notre environnement – bref, ce qui constitue depuis toujours l'essence de l'activité économique dans son sens plus large – qu'il s'agisse de se nourrir, de se vêtir ou de se loger, doit aujourd'hui passer par l'intermédiaire d'un marché avec ses lois propres, non reliées à l'environnement immédiat de la transaction, mais plutôt subordonnées à des mécanismes complexes, abstraits et universels. Or, comment garantir le respect de l'environnement et des hommes si ces derniers ne sont soumis qu'à la loi du profit ? Polanyi nous prévenait déjà, en 1944, des dangers inhérents à cette abstraction de la terre et du travail de la substance de la société, celle-ci devant inévitablement mener à une surexploitation destructrice des conditions mêmes de notre survie.

En effet, qu'est-ce que la crise alimentaire qui sévit actuellement sinon une crise abstraite, lorsque ce qui sépare les estomacs affamés de leur pain quotidien ne sont pas des champs desséchés, mais bien des prix qui se sont emballés à travers les mécanismes bêtement abstraits de l'offre et de la demande ? Les ressources alimentaires elles-mêmes se seraient tellement détachées de la réalité que certains aliments de base comme le blé ou le riz seraient devenus non pas seulement des produits agricoles, « mais parfois des produits financiers tout court[25] ». Polanyi aurait-il prévu que l'abstraction de l'économique serait telle que des humains pourraient mourir de faim à cause d'un symbole et non d'une pénurie véritable ? Sous cette lumière, l'argument de la *dématérialisation* de l'économie[26], de plus en plus évoqué de nos jours, prend soudain une sonorité dérisoire… Dématérialisation il y a, certes, puisque l'économie du savoir prend de plus en plus de place, mais une grande partie de ses contrecoups demeurent bien tangibles, et il en sera ainsi tant que la terre et le travail seront traités comme des marchandises… et tant que nous n'aurons pas inventé de nourriture *immatérielle* pour remédier à de telles crises !

---

25. Sixtine Léon-Dufour, « La crise alimentaire ; défi majeur du XXIe siècle », *le Figaro. fr*, 14 avril 2008.

26. C'est-à-dire le glissement des activités économiques vers le numérique, les communications et l'économie du savoir plutôt que vers les produits industriels.

Au sein de la sphère économique, un agent de distanciation important plane entre nous et le monde : l'argent. Georg Simmel a bien décortiqué ce phénomène dans sa *Philosophie de l'argent*, point de départ essentiel pour comprendre son rôle d'entremetteur, mais l'on peut emprunter une autre voie pour comprendre à quel point cet étalon universel[27] nous sépare de notre environnement concret. Cette forme de réserve de valeur existe certes depuis longtemps, mais elle a pris des envols dans le domaine de l'abstraction totale depuis, entre autres, l'expansion du crédit. Il fut un jour, en effet, où les banques devaient garder – physiquement – des réserves d'or pour garantir les dépôts et les prêts qu'elles transigeaient avec leurs clients. Aujourd'hui, comme on le sait, c'est non seulement l'argent qui sert de garantie pour l'argent, mais le coefficient de réserves des banques par rapport à ce qu'elles sont en droit d'accorder sous forme de prêts dépasse rarement les 2 %, alors qu'au Canada, il a été réduit à zéro depuis quelques années. Ainsi, chaque année, de l'argent est *créé* au moyen d'un mécanisme simple qui permet l'expansion de la monnaie – grâce notamment à sa marchandisation fictive telle que décrite par Polanyi – et qui augmente le pouvoir d'achat des consommateurs de la planète.

Or, le rythme d'expansion de la monnaie n'a bel et bien rien à voir avec les ressources réelles de notre environnement vital. Dans une économie de marché comme celle qui domine aujourd'hui, le nombre de biens que l'on peut acheter ne dépend pas – ou presque – de leur disponibilité, mais bien de l'ampleur du pouvoir d'achat et de la demande, qui eux-mêmes régiront ou s'ajusteront à l'offre et détermineront, au final, le prix. Mais si la monnaie peut se propager indéfiniment, les ressources peuvent-elles suivre ? Encore une fois, il est permis d'en douter, puisque, comme on le sait, les plus prisées ont plutôt tendance à fondre comme neige au soleil. En observant le mode de vie d'aujourd'hui, du moins en Amérique du Nord, il semble que l'on puisse littéralement tout avoir : on peut s'acheter une maison sans même une mise de fonds, à condition bien sûr d'accepter de la payer doublement, si ce n'est pas au triple, jusqu'à l'échéance. Une illusion que l'argent s'invente semble flotter dans l'air. Sans analyser les causes complexes de la crise financière actuelle, on constate de façon générale que les critères d'accès au crédit se sont assouplis à un point tel que les ménages ont accès à un nombre presque infini de biens de consommation, et que tout contact cognitif entre les ressources fournies par la planète et leur consommation par l'être humain est en train de se dissoudre. Une maison n'est pas une structure en bois, mais une hypothèque. Une télévision n'est pas un objet fait principalement d'une matière fossile, mais un paiement mensuel. Bref, l'argent n'est qu'un voile

27. Georg Simmel, « La liberté individuelle », *Philosophie de l'argent*, Paris, PUF, (1900) 1987, p. 345-444.

de plus entre nous et le monde, un agent de détachement qui, entre autres choses, propulse la conscience collective dans un univers abstrait et sans limites. C'est ainsi que la pensée pourtant toute simple qui se résumerait à « je n'ai plus d'argent, donc j'arrête de consommer » deviendrait le premier pas vers une *économie du possible*, c'est-à-dire une économie qui serait régie par les possibilités de son environnement plutôt que par l'expansion du crédit : en d'autres mots, une économie qui se réconcilierait avec le réel.

Or, le développement durable, comme on le sait, a l'ambition première de réconcilier, en quelque sorte, l'environnement et l'humain à la sphère économique. Le graphique bien connu du développement durable, avec ses trois cercles, persiste cependant à les représenter séparément, avec un point de jonction bien défini au milieu. Cette ré-inclusion partielle de la terre et du travail – car on revient aux marchandises fictives de Polanyi – peut sembler pouvoir remédier aux conséquences dévastatrices décrites précédemment. Mais cette ré-inclusion n'est-elle pas tout aussi artificielle que leur marchandisation l'a été – puisque cette marchandisation persiste ? Car la terre, le travail – et aussi la monnaie, bien sûr, élément qui demeure intouchable comme on s'en doute – continuent d'être soumis aux mécanismes du marché. Or, quels changements réels sont apportés par la cosmologie du développement durable, autres que le simple aveu d'une volonté nouvelle – mais pas nécessairement réalisable – de protéger les sphères *environnement* et *humain* des effets dévastateurs de la sphère économique ? Car le développement durable persiste non seulement dans l'adhésion au dogme de la croissance, mais aussi à faire de la quête du profit son moteur premier ! Bref, de réintégrer tout simplement l'humain et l'environnement à une sphère qui carbure principalement à leur exploitation me semble tout à fait incertain. Une réflexion de fond sur les fondements conceptuels de notre société, tâche que le développement durable n'a manifestement pas entamée, demeure de toute évidence un point de départ nécessaire avant de joindre des ronds sur un bout de papier.

Un envol vers le sublime

Les éléments de notre rapport au monde explorés précédemment convergent tous vers le fait qu'une croissance économique infinie n'est envisageable qu'en se fondant sur une abstraction totale du monde terrestre : en d'autres mots, cela est parfaitement possible sur les plans conceptuel et mathématique, mais malheureusement pas sur Terre. Il y aurait donc eu basculement dans notre conception du monde nous menant à abstraire toute réalité concrète – ou du moins une grand partie de celle-ci – basculement qui est manifeste notamment dans l'évolution de l'art occidental depuis l'ère industrielle. Il s'agit de se balader quelques heures au Museum of Modern Art (MOMA) à New York pour entrevoir combien la conscience humaine s'est envolée vers le sublime, loin des contraintes physiques de son environnement et de son corps, éléments qui furent pourtant les principaux sujets des artistes jusqu'au XXe siècle. La série des *arbres* (1912-1915) de l'illustre Piet Mondrian, un des grands gourous de l'abstraction moderniste, lorsque exposée chronologiquement, illustre parfaitement l'évolution de notre sensibilité : on voit progressivement les ramures de ses arbres, au départ identifiables, se transformer en une sorte de sublime géométrie perdant toute référence explicite au monde réel. Dans la tradition artistique moderne, l'abstraction peut être définie comme « un terme qui existe en opposition avec la représentation réelle d'un objet ; l'abstraction implique que ce qui est observé ne peut être défini par son sujet, mais par un concept mental ou spirituel, ou même un procédé technique[28] ». On peut penser aussi à la peinture du courant *suprématiste* en Russie, avec Malévitch en tête – l'auteur du fameux *Carré blanc sur fond blanc* (1918) – courant qui correspondait à un engouement technologique sans précédent, et où l'on voyait se dépeindre un nouveau rêve : celui d'un individu surhumain, planant loin au-dessus des barrières terrestres, désormais transcendées par la technique. Bref, sans aller jusqu'au MOMA, on peut entrevoir, simplement en feuilletant en rafale certaines images de l'épopée moderniste dans un quelconque manuel d'histoire de l'art, ce qu'il y a eu d'extraordinaire, d'emballant, dans cette quête d'immortalité… mais aussi tout ce qu'elle peut comporter de dangereux pour l'avenir de notre espèce.

Retour sur l'idée de « nature »

Que l'on parle du réel, du concret, de notre environnement vital, ou simplement de notre monde et de ses limites, il est difficile de ne pas penser au *déracinement* de l'humain post-industriel décrit par Ivan Illich : or ce terme renvoie, sémantiquement du moins, à l'idée de « nature ». Mais est-ce que parler de « nature » doit nécessairement signifier d'opposer ce concept à celui de l'« humain » ? Comme l'explique Philippe Descola, la séparation entre les deux idées n'est pas universelle mais plutôt propre à une certaine vision du monde (la nôtre) : certaines cosmologies, comme celle du peuple Achuar en Amazonie[29], ne tracent au contraire aucune ligne conceptuelle distincte entre l'homme et son environnement. Les mondes du vivant et même du non-vivant y sont perçus comme dotés d'intentionnalité et les relations avec ces éléments ne se profilent pas sur

28. Markus Brüderlin (dir.), *Ornament and Abstraction*, Basel, Fondation Beyeler Riehen, p. 70 (traduit de l'anglais pour le texte).
29. Descola, *op. cit*, p. 22-25.

le mode unidirectionnel des actions «homme-sur-environnement», ce mode qui en soi fait naître le concept de *nature*, mais bien comme un dialogue à voix et directions multiples, comme un échange, bref, comme une relation de réciprocité entre l'humain et le monde dans lequel il évolue. Or, lorsque l'on parcourt les étalages d'un supermarché, il est aujourd'hui de plus en plus difficile de visualiser la source réelle de tous ces produits qui (pour la plupart, on l'espère!) nous ont initialement été donnés par la terre. Difficile, par exemple (plusieurs enfants, paraît-il, n'en ont aucune idée aujourd'hui) de visualiser que le morceau de poulet rose et plastifié provient réellement d'une bête à plumes. Difficile, en général, de retracer ou même d'imaginer la provenance physique de tout ce qui parsème, comestible ou non, notre quotidien. Notre relation avec les ressources qui garantissent notre survie, avec la terre ou, si l'on veut, la «nature», est non seulement unidirectionnelle mais également de moins en moins concrète. Un déracinement, donc, il est indéniable que nous en vivons un – un déracinement de quoi, par contre: à chacun de choisir sa manière de désigner les choses. C'est ce que j'appelle l'«abstraction du monde».

Une anecdote intéressante à ce sujet a été rapportée par David Abram, ethnologue américain, qui racontait un épisode de son séjour dans la campagne balinaise il y a quelques années[30]. Ayant remarqué depuis quelque temps que les habitants disposaient chaque matin, en quatre points stratégiques autour de leur hutte, de minuscules récipients tissés en feuille de palmier contenant un peu de riz, il s'était fait expliquer qu'il s'agissait d'une offrande pour des «esprits» qui autrement devenaient malveillants. Or, après des observations répétées, il découvrit que des milliers de fourmis venaient chaque matin chercher les «offrandes» pour les ramener dans des fourmilières situées à plusieurs dizaines de mètres des huttes, dans la brousse environnante. Le premier réflexe devant sa découverte fut de s'attendrir de la naïveté des habitants qui, croyant leurs offrandes savourées par les esprits, se les voyaient dérober chaque matin, à leur insu, par de vulgaires fourmis. Or, en y pensant plus profondément, on peut voir les choses complètement différemment: qu'on les appelle «dieux» ou «fourmis», l'important est qu'un certain équilibre soit maintenu entre les humains et la brousse. En leur donnant chaque matin de la nourriture, les habitants payaient en quelque sorte l'assurance de ne pas voir leurs réserves dévastées par les fourmis: bref, ils entretenaient une relation réciproque avec leur environnement, plutôt que de simplement y puiser leur subsistance sans ne jamais rien lui rendre[31].

30. David Abram, *The Spell of the Sensuous; Perception and Language in the More-than-Human World*, New York, Vintage Books, 1997, p.141-142.

31. Si on la transpose dans le monde moderne, cette relation avec l'environnement rappellerait par exemple celle d'une économie du don, où les ressources et les biens seraient

Car il est possible d'entretenir des relations différentes avec un écosystème que celle d'une exploitation sans limites : possible, et même nécessaire, puisque l'ascension implacable de cette exploitation est de plus en plus difficile à concilier avec un monde aux ressources épuisables, régi de surcroît par des cycles naturels bien étrangers à la linéarité de la croissance. En croyant s'émanciper de plus en plus des déterminismes naturels, l'homme se serait-il plutôt enfoncé dans un mythe – le mythe de sa propre suprématie sur un monde qui, en fin de compte, le dépassera ?

Pas étonnant que l'homme ait peu à peu oublié les limites de son monde puisque, si l'on se fie à la théorie économique néoclassique, qui se fonde encore sur le concept de *l'homo economicus* d'Adam Smith, l'homme serait lui-même un être doté de désirs sans limites. Questionner le dogme de la croissance, qui se justifie entre autres par ce postulat, c'est en même temps tenter d'entrevoir ce que serait une société qui, éventuellement, se bâtirait sur de nouvelles chimères. La croissance économique, sur plusieurs plans, a brillamment failli à remplir ses promesses… ne pensons qu'à celles du bonheur ou de la répartition des richesses ! En misant sur le *niveau* de vie plutôt que la *qualité* de vie, il semble que nous nous sommes simplement encombrés d'un amas de choses inutiles qui empêchent de voir l'essentiel. Prendre conscience de notre *envolée vers l'abstraction* est donc le premier pas pour parvenir à renouer avec de nouveaux *impossibles*, comme dirait le sociologue Andreu Solé – et donc aussi avec de nouveaux *possibles.* Car en rompant avec les limites de notre monde, ne rompons-nous pas aussi avec ses possibilités ? Selon Solé, « la singularité de l'homme réside dans sa qualité d'animal rêvant, dans son rapport constructiviste au monde[32] » – et à construire et déconstruire *ses* mondes – car ils sont pluriels[33] – à partir de ses propres illusions.

Perspective rafraîchissante et non fataliste, qui permet d'entrevoir avec optimisme ce que sera, éventuellement, cette fameuse société *a-croissante*, pour employer l'expression de Serge Latouche. Cette société pourrait en être une qui, par exemple, renoue avec ses limites et celles de son milieu de vie. L'action de descendre une rivière en canot illustre bien ce que serait cette façon d'aller *avec* le monde plutôt que *contre* lui : choisir de se servir du courant plutôt que de défricher un chemin à côté, avec des efforts par ailleurs inutiles.

échangés par le biais d'un système cyclique et réciproque basé sur la gratuité, plutôt qu'à travers un modèle pyramidal d'exploitation.

32. Andreu Solé, *Créateurs de mondes : nos possibles, nos impossibles*, *op. cit.*, p. 269.

33. Ce texte, en opposant le détournement du concret à une perception plus ancrée dans le monde tangible, demeure en continuité avec un mode de pensée occidental dualiste, qui tend toujours à opposer la modernité à une alternative unique. Il est donc important de cerner ce postulat pour éventuellement approfondir une réflexion qui est, ici, à peine effleurée, en considérant par exemple qu'il existerait une pluralité de possibilités.

DEUXIÈME PARTIE

Quelles sont les raisons de notre inaction ?

CHAPITRE 4

Pourquoi le développement durable s'est-il imposé là où l'écodéveloppement a échoué ?

Pascal van Griethuysen

Introduction

Cette contribution s'intéresse au remarquable succès qu'a connu le concept de développement durable à la suite de la publication en 1987 du rapport Brundtland. Rapidement adopté aussi bien par la communauté internationale que par les acteurs économiques et l'opinion publique, le développement durable est devenu, en très peu de temps, un concept incontournable et omniprésent, contrastant fortement avec l'évolution de son « prédécesseur », le concept d'« écodéveloppement », formulé dans les années 1970 dans une indifférence quasi générale, et que le développement durable a condamné, au moins pour un temps, à l'oubli.

En effet, malgré la qualité de leur analyse et la pertinence de leurs propositions, les débats, les réflexions et les expériences pratiquées dans les années 1970 n'ont pas conduit à la réorientation souhaitée. Plutôt que de conduire à la subordination des activités économiques à des considérations sociales et écologiques, les décennies qui ont suivi ont au contraire renforcé la prééminence des intérêts économiques dans les rapports humains et dans les relations entre les sociétés humaines et leurs milieux naturels. Tout s'est passé comme si les intérêts en présence avaient pu non seulement contrer les stratégies de changement (à l'exemple des coups d'État militaires contre les régimes ayant mis en place des politiques de développement autocentré, fondées notamment sur les substitutions aux importations), mais également renforcer la prédominance du modèle autoproclamé de développement occidental.

Parmi les enseignements qu'il est possible de tirer de l'expérience de l'écodéveloppement pour notre réflexion sur le développement durable, retenons ici la capacité du système établi à contrer les stratégies visant à initier des dynamiques alternatives, incompatibles avec la pérennité du système et des intérêts dont il est le garant. Corollaire de cet enseignement, tout projet compatible avec la structure normative et organisationnelle du système en vigueur devrait faire l'objet d'une adoption facilitée, voire favorisée, si elle conduit au renforcement des fondements de ce système et des intérêts qu'il soutient. Dès lors, le succès particulier du concept de développement durable tel qu'il s'est diffusé à la suite du rapport Brundtland pourrait être dû non à la pertinence de son contenu conceptuel et normatif en regard des enjeux de soutenabilité écologique et d'équité sociale, mais à la compatibilité de ce contenu avec la logique d'expansion du système économique capitaliste qui caractérise les années 1980, contexte dans lequel le projet d'écodéveloppement a été écarté.

Cette hypothèse n'est pas nouvelle. Dès la parution du rapport Brundtland, de nombreux auteurs ont mis en évidence sa nature par trop consensuelle, qui permettait de proposer de multiples définitions du développement durable[1], au point de conduire à des conceptions opposées les unes aux autres[2]. Deux types d'approche ont d'emblée été distingués[3], selon qu'elles s'inspiraient des sciences naturelles, et plus particulièrement de l'écologie (approches écocentriques), ou des sciences sociales, et notamment de l'économie (approches anthropocentriques). Par la suite, les positions se sont affinées, distinguant toujours plus clairement la rationalité normative sous-jacente au sein de ces approches opposées de la « soutenabilité ».

Deux types de rationalité sociale peuvent ainsi être distingués : (1) la *rationalité sociale élargie* ou *raison écosociale* où les activités économiques sont explicitement subordonnées à des considérations écologiques et sociales ; c'est la hiérarchie dont se réclamait l'écodéveloppement[4] et que revendiquent aujourd'hui les tenants d'une économie écologique, sociale et solidaire[5] et bon nombre de partisans altermondialistes[6] ; (2) la *rationalité économique capitaliste*, qui subordonne les considérations écosociales aux impératifs de rentabilité et de croissance économique ; cette hiérarchie sous-tend une interprétation capitaliste de la soutenabilité qui s'est diffusée à la suite du rapport Brundtland.

Relevons d'emblée que le rapport Brundtland se garde bien d'expliciter une hiérarchie d'objectifs. Visant le compromis politique, le rapport

1. F. Hatem, « Le concept de "développement soutenable" », *Économie prospective internationale*, n° 44, 1990, p. 101-117.

2. S.M. Lélé, « Sustainable Development : A Critical Review », *World Development*, vol. 19, n° 6, p. 607-621.

3. G. A.J. Klassen et J. B. Opschoor, « Economics of Sustainability or the Sustainability of Economics : Different Paradigms », *Ecological Economics*, vol. 4, n° 2, 1991, p. 93-115.

4. I. Sachs, *L'écodéveloppement. Stratégies de transition vers le XXIe siècle*, Paris, Syros, 1993.

5. M. Faber, R. Manstetten et J. Proops, *Ecological Economics. Concepts and Methods*, Cheltenham, Edward Elgar, 1998.

6. Association pour la taxation des transactions financières pour l'aide aux citoyens (ATTAC), *Pour une mondialisation à finalité humaine*, Liège, Attac – Vista – Syllepse, 2002.

affirme l'importance et la possibilité de concilier les trois aspects (économique, social et environnemental) des activités humaines. Mais, comme le relève Figuière[7], cette version artificiellement consensuelle « a pour conséquence de fermer le débat sur la hiérarchie des préoccupations en matière de développement durable ». Plus fondamentalement encore, « une approche du développement durable qui n'opère aucune hiérarchie entre les trois pôles laisse de fait le pôle économique dominer les autres » et ne conduit pas au changement paradigmatique requis « impliquant une révision de la place de l'économie dans la société ». Ainsi, pour de nombreux auteurs, la compatibilité de la doctrine du développement durable avec la rationalité économique capitaliste permet d'expliquer non seulement son succès, mais également ses limites.

Toutefois, deux éléments nous paraissent encore insuffisamment thématisés et analysés dans la littérature sur le développement durable : (1) *l'origine de la rationalité économique* qui conduit à l'exploitation des dimensions naturelle et humaine en vue d'une rentabilité monétaire ; et (2) *l'origine de l'incapacité sociopolitique* à élaborer des schèmes institutionnels adaptés à l'urgence et la gravité de la crise écosociale contemporaine.

La présente contribution tentera de répondre à ces deux questions. La première partie s'efforcera d'identifier, par l'entremise du *rôle joué par l'institution de propriété* dans l'orientation de l'économie capitaliste, les origines de la rationalité économique singulière qui contraint les acteurs économiques à subordonner les considérations écologiques et sociales aux impératifs de croissance économique, de rentabilité monétaire et de pression temporelle. La seconde partie mettra en lumière, au moyen de l'itinéraire conceptuel et institutionnel du développement durable, la *dépendance envers la rationalité capitaliste* qui caractérise les modalités institutionnelles élaborées par la communauté internationale en réponse aux problématiques environnementales mondiales. Elle sera suivie de quelques remarques conclusives sur l'impasse écosociale à laquelle conduit une orientation culturelle toujours plus soumise à la rationalité capitaliste.

Les fondements de la rationalité économique capitaliste

Pour tenter de comprendre à la fois l'échec de l'écodéveloppement et le succès du développement durable, nous allons recourir à une approche économique évolutive. L'*économie évolutive* se démarque de l'économie conventionnelle par le fait qu'elle conteste la pertinence d'une analogie mécaniste (à l'instar du modèle de l'équilibre général, référence théorique

7. C. Figuière, « Sud, développement et développement durable : l'apport de l'économie politique », *VertigO*, vol. 7, nº 2, 2006, p. 6.

de l'économie néoclassique) et ancre son épistémologie heuristique sur une vision d'un monde en évolution permanente, en perpétuel devenir. Partageant avec d'autres disciplines scientifiques une perspective évolutive, l'économie évolutive s'en différencie par la reconnaissance explicite de la spécificité des relations sociales et économiques. Cette spécificité qui tient au fait que le système économique est en relation continue avec son milieu naturel et son contexte socioculturel, et que les modalités de ces relations sont définies par les institutions.

Le cadre d'analyse de l'économie évolutive

Par « institutions », l'économie évolutive, s'inscrivant dans la lignée de l'économie institutionnelle critique[8], entend les différents *processus sociaux qui assurent le maintien dans le temps d'une société*: habitudes et valeurs sociales, modes de penser et d'agir, règles sociales et juridiques, autant de modalités sociales qui déterminent le champ du possible ou du permis au sein duquel les différents membres de la structure sociale peuvent et doivent se comporter, ainsi que les sanctions appliquées aux contrevenants[9]. L'ensemble des arrangements institutionnels existant à un moment donné dans une société constitue son *cadre institutionnel*. Ce cadre institutionnel détermine le type de relations sociales qu'il est possible d'avoir, et réglemente également les relations Homme-Nature par de multiples droits et devoirs relatifs à l'accès, à l'usage et à l'exploitation des biens et services fournis par le milieu naturel[10].

---

8. Inspiré de la philosophie pragmatique et de l'évolutionnisme darwinien, le mouvement institutionnaliste s'est développé aux États-Unis dès les années 1890, avec notamment la publication en 1898 de l'article de Thorstein Veblen (1857-1929) « *Why Is Economics Not an Evolutionary Science?* ». Au sein de l'économie contemporaine, on constate un regain d'intérêt pour les perspectives institutionnelles depuis la fin des années 1980.

9. Le fonctionnement, l'application et l'opérationnalisation des institutions requièrent l'existence et l'action de structures sociales spécialisées, *i.e.* d'*organisations*. C'est pourquoi le terme d'institution utilisé au sens large désigne parfois des organisations. Pourtant, comme le relève Bromley, « *organizations are best thought of not as being institutions, but as being defined by institutions* ». Voir: D. W. Bromley, *Economic Interests and Institutions. The Conceptual Foundations of Public Policy*, Oxford, Basic Blackwell, 1989, p. 43.

10. Si, du point de vue socioculturel, les relations sociales et les relations avec le milieu naturel sont définies par les conditions institutionnelles, ce sont les *technologies* qui déterminent, sur le plan biophysique, les caractéristiques qualitatives et quantitatives des interactions Homme-Nature (type et quantité de ressources exploitées et/ou produites, ainsi que des déchets créés). L'influence conjointe qu'exercent les technologies et les institutions sur l'exploitation des ressources est centrale dans la perspective économique évolutive, ainsi que le relève Steppacher: « Le mode et l'étendue de l'exploitation des ressources dépendent des technologies disponibles, des institutions réglant l'accès aux ressources ainsi que des systèmes de prise de décisions dont la rationalité influe sur le mode d'exploitation des ressources. De son côté, le mode d'utilisation des ressources est conditionné par les modes de penser et d'agir culturellement déterminés… » Voir: R. Steppacher, *Introduction à l'économie institutionnelle*

En distinguant ce qui est permis de ce qui ne l'est pas, le cadre institutionnel opère une sélection permanente au sein de la société, favorisant certains comportements sociaux (ou les rendant obligatoires) et décourageant (ou interdisant) d'autres. Cette action de *sélection culturelle* se réfère à l'arbitrage réalisé par la collectivité entre différentes options sociales. Elle ne se limite pas à restreindre certains comportements ou interdire certains projets, car elle rend également possible la réalisation d'objectifs individuels et collectifs qui, sinon, n'auraient pu être atteints. En ciblant sur l'action sélective des institutions, l'économie évolutive apparaît à même d'expliciter, par la succession de choix opérés par les membres d'une structure sociale, l'itinéraire socioculturel d'une société. Dès lors, et conformément à l'approche évolutive, c'est par l'analyse des conditions institutionnelles ayant conduit aussi bien à l'élimination du projet d'écodéveloppement qu'à la promotion du projet de développement durable que commence notre analyse du développement durable.

La propriété, fondement institutionnel de l'expansion capitaliste

La marginalisation de l'écodéveloppement et l'avènement du développement durable coïncidant avec une formidable expansion de l'économie capitaliste, c'est à l'analyse des fondements institutionnels du mode de développement capitaliste que nous conduit notre démarche. Une telle analyse requiert de reconsidérer le rôle joué par l'institution de propriété dans l'orientation de l'économie capitaliste. Elle est au cœur de la théorie monétaire de Gunnar Heinsohn et Otto Steiger[11], qui se nomme désormais la « théorie économique de la propriété » – *property economics*[12].

Reposant sur une distinction préalable entre l'institution de la propriété et celle de la possession[13], la théorie de Heinsohn et Steiger identifie *la propriété comme l'institution constitutive du capitalisme*[14]. Les titres de propriété confèrent en effet une sécurité aux détenteurs de droits

à l'exemple de la problématique du développement agricole dans le tiers-monde, Itinéraires n° 30, Genève, Institut universitaire d'études du développement, 1983, p. 49.

11. G. Heinsohn et O. Steiger, *Eigentumsökonomik*, Marburg, Metropolis, 2006.

12. Cette section se limite à une présentation sommaire. Pour une présentation plus approfondie, voir les travaux de Heinsohn et Steiger, ainsi que l'analyse qu'en fait Steppacher dans le domaine du développement.

13. Alors que la *possession* est proposée pour rendre compte de manière générique de *l'ensemble des arrangements institutionnels* élaborés par les sociétés humaines *pour régir la disposition matérielle des ressources naturelles*, la *propriété* correspond spécifiquement *à l'établissement de titres juridiques de propriété* assurant à leurs détenteurs (les propriétaires) la *possession exclusive et durable* envers la ou les ressources concernée(s).

14. *Eigentum, Zins und Geld : Ungelöste Rätsel des Wirtschaftswissenschaf, Reinbek, Rowohlt*, 1996 ; R. Steppacher, « Theoretische Überlegungen : Begriffe und Zusammenhänge », dans H. Bieri, P. Moser et R. Steppacher, *Die Landwirtschaft als Chance einer zukunftsfähigen Schweiz*, Zürich, *Schweizerische* Vereinigung Industrie und Landwirtschaft, 1999, p. 9-38.

(rendement immatériel) qui peut être engagée dans un processus de capitalisation, dont la relation de crédit constitue l'expression la plus élémentaire[15]. De la relation de crédit émerge une *création de capital monétaire*, expression tangible et mesurable de la valeur de l'engagement réciproque des propriétés du créancier et du débiteur[16]. Sécurisée par la propriété, la monnaie procure une stabilité inédite à l'organisation économique et sociale. Permettant la dissociation entre le financement et la réalisation des activités économiques, la stabilité monétaire de l'économie de propriété confère une souplesse inédite au système économique. Cette souplesse se manifeste en particulier dans la possibilité de mobiliser, moyennant un financement adéquat, la quasi-intégralité des potentialités disponibles pour la satisfaction d'objectifs économiques.

Potentiel et contraintes de la relation de crédit

La *création monétaire* (l'émission par le créancier d'un titre de propriété transmissible dont il définit lui-même la nature) permet aux agents économiques de *disposer d'un financement*, et cela *sans épargne préalable*. Le capital ainsi créé peut financer des activités économiques supplémentaires

---

15. La propriété recouvre deux potentialités distinctes: (1) la première correspond à l'ensemble des droits liés à la possession concrète de la propriété, comme les droits relatifs à l'accès, l'usage, l'exploitation, la gestion, l'exclusion et l'aliénation; (2) la seconde potentialité correspond à la possibilité d'engager la sécurité immatérielle associée au titre de propriété dans un processus de capitalisation. Or l'engagement du rendement immatériel de la propriété n'affecte ni les caractéristiques réelles des ressources, ni les rendements matériels de celles-ci. Ainsi, non seulement les deux potentiels de la propriété peuvent être engagés simultanément, mais la possibilité d'obtenir des revenus monétaires par capitalisation *vient s'ajouter* aux revenus d'exploitation issus de l'exploitation concrète, matérielle de la propriété. Cette actualisation conjointe des potentialités de la propriété joue un rôle fondamental dans la dynamique capitaliste, car elle permet *l'enrichissement cumulatif* des propriétaires: la perspective de revenus d'exploitation élevés augmente la valeur de capitalisation d'une propriété, et les fonds résultant de cette capitalisation peuvent être investis en vue d'améliorer encore les revenus d'exploitation; le processus est circulaire et cumulatif. Il en résulte une tendance générale au renforcement du statut social des propriétaires, et plus fondamentalement, au renforcement cumulatif de l'ancrage institutionnel du système économique sur l'institution de la propriété, conséquences des stratégies institutionnelles des propriétaires.

16. Le principal mérite de la théorie monétaire de Heinsohn et Steiger est d'avoir identifié, par l'entremise de l'engagement du rendement immatériel que procure la propriété, l'*origine endogène et auto-organisée de la création monétaire*. Jusqu'à cette thèse, l'origine de la monnaie n'avait pas été clairement identifiée. La théorie néoclassique, depuis Karl Menger (1840-1921), considère qu'il s'agit d'un bien ayant émergé spontanément grâce à ses qualités de numéraire facilitant l'échange des biens, théorie qui n'explique pas pourquoi la monnaie n'a pas émergé dans toutes les sociétés. Dans les théories de Joseph A. Schumpeter (1883-1950) et de John M. Keynes (1883-1946), la relation de crédit est à la source d'un transfert et d'une émission monétaire, mais l'origine de la monnaie elle-même n'est pas explicitée. Pour Heinsohn et Steiger, aucune création d'argent stable n'est possible qui ne repose sur l'engagement réciproque de la sécurité dont jouissent deux propriétaires.

(*croissance* par expansion), ou être investi dans de nouvelles activités (*développement* par innovation)[17]. En retour, comme l'a relevé Rolf Steppacher dès 1999, l'institution de la propriété impose sa logique aux agents économiques, désormais soumis aux exigences du financement extérieur. En mettant sa propriété en nantissement, le débiteur se soumet en effet à une triple condition : celle de (1) *rembourser* la somme empruntée ; (2) et de payer un *intérêt ;* (3) dans un intervalle de *temps donné*. Cette triple condition impose les contraintes suivantes au débiteur :

(1) la *solvabilité*, qui requiert une évaluation de toutes les activités économiques sous *forme monétaire*, selon le standard défini par le créancier[18] ;

(2) la *rentabilité*, qui impose l'analyse coûts-bénéfices comme routine de sélection des alternatives ;

(3) la *pression temporelle*, qui se répercute, à travers les activités du secteur productif, à l'ensemble du système économique.

Les contraintes associées à l'économie de propriété (solvabilité, rentabilité, pression temporelle) et les diverses manières d'y répondre (croissance économique, innovation technologique) agissent comme autant de *critères de sélection* déterminant le maintien ou non des débiteurs au sein de l'économie de propriété. Lorsqu'elles ne sont pas réalisées, ces conditions entraînent l'*élimination* des propriétaires endettés (par saisie ou faillite). Parallèlement, tous les comportements économiques guidés par des critères d'orientation alternatifs sont découragés, voire éliminés par les contraintes de l'économie capitaliste.

Les stratégies des acteurs

Afin de répondre aux contraintes spécifiques de l'économie de propriété (solvabilité, rentabilité, pression temporelle), les acteurs privés poursuivent deux types de stratégies économiques complémentaires : des stratégies commerciales et des stratégies institutionnelles[19]. Les stratégies commerciales, ou marchandes, visent le rendement monétaire maximum, à travers la minimisation des coûts pour lesquels l'agent est tenu responsable et la maximisation des revenus qu'il est en droit d'obtenir. Parmi ces stratégies,

---

17. La croissance par expansion comme le développement à travers l'innovation émergent spontanément au sein d'une économie de propriété, ce qui n'est pas le cas dans une économie où les titres de propriété sont absents ou mal définis. Cette caractéristique confère aux économies de propriété une puissance particulière et un avantage avéré par rapport aux économies de possession.

18. Le fait que le standard monétaire soit défini par le créancier revêt une importance particulière lors de crédits internationaux, car le débiteur doit rembourser la somme empruntée en devises étrangères, devises qu'il ne peut obtenir que sur les marchés internationaux.

19. D. W. Bromley, *Economic Interests and Institutions. The Conceptual Foundations of Public Policy*, Oxford, Basic Blackwell, 1989.

– réduire les charges salariales, recourir à des matières premières meilleur marché, rechercher et développer des techniques plus efficaces, rationaliser l'organisation des processus de production – sont autant de moyens de réduire les coûts, alors que les stratégies destinées à s'assurer la vente des produits (marketing) et à convaincre le consommateur d'acheter (publicité) font partie des stratégies commerciales les plus courantes pour maximiser le produit des ventes.

Les stratégies marchandes des agents économiques visent à obtenir le meilleur rendement possible au sein du cadre institutionnel existant, mais ce sont les conditions institutionnelles qui déterminent ce qui constitue ou non un coût, et pour qui[20]. Dès lors, une stratégie institutionnelle visant à modifier les règles du jeu économique constitue le complément dynamique des stratégies marchandes. Comme les règles se définissent au sein du processus politique, les stratégies visant à influencer l'évolution du processus politique font partie intégrante de toute stratégie économique. De cette nécessité découlent toutes sortes de stratégies, allant du regroupement en associations d'acteurs économiques les plus puissantes possibles aux diverses pratiques de corruption, en passant par l'instrumentalisation des normes écologiques et sociales.

La rationalité économique capitaliste et la subordination des considérations écosociales

Identifiant la rationalité économique capitaliste comme la *rationalité singulière de l'économie de propriété*, Steppacher[21] montre que l'évaluation de la propriété, le maintien de sa valeur et, si possible, son accroissement constituent les critères de base de l'organisation du système économique, autour desquels sont organisés de manière hiérarchique tous les autres modes d'évaluation socioéconomiques[22]. Au sein de cette hiérarchie, cinq niveaux de logique peuvent être distingués[23]: la *logique de propriété* (orientation générale vers la valeur de la propriété engagée et de son accroissement), la *logique monétaire* (maintien de la solvabilité des acteurs comme condition existentielle dans l'économie de propriété), la *logique marchande* (évaluation en termes de coûts-bénéfices de toutes les transactions économiques), la *logique institutionnelle* (considérations

20. D. W. Bromley, *op. cit.*, p. 57.

21. Voir notamment R. Steppacher, « Property, Mineral Resources and "Sustainable Development" », in O. Steiger (dir.), *Property Economics. Property Rights, Creditor's Money and the Foundations of the Economy*, Marburg, Metropolis, 2008, p. 323-354.

22. « All economic decisions and evaluations are hierarchically differentiated, integrated, balanced and centred according to the impact they are likely to have with regard to the security, quantity, quality and value of property. » Steppacher, *op. cit.*, 2008, p. 336.

23. Steppacher, *op. cit.*, 2008, p. 336.

institutionnelles basées sur l'évaluation de l'impact des changements institutionnels sur les coûts monétaires, les bénéfices et la valeur du capital) et la *logique écosociale* (considérations de nature écologique et sociale).

Au sein de la rationalité spécifique de l'économie de propriété, *les dimensions écologiques et sociales sont reléguées à l'arrière-plan* : non que la prise en compte de considérations écosociales soit en soi incompatible avec la hiérarchie de logiques d'un régime de propriété, mais cette prise en compte demeure subordonnée à l'ensemble des niveaux de logiques qui la précède. Ainsi, toute action visant un objectif écologique et/ou social ne peut être envisagée que dans la mesure où elle ne nuit à la situation des propriétaires ni sur le plan de la propriété (affaiblissement du statut des propriétaires dans le cadre institutionnel, perte de l'exclusivité sur les rendements matériels et/ou immatériels), ni sur le plan monétaire (réduction des gains en capital, redistribution des dividendes accumulées par la concentration de la propriété), ni sur le plan marchand (augmentation des coûts de production, réduction du produit des ventes), ni sur le plan de la réglementation du marché (désavantage, en termes de compétitivité, par rapport à des concurrents non soumis à une augmentation des coûts ou à une réduction des recettes).

En revanche, une prise en compte des critères écologiques et/ou sociaux sera envisagée si elle permet aux propriétaires d'affermir leur position sur l'un ou plusieurs de ces niveaux. Parmi d'autres exemples, citons la possibilité de limiter la concurrence par l'institutionnalisation de normes écologiques et/ou sociales (source de tensions Nord-Sud dans les débats sur la responsabilité écosociale des entreprises), la mise en place d'un label de qualité visant à augmenter le produit des ventes, la mise en œuvre de marketing vert (destiné notamment à orienter l'attention sur l'image et le discours des entreprises et non sur leur *core business*) et, plus fondamentalement encore, l'établissement de nouveaux titres de propriété assurant l'exclusivité sur des ressources encore « libres » (à l'image de l'institutionnalisation d'un marché de droit d'émission de matières polluantes, comme dans le cas du régime climatique).

La réponse industrielle à la pression capitaliste

Croissance économique exponentielle, pression temporelle, rentabilité relative et conditions institutionnelles favorables constituent les principales contraintes qu'impose, par l'entremise de la capitalisation monétaire, l'expansion de l'économie de propriété. Par le passé, les économies de propriété ont répondu à cette pression par l'expansion territoriale (au détriment des populations locales, le plus souvent *dépossédées* de leurs terres et de leurs ressources), le commerce et l'échange inégal (où les bénéfices de la partie dominante se font aux dépens de la partie dominée), la division du travail (permettant une augmentation de la productivité), la concentration de la propriété et la surexploitation des ressources renouvelables[24]. Avec l'avènement de la *révolution thermo-industrielle*[25] et l'invention et la diffusion des technologies permettant d'exploiter l'énergie stockée dans les combustibles fossiles, l'innovation technologique est devenue le mode privilégié de matérialisation de la croissance économique. Alimentées par les ressources minérales, les innovations technologiques industrielles ont été développées conformément aux impératifs capitalistes : produire plus, plus vite, moins cher et nouveau. En retour, le développement industriel a imposé de nouvelles contraintes aux activités économiques (mécanisation, uniformisation, planification, etc.) renforçant la puissance des acteurs économiques et la concentration du pouvoir[26]. Parallèlement, la pression à l'expansion s'est répercutée sur la consommation de ressources naturelles, à commencer par les hydrocarbures (charbon, pétrole, gaz), exacerbant toujours davantage la rareté et la nature stratégique de ces ressources.

Beaucoup moins stratégiques pour l'expansion d'un mode de développement à la fois capitaliste et industriel, les ressources biotiques n'en subissent pas moins les conséquences de cette expansion. Ainsi, de manière à satisfaire aux impératifs de croissance et de compétitivité imposés par les institutions et les agents de l'expansion capitaliste et industrielle, les sociétés n'ayant qu'un accès limité aux ressources énergétiques minérales sont contraintes d'exploiter les ressources biotiques disponibles au-delà de leur capacité de renouvellement, affaiblissant d'autant les capacités des écosystèmes à fournir des services écologiques. Finalement, les impératifs d'expansion et d'accélération, caractéristiques de la dynamique expansive de la propriété, conduisent à l'épuisement des ressources minérales non renouvelables et à l'accumulation corrélative d'énergie-matière dégradée dans le milieu naturel, d'une part, à la surexploitation des ressources biotiques, la perte de biodiversité et l'affaiblissement des capacités de résilience des écosystèmes, d'autre part. Or, tous ces processus se renforcent mutuellement au sein d'une dynamique circulaire et cumulative qui

24. Les unes et les autres allant généralement de pair, comme dans le cas de la civilisation romaine et l'Europe coloniale préindustrielle.

25. Le concept de révolution thermo-industrielle a été proposé dès les années 1970 par le philosophe des sciences Jacques Grinevald. Le qualificatif « thermo » met en évidence que c'est la transformation de chaleur en mouvement qui est à la base des instruments industriels. Il met également en évidence que le recours aux stocks d'énergie fossile marque le début d'une perturbation anthropique de l'équilibre thermique de l'atmosphère. Voir : « L'effet de serre de la Biosphère. De la révolution thermo-industrielle à l'écologie globale », *Stratégies énergétiques*, n° 1, 1990, p. 9-34.

26. J.K. Galbraith, *Le Nouvel État industriel. Essai sur le système économique américain* Paris, Gallimard, 1968.

perturbe toujours davantage les grands cycles de la biosphère, menaçant la viabilité du milieu de l'homme et de nombreuses autres espèces.

L'itinéraire institutionnel du développement durable

L'ancrage écosocial de l'écodéveloppement

L'ambition affichée du projet d'écodéveloppement de subordonner les activités économiques à une *rationalité sociale élargie*[27] reposait sur trois piliers: (1) la *satisfaction* généralisée *des besoins essentiels*, que la diffusion présumée de la croissance économique (les effets de percolation, ou *trickle down effects*) n'avait pas satisfaits; (2) la *soutenabilité écologique*, au moyen d'un usage des ressources naturelles respectant les limites de renouvellement et les capacités d'assimilation du milieu naturel; (3) la *self-reliance* ou *développement autonome autocentré* devant conduire à la réappropriation par les entités locales et nationales du pouvoir de maîtriser leur destin économique et politique[28].

Élaboré dans un contexte international pour un temps favorable au dialogue Nord-Sud et à un *nouvel ordre économique international*, le projet d'écodéveloppement reposait explicitement sur une hiérarchie de valeurs qui soumettait le déroulement des activités économiques à une rationalité écosociale, en contradiction flagrante avec la hiérarchie d'objectifs imposée par la rationalité économique capitaliste de l'économie de propriété. En rupture complète avec les relations internationales issues de l'époque coloniale et entretenues par les relations économiques asymétriques des années 1950-1960, ce projet n'allait pas résister à la réaction conservatrice qu'il allait provoquer.

Le contexte d'émergence du développement durable et le Protocole de Montréal

Après la période d'ouverture et de remise en question des années 1970, les années 1980 ont été marquées par la conjonction de trois phénomènes majeurs: (1) la mise en œuvre, par les principales puissances occidentales (USA, Grande-Bretagne, Allemagne), de *politiques économiques ouvertement libérales*, dont l'effet s'est vu renforcé; (2) par les *programmes d'ajustement structurel* (PAS), les réformes institutionnelles imposées par

---

27. Sachs, *op. cit.*

28. Relevons, à la suite de Steppacher, que ces trois piliers correspondent à trois dimensions de l'équité: équité intragénérationnelle à travers la satisfaction inconditionnelle des besoins essentiels, équité intergénérationnelle à travers la préservation de fonctions écologiques et économique du milieu naturel, et équité internationale à travers le développement autonome et autocentré.

les organisations financières internationales aux pays confrontés, dès 1982, à la crise du surendettement[29]; (3) et l'affaiblissement, puis *l'effondrement*, en 1989, *du système soviétique*[30], principal et ultime obstacle à l'expansion mondiale du modèle autoproclamé de développement occidental[31]. À la fois distincts et reliés, ces trois phénomènes ont conduit à une période d'expansion inédite du régime de propriété.

Un quatrième facteur allait se révéler déterminant pour l'avènement de la doctrine du développement durable : la découverte, par les responsables politiques et l'opinion publique, de l'occurrence de deux problématiques environnementales planétaires, soit la déplétion de la couche d'ozone stratosphérique et la perturbation anthropique du système climatique. Révélant la non-viabilité du mode de développement industriel et l'impérieuse nécessité d'élaborer des solutions à l'échelle mondiale, ces deux problématiques auraient pu être à l'origine d'une remise à l'ordre du jour du rapport Meadows sur les limites de la croissance[32], et plus largement, sur les questions débattues dans les années 1970. Tel n'a pas été le cas, et les réponses institutionnelles élaborées pour faire face à ces

---

29. Reposant sur l'idéologie du libre-échange et la dérégulation des marchés, les politiques libérales et les PAS s'articulent autour d'un ensemble de principes que Williamson a regroupés sous l'appellation de *Consensus de Washington* : discipline dans les finances publiques en vue de réduire le déficit ; indications de priorités dans les dépenses publiques ; réforme de la fiscalité ; libéralisation financière ; adoption d'un taux de change unique ; libéralisation commerciale ; promotion de l'investissement direct étranger ; privatisation des entreprises publiques ; déréglementation, notamment pour éliminer les entraves à la concurrence ; renforcement des droits de propriété.

30. Heinsohn et Steiger soutiennent que le type de socialisme mis en place par l'Union soviétique repose sur un régime de possession, et non de propriété. Si tel est le cas, l'économie soviétique ne reposait pas sur des bases institutionnelles stimulant de manière endogène l'expansion, l'innovation et la compétition, ce qui constituait un désavantage certain dans le cadre du processus de compétition à la fois politique, militaire, idéologique et économique qui l'opposait au système capitaliste. Ainsi, et bien qu'il ne puisse être question de limiter la grande confrontation du XXe siècle à la seule dimension institutionnelle, les avantages réels et monétaires que confère, sur le plan économique, l'institution de la propriété, et plus encore le renforcement cumulatif de ces avantages que seule confère la combinaison de la propriété et de la technologie industrielle, ont certainement joué en faveur du bloc capitaliste.

31. L'effondrement du système soviétique a notamment eu les répercussions suivantes : (1) le mode de développement capitaliste s'est présenté comme le vainqueur d'une confrontation de forces mécaniques et la seule voie à suivre, ignorant les critiques qui l'avaient fait vaciller dans la décennie précédente ; (2) l'aide au développement perd l'intensité stratégique que lui conférait la Guerre froide. Les pays endettés du Sud, déjà contraints d'exporter leurs ressources pour obtenir les devises nécessaires au service de la dette, n'ont d'autre choix que d'accepter les conditions des PAS conçues au sein et en faveur d'un régime de propriété en voie de mondialisation, alors même que cette voie conduit le plus souvent à leur appauvrissement. Toujours plus dépossédés de leurs ressources nationales, les pays surendettés s'enfoncent dans une dynamique involutive qui les prive toujours davantage de leur pouvoir de négociation dans les relations internationales. Le projet de *self-reliance* est bel et bien enterré.

32. D.H. Meadows, D.L. Meadows et J. Randers, *The Limits to Growth*, New York, Universe Books, 1972.

problématiques, bien que très différentes, se sont révélées compatibles avec les exigences de la rationalité capitaliste. Contemporaine à l'élaboration du rapport Brundtland (1983-1987), l'élaboration d'une réponse institutionnelle à la problématique de l'ozone mérite ici un bref détour.

C'est dans les années 1970, à la suite d'un article scientifique théorique[33], que se posa la question de l'impact des CFC sur la couche d'ozone. La controverse qui s'ensuivit retarda toute solution politique sur cette question pourtant prise en main par le Programme des Nations unies pour l'environnement (PNUE) dès 1977. Mais alors que le PNUE avait mis en place la Convention de Vienne pour la protection de la couche d'ozone en 1985, un article paru dans *Nature* signala un «trou» dans la couche d'ozone stratosphérique[34], précipitant la décision d'interdire les CFC à l'échelle internationale. La question est alors traitée en priorité dans les négociations internationales et aboutit en 1987 au Protocole de Montréal sur les substances qui appauvrissent la couche d'ozone. L'événement est important. Non seulement s'agit-il du premier traité international à interdire un produit issu de l'industrie privée jugé néfaste pour l'environnement, mais en plus, les gouvernements optent pour une régulation étatique du problème (interdiction sous contrôle de l'État). Pour faire face à un problème touchant l'écosystème planétaire, le processus politique international a dans ce cas abouti à une solution par la régulation. La confiance dans les capacités de la communauté internationale à résoudre des problèmes mondiaux s'en est trouvée renforcée.

Le Protocole de Montréal est à juste titre considéré comme un succès pour la communauté internationale. Relevons pourtant quatre caractéristiques de cette problématique qui ont facilité l'aboutissement des négociations: (1) la déplétion de la couche d'ozone est due à une seule famille de substances d'origine synthétique, les chlorofluorocarbures (CFC), produites de surcroît par un petit nombre d'entreprises (situation d'oligopole); (2) les répercussions de la déplétion de l'ozone stratosphérique, potentiellement dramatiques (le rayonnement ultra-violet annihilant l'activité cellulaire), présentent un danger immédiat, y compris pour les riches populations des pays du Nord (l'augmentation des cancers de la peau en Australie a d'ailleurs fait la une des médias occidentaux), si bien que l'opinion publique, alarmée, exerça une forte pression sur les décideurs politiques et les entreprises productrices de CFC; (3) des substituts ont été trouvés pour la plupart des applications économiques des CFC. Issus des mêmes ressources minérales (mais sans chlore), ils ont

33. M.J. Molina et S. Rowland, «Stratospheric Sink for Chlorofluoromethanes: Chlorine Atom Catalysed Destruction of Ozone», *Nature*, n° 249, 1974, p. 810-812.

34. J. Farman, B. Gardiner et J. Shanklin, «Large Losses of Total Ozone in Antarctica Reveal Seasonal ClOx/NOx Interaction», *Nature*, n° 315, 1985, p. 207-210.

cependant une incidence plus importante que les CFC sur l'équilibre radiatif de la planète ; (4) la firme américaine DuPont de Nemours, leader du marché des CFC, est parvenue la première à élaborer des substituts aux CFC, et ce n'est que lorsque qu'elle était sûre de disposer de ces substituts qu'elle a soutenu, en 1986, l'interdiction des CFC à laquelle elle était jusque-là opposée. Pour DuPont, déjà menacée d'une interdiction sur le marché américain, disposer la première d'un substitut aux CFC la mettait de fait dans une position de monopole dans ce secteur, *une fois l'interdiction des CFC promulguée à l'échelle mondiale* (les substituts étant plus chers à produire que les CFC). Le soutien de DuPont à l'interdiction des CFC relève ainsi d'une stratégie institutionnelle pleinement compatible avec la rationalité de l'économie de propriété. De ce point de vue, le fait que l'interdiction des CFC coïncidait avec un enjeu stratégique pour le plus puissant des acteurs économiques concernés constitue le facteur décisif du succès du Protocole de Montréal.

L'adoption du développement durable, interprétation capitaliste de la soutenabilité

L'effondrement du bloc soviétique, l'endettement extrême de nombreux pays du Sud, la dynamique d'expansion du mode de développement capitaliste, l'émergence de problématiques environnementales mondiales, tout concordait pour envisager une nouvelle manière d'orienter les relations internationales sous l'égide d'un nouveau concept global et fédérateur. Lorsque, en 1987, le rapport de la Commission mondiale sur l'environnement et le développement (CMED)[35] propose le concept de « développement durable », l'adhésion est quasi unanime. Reposant sur un principe éthique de responsabilité envers les générations futures[36], le développement durable semble alors capable d'englober à la fois la protection de l'environnement naturel, l'équité sociale et la satisfaction des besoins économiques des différents acteurs.

Volontairement consensuel, le rapport Brundtland propose en effet une interprétation politique de la soutenabilité, qui repose sur l'équilibre entre objectifs environnementaux, socioculturels et économiques. Toutefois, en postulant que les trois types d'objectifs sont réalisables

35. Commission mondiale sur l'environnement et le développement (CMED), *Notre avenir à tous*, Québec, Éditions du fleuve 1988.

36. « Le développement soutenable est un développement qui répond aux besoins du présent sans compromettre la capacité des générations futures à répondre aux leurs. *Deux concepts sont inhérents à cette notion :* 1) *le concept de "besoins", et plus particulièrement des besoins essentiels des plus démunis, à qui il convient d'accorder la plus grande priorité ; et* 2) *l'idée de limitation que l'état de nos techniques et de notre organisation sociale imposent à la capacité de l'environnement à répondre aux besoins actuels et à venir.* » CMED, *op. cit.*, p. 51.

simultanément, le rapport Brundtland élude toute réflexion substantielle aussi bien sur l'articulation effective des trois sphères d'activités que sur le type de rationalité susceptible d'assurer l'insertion durable des activités humaines dans son milieu naturel. Comme relevée en introduction, cette manière d'aborder les relations Homme-Nature conduit à ne pas questionner la suprématie de la rationalité capitaliste et de sa hiérarchie particulière de valeurs sociales[37], où les considérations écosociales sont subordonnées aux critères monétaires de la propriété. Plus encore, en érigeant l'objectif de croissance économique au rang de stratégie prioritaire, le rapport apporte sa caution au modèle de développement occidental, à la fois capitaliste et industriel.

Le rôle primordial conféré à la croissance économique mérite tout particulièrement d'être souligné ici. Mettant en exergue la nécessité de satisfaire les besoins essentiels des plus démunis et de protéger les milieux naturels, le rapport Brundtland affirme que la solution aux problèmes rencontrés passe par une accélération généralisée et non différenciée de la croissance économique :

> Il est essentiel de revitaliser la croissance économique mondiale si l'on veut que de vastes secteurs du monde en développement échappent à des catastrophes économiques, sociales et écologiques. Concrètement, cela implique une accélération de la croissance économique aussi bien dans les pays industrialisés qu'en développement, un accès plus libre aux marchés pour les produits des pays en développement, des taux d'intérêts plus faibles, davantage de transferts de technologie et une augmentation appréciable des flux de capitaux[38]...

Le rapport Brundtland est ainsi très explicite sur la nécessité, pour le développement mondial, de reposer toujours davantage sur une logique d'expansion de la propriété, conduisant à une « nouvelle ère de croissance de l'économie mondiale »[39]. L'objectif de reprise de la croissance économique est d'ailleurs en tête de la liste des impératifs stratégiques préconisés par le rapport Brundtland[40], suivi, il est vrai, par celui de modifier la qualité de la croissance économique. Mais ce second impératif ne fait pas, lui, l'objet d'une réflexion substantielle[41].

37. Figuière, *op. cit.*

38. CMED, *op. cit.*, p. 106.

39. *Ibidem.*

40. *Ibid.*, p. 58ss.

41. Le rapport Bruntland se limite à proposer des assertions très générales : « le développement soutenable, c'est autre chose que la croissance. Il faut en effet modifier le contenu même de cette croissance, faire en sorte qu'elle engloutisse moins de matières premières et d'énergie et que ses fruits soient répartis plus équitablement » ; « le développement économique doit reposer sur une base plus stable, c'est-à-dire la réalité qui le sous-tend » ; « modifier la croissance, cela signifie aussi changer notre approche du développement pour tenir compte de tous ses effets. » *Ibid.*, p. 61-63.

Déjà, en 1980, la « stratégie mondiale de la conservation » élaborée par l'Union internationale pour la conservation de la nature (UICN) avait mis en évidence la nécessité de conjuguer conservation et croissance économique. Toutefois, bien qu'explicite, cet appel à la croissance demeurait soumis à des considérations sociales et, plus généralement, au respect de nombreuses limites à l'exploitation des ressources, à commencer par les conditions de renouvellement et d'assimilation du milieu naturel. En outre, le rapport de l'UICN excluait d'emblée la problématique des ressources non renouvelables dont l'exploitation ne peut, par définition, être durable. Toutefois, en se polarisant sur les ressources biotiques, la stratégie mondiale ne se penchait pas sur le problème particulier de la civilisation industrielle : le recours extensif et l'épuisement des ressources non renouvelables, et tout particulièrement celui des combustibles fossiles et de leurs répercussions pour le Système Terre.

Le rapport Brundtland s'affranchit de manière beaucoup plus radicale des limites naturelles à la croissance économique, qui varient en fonction du milieu, mais aussi, et surtout, de la technologie :

> Sur le plan démographique ou celui de l'exploitation des ressources, il n'existe pas de limite fixe dont le dépassement signifierait la catastrophe écologique. Qu'il s'agisse de l'énergie, des matières premières, de l'eau, du sol, ces limites ne sont pas les mêmes. Elles peuvent en outre se manifester autant par une augmentation des coûts et une baisse de la rentabilité que par la disparition soudaine d'une base de ressources. L'amélioration des connaissances et des techniques peut permettre de consolider la base de ressources[42].

Affichant une confiance excessive dans les capacités de la technologie à alléger le poids écosocial de l'industrie[43], le rapport Brundtland s'attend d'ailleurs à ce que « la production industrielle (mondiale) augmente de 5 à 10 fois au cours du XXIe siècle[44] ». Une telle position n'est pas critiquable en tant que telle, l'émergence d'une structure hyper-industrielle planétaire constituant le soubassement bien réel d'une économie prétendue dématérialisée. Cependant, elle ne semble faire aucun cas des répercussions économiques, sociales et écologiques qu'induirait une telle expansion industrielle, alors qu'« au strict minimum, le développement soutenable signifie ne pas mettre en danger les systèmes naturels qui nous font vivre : l'atmosphère, l'eau, les sols et les êtres vivants[45] ».

---

42. *Ibid.*, p. 53.
43. Les limites font l'objet d'un rappel qui semble dérisoire : « Cela dit, les limites existent tout de même et il faudrait bien avant que le monde n'atteigne ces limites, qu'il assure l'équité dans l'accès à ces ressources limitées, qu'il réoriente les efforts technologiques afin d'alléger les pressions. » CMED, *op. cit.*, p. 53.
44. CMED, *op. cit.*, p. 254.
45. Le rapport semble ainsi éluder la dimension biophysique des activités humaines,

L'importance conférée par le rapport Brundtland à la croissance économique et au développement technologique laisse entendre que le développement durable est compatible avec l'expansion de l'économie de propriété. Une telle interprétation, que nous proposons d'appeler « l'interprétation capitaliste de la soutenabilité », repose sur une double conception : (1) une conception du développement réduite à la croissance économique et (2) une conception de la soutenabilité intégrant le recours extensif aux ressources non renouvelables[46].

L'interprétation capitaliste de la soutenabilité a permis aux acteurs de l'économie de propriété de s'approprier la thématique de la durabilité. N'ayant plus à renoncer à certains développements technologiques ni à l'exploitation des ressources naturelles non renouvelables, les entreprises reconnaissent alors les problèmes écologiques pour lesquels elles s'empressent de développer des solutions technologiques. Le rapport Brundtland ayant également mis l'accent sur le rôle des transferts de technologie entre pays industrialisés et pays en développement, le développement durable apparaît comme un puissant justificatif à la mondialisation des activités économiques privées. Les représentants de l'économie privée, encore discrets à la Conférence de Rio, seront d'ailleurs omniprésents dix ans plus tard au Sommet sur le développement durable de Johannesburg, en 2002, sommet au cours duquel aucune avancée concrète en matière de soutenabilité écologique et d'équité sociale ne sera réalisée.

De Rio à Johannesburg : la diffusion d'une doctrine

Vingt ans après la Conférence de Stockholm sur l'environnement humain, le Sommet de la Terre de Rio consacre le retour d'une interprétation capitaliste des relations Homme-Nature et initie un nouvel échéancier de négociations internationales conçues sous l'égide de la logique économique de la propriété, régime institutionnel en voie de mondialisation[47]. En effet, tous les accords émanant officiellement de cette conférence, comme la

---

perpétuant en cela la représentation mécaniste des interactions Homme-Nature proposée par l'économie conventionnelle qui néglige la nature entropique du processus économique.

46. L'interprétation capitaliste de la soutenabilité illustre la sélection particulière d'éléments compatibles avec les exigences de l'économie de propriété. Elle correspond à une interprétation particulière de la soutenabilité parmi un ensemble d'interprétations pouvant être extraites du rapport Brundtland. Un exemple d'éléments présents dans le rapport Brundtland, mais non adoptés dans la doctrine du développement durable est donné par les relations entre le désarmement, le développement et l'environnement, que le rapport traite explicitement.

47. Avec l'effondrement du système soviétique, en 1989, disparaît le principal obstacle à l'expansion mondiale du modèle occidental. En 1995, la création de l'Organisation mondiale du commerce (OMC) consacre pour la première fois dans l'histoire la prédominance de la logique capitaliste à l'échelle mondiale.

Déclaration de Rio, l'Agenda 21 et la Déclaration sur les principes relatifs aux forêts, ainsi que les deux conventions internationales (Convention-cadre sur les changements climatiques et Convention sur la biodiversité) ouvertes à signature à Rio, s'avèrent conformes à la rationalité économique capitaliste, qui subordonne les considérations écosociales à l'impératif de la croissance économique. En témoigne le Principe 12 de la Déclaration de Rio:

> Les États devraient coopérer pour *promouvoir un système économique international ouvert et favorable, propre à engendrer une croissance économique* et un développement durable dans tous les pays, qui permettrait de mieux lutter contre les problèmes de dégradation de l'environnement. Les mesures de politique commerciale motivées par des considérations relatives à l'environnement ne devraient pas constituer un moyen de discrimination arbitraire ou injustifiable, ni une restriction déguisée aux échanges internationaux[48].

Le Sommet de Rio, succès diplomatique et populaire, a renforcé la prise de conscience de l'opinion publique internationale sur les répercussions environnementales et, dans une moindre mesure, sociales du mode de développement. Il a conduit à la multiplication des plans d'action 21 locaux, conduisant d'innombrables acteurs à réfléchir à de nouvelles façons d'articuler les impératifs écologiques, sociaux et économiques, et à expérimenter de nouvelles modalités d'action collective et individuelle. L'élargissement de la prise de conscience du caractère non viable du mode de développement occidental, comme la nécessité de réorienter ce mode de développement sur de nouvelles bases, ainsi que la prise en main à de multiples niveaux d'action concrète de programmes environnementaux et sociaux par des acteurs sociaux, constitue certainement l'un des résultats les plus positifs de la Conférence de Rio.

Pourtant, le paradigme de Rio diffuse une interprétation de la durabilité qui maintient l'illusion, déjà présente dans le rapport Brundtland, que le mode de développement occidental peut être poursuivi sans réorientation radicale. En effet, parmi ses multiples mérites, le rapport Brundtland met en évidence le *paradoxe fondamental* de l'interprétation capitaliste de la soutenabilité: *alors que la crise écologique et sociale révèle la non-viabilité du mode de développement dominant* (l'expansion capitaliste et industrielle et ses répercussions écologiques et sociales), *c'est la mondialisation de ce modèle qui est présentée comme la voie à suivre.* Ce paradoxe, relevé par de nombreux auteurs, relève d'une longue tradition au sein de la théorie économique conventionnelle, d'inspiration essentiellement néoclassique, selon laquelle les solutions proposées pour résoudre les problèmes causés

48. Tous les textes officiels cités, avec nos italiques, dans cette section sont disponibles sur les pages du site web des Nations unies dédiées à la Conférence de Rio: <www.un.org/french/events/rio92/>.

par les interactions des sphères économique, sociale et environnementale reposent sur une méthodologie identique à celle que leur manifestation met en défaut. Un tel artifice permet d'éluder toute réflexion de fond sur l'articulation et la hiérarchie des objectifs écologiques, économiques et sociaux.

Dix ans après Rio, le Sommet du développement durable de Johannesburg illustre bien à quoi conduit l'interprétation capitaliste de la durabilité : alors que la quasi-totalité des thématiques substantielles (climat, biodiversité, désertification, eau, etc.) n'y ont pas été discutées, sous prétexte qu'elles avaient été formulées par des agences spécialisées, l'attention a été focalisée sur la présence ostentatoire de puissants acteurs économiques privés. Plus fondamentalement encore, avec le Sommet de Johannesburg, *le développement durable se réduit à l'affirmation d'une doctrine vide*, énoncée dans une déclaration officielle creuse (absence d'engagements concrets) émanant d'une communauté internationale qui peine à masquer le fait que la véritable marche du monde va à l'encontre des impératifs de soutenabilité écologique et de l'équité sociale. Pire encore, la communauté internationale reste dépendante des modalités de penser et d'agir capitalistes, ce qui l'empêche de s'ériger en gardien d'un ordre social équitable et respectueux du milieu naturel.

Ce lien de dépendance est devenu encore plus manifeste avec les arrangements qui ont été pris dans le cadre du Protocole de Kyoto, en 1997. En effet, la création d'un régime climatique fondé sur la marchandisation de droits d'émission de gaz à effet de serre a d'abord et surtout permis aux acteurs les plus polluants de valoriser et capitaliser leurs activités polluantes, comme l'illustre l'émergence de la finance carbone. Cette évolution, parfaitement prévisible du point de vue de l'économie de propriété, a renforcé l'impasse de la gouvernance environnementale internationale, mise en évidence lors de l'échec des négociations sur les changements climatique au Sommet de Copenhague, en décembre 2009. Mais cet échec pourrait bien avoir sonné le glas de la doctrine du développement durable.

Conclusion

Ce texte a défendu l'idée que le succès du concept de développement durable, tel qu'il s'est diffusé à la suite du rapport Brundtland, n'est pas dû à la pertinence de son contenu conceptuel et normatif en regard des enjeux de soutenabilité écologique et d'équité sociale, mais à sa compatibilité avec la logique d'expansion du système économique capitaliste, ancré sur l'institution de propriété, la croissance économique et la marchandisation de l'environnement.

Afin d'étayer notre position, nous avons dans un premier temps analysé les fondements institutionnels du mode de développement capitaliste, à travers le prisme de l'économie de propriété (*property economics*). Nous avons alors pu constater qu'une économie de propriété possède des qualités intrinsèques qui lui permettent d'engager une dynamique de croissance circulaire, conduisant à l'accumulation des richesses, l'exclusion sociale et la dégradation environnementale. Nous avons montré que l'organisation sociale sous-tendant le maintien et l'accroissement de la valeur de la propriété conduisait à une hiérarchie particulière des choix sociaux, au sein de laquelle les considérations écologiques et sociales sont subordonnées à la rationalité économique capitaliste.

Dans un second temps, nous nous sommes intéressé à l'évolution du concept de développement durable depuis la publication du rapport Brundtland, il y a une vingtaine d'années. Rappelant les *conditions d'émergence* de ce concept (contre-révolution conservatrice et politiques néolibérales, crise de l'endettement international, reconnaissance des problématiques environnementales mondiales, chute du bloc de l'Est et mondialisation), nous nous sommes attardé sur la définition particulière du développement durable adoptée dans le rapport Brundtland : un mode de développement reposant en premier lieu sur « une nouvelle ère de croissance » et une conception de la soutenabilité intégrant le recours extensif aux ressources non renouvelables.

Consacrant une interprétation capitaliste de la soutenabilité, le concept de développement durable a alors fait l'objet d'une *adoption sociale* exceptionnelle, comme en témoigne notamment son intégration dans les stratégies commerciales (marketing, image) et institutionnelles (instrumentalisation des normes écologiques visant à exclure des concurrents) des grandes entreprises privées. Mais en s'enfermant toujours davantage sur son interprétation capitaliste, la notion de développement durable évolue au détriment d'une réelle prise en compte des impératifs écologiques et sociaux contemporains et de la réorientation nécessaire du mode de développement sur les principes de soutenabilité écologique et de justice sociale.

CHAPITRE 5

Qui veut vraiment du développement durable ?

Gilles Rotillon

Introduction

Développement durable ou décroissance soutenable ? La problématique est stimulante intellectuellement, mais elle est sans doute en décalage avec l'état actuel des forces sociales qui pourraient soutenir l'une ou l'autre de ces possibilités. Sans même parler des milliards d'habitants des pays en développement pour qui la décroissance (même soutenable) est impensable, la majorité de ceux des pays développés ne semblent pas prêts à aller dans cette direction. Si l'on en juge par les déclarations des responsables politiques (par exemple au G20 de Londres, au printemps 2009), par les actes des dirigeants d'entreprises (grandes ou petites) ou par les sondages sur les attitudes des ménages face aux questions environnementales (par exemple avec l'euro-baromètre), la décroissance soutenable ne rassemble que peu de partisans. Dès lors, si l'on s'inquiète « pour la suite du monde », et il y a certainement de quoi s'inquiéter, il serait peut-être plus productif d'examiner le premier terme de l'alternative proposée, quitte à l'enrichir des interrogations posées par les tenants de la décroissance, en s'interrogeant sur les obstacles à sa mise en œuvre.

Car le développement durable n'a pas beaucoup plus de partisans que la décroissance soutenable. Et quand Georges Bush déclarait en 1992 qu'il ne venait pas à la Conférence de Rio pour « négocier » le mode de vie des Américains, cette position de principe n'a pas été seulement celle de ses successeurs, mais elle a aussi été (et est encore) partagée par la grande majorité des habitants des pays développés. Avant donc de se demander quel est le monde idéal où nous aimerions vivre, il est de bonne méthodologie de se demander pourquoi nous ne nous posons même pas la question.

Cette intervention a donc pour objectif de défendre la thèse suivante : aujourd'hui, il n'y a pas de forces sociales suffisantes pour impulser des transformations de nature à modifier profondément nos modes de production et de consommation, à cause d'une série de contraintes ou d'objectifs divergents qui caractérisent les différents acteurs sociaux.

C'est pourquoi, bien qu'écrit par un universitaire, ce texte ne prend pas la forme académique d'une « communication » à un colloque scientifique avec son appareillage de notes et de références. Il doit plutôt être lu comme une contribution à un débat public, qui loin d'être affaire de spécialistes, doit au contraire être le plus large possible. Car les transformations nécessaires de nos modes de production et de consommation ne se feront pas sans toucher des milliards d'individus et il serait vain de penser qu'elles se feront sans leur accord. C'est aussi pourquoi il prend le risque d'un certain schématisme, par exemple en ne considérant que trois types d'acteurs sociaux, le débat devant permettre justement de le dépasser.

Le consommateur/citoyen est analysé dans une première section où l'on montre qu'il est aujourd'hui bien désarmé face aux problèmes mondiaux. La seconde section traite des entreprises et de leurs comportements. Enfin, la troisième section s'intéresse aux gouvernements, aux outils qu'ils peuvent utiliser et aux responsabilités spécifiques qui sont les leurs.

Le consommateur/citoyen

Les enquêtes d'opinion révèlent que le public des pays développés est de plus en plus sensible aux questions environnementales et qu'il est prêt à faire des efforts pour les résoudre, à condition que tout le monde en fasse autant, le principal de ces efforts consistant à trier ses déchets.

Mais on ne peut qu'être frappé du décalage entre l'importance des problèmes posés et l'inadéquation de la « solution ». Sans même noter qu'avant de trier des déchets il faut d'abord les produire et qu'il y a donc une réflexion à mener en amont sur la production qui conduit à tous ces déchets, on sent bien que ces efforts ne seront pas suffisants. C'est d'ailleurs ce qui explique la place de cet acte dans les enquêtes d'opinion. Le tri des déchets est finalement peu coûteux pour celui qui le fait. Il prend juste un peu de temps pour remplir les récipients nécessaires et fournis par la collectivité. On peut l'interpréter comme un signal de la sensibilité environnementale croissante du grand public, assorti du refus d'assumer seul les coûts de l'arrêt des dégradations environnementales dont on sait bien qu'ils seront importants. Il n'en reste pas moins que le clivage qui existe souvent entre le consommateur et le citoyen reste aujourd'hui dominant.

À coup sûr, quand apparaît une telle contradiction chez un grand nombre d'individus, la recherche d'un développement durable exigeant une transformation de notre mode de consommation devient plus difficile. On peut vite avoir des réactions soit de mauvaise foi, soit de contradiction assumée (« Après moi le déluge »), soit de mal-être. Mais ce clivage n'existerait-il pas que les difficultés n'en seraient pas pour autant disparues.

De la responsabilité du consommateur

Supposons donc un consommateur/citoyen dont les valeurs coïncident avec les actes. Il n'en demeure pas moins que l'évolution de la société, dans les 25 dernières années au moins, a vu la montée en puissance d'un repli individualiste et que cette situation de fait crée justement des difficultés supplémentaires quand il s'agit de changer profondément ses comportements. Dans une collectivité soudée par des valeurs partagées sans état d'âme, où chacun sait bien qu'il peut moins sans les autres, mais aussi qu'il peut compter sur eux, il est plus facile de réagir à un péril commun. Ce n'est malheureusement pas le cas aujourd'hui, et quelles que soient les causes de cette situation, c'est à partir d'elle qu'il faut penser les changements nécessaires (qu'il ne suffit pas d'identifier à un changement de système, ou un refus du FMI, ou du néolibéralisme, pour que le changement réel s'opère).

Nous vivons donc une époque de crainte de l'avenir. Il est évident pour presque tous que le capitalisme doit être régulé, que le marché n'est pas la solution à tout, même si les moyens à employer font l'objet d'âpres discussions, en particulier sur le rôle de l'État. La fracture entre pays du Nord et pays du Sud doit être réduite, de même que les inégalités croissantes dans les pays riches. En 25 ans, les 1300 ménages américains les plus riches, sont passés de 0,6 % à 2,8 % du revenu national, soit de 5 millions de dollars par ménage en 1970 à 25 millions de dollars en 1998[1]. La création de valeur pour l'actionnaire – et uniquement pour lui – à des taux que tout le monde sait insoutenables à long terme est inacceptable, mais pour l'instant acceptée. Ce présent dessine un futur qui fait dire à beaucoup d'observateurs que la vie de nos enfants sera (est déjà) plus difficile que la nôtre. Ainsi, Chauvel[2] analyse le cas français et montre bien que notre citoyen/consommateur, qui a des valeurs qu'il veut universelles et des désirs à satisfaire qu'il n'entend pas partager, est en fait un membre de ces classes moyennes en déclin qui refuse la hiérarchie au-dessus de lui, mais l'exige au-dessous. Dès lors, si des efforts sont possibles, ils seront d'abord réservés à la famille. Mais ils sont loin d'être toujours possibles, c'est pourquoi il faut regarder notre consommateur/citoyen d'un peu plus près.

1. Thomas Piketty et Emmenuel Saez, « Income Inequality in the United States, 1913-1998 », National Bureau of Economic Research (NBER), WP n° 8467, 2001.
2. Louis Chauvel, *Les classes moyennes à la dérive*, Paris, Seuil, 2006.

Car en réalité, il n'existe pas. Demander à Bill Gates de changer de mode de consommation, ce n'est pas la même chose que de le demander à un chômeur en fin de droits ! Or, quand on s'adresse ainsi aux humains sur ce sujet, c'est toujours sur le mode de la responsabilité individuelle. Ce n'est pas qu'une personne gagnant le salaire minimum (quand il en existe un) n'a pas intérêt à vivre dans une société qui se développerait et serait durable. Au contraire, ce sont les plus pauvres qui subissent le plus la situation actuelle. C'est clair pour les « piliers » économique et social, mais c'est encore vrai pour le pilier environnemental. Et les riches ont tous les moyens pour échapper à beaucoup de dégradations environnementales, que ce soit en s'offrant des substituts, en se protégeant par des technologies sophistiquées ou en se délocalisant.

Et puis, le gain, c'est souvent pour plus tard et il n'est pas toujours très visible, tandis que le coût de la « responsabilité » est immédiat si cela implique de changer son mode de vie. Si demander d'être responsable se traduit par des efforts conduisant à des coûts immédiats élevés, ce n'est possible que pour ceux qui en ont les moyens. C'est pourquoi une des conditions essentielles qui doit être réalisée si on ne veut pas que toutes les proclamations enflammées sur l'ardente nécessité du développement durable soient réduites à de vilains mensonges doit être une réduction des inégalités. Sans elle, le « pilier social » manque singulièrement de fondations et l'immense majorité des habitants des pays développés, ceux qui doivent absolument modifier leur mode de consommation, n'accepteront pas (et avec raison) les changements nécessaires. On comprend aussi pourquoi les tenants de la décroissance, fût-elle soutenable, ne trouvent que si peu d'écho dans l'opinion publique, vite soupçonnés de vouloir le retour à la lampe à huile, même si c'est très injuste de le leur reprocher.

Un consommateur bien désarmé

Mais supposons qu'il soit possible de modifier sa consommation. Peut-on faire le tri entre ses besoins et ses désirs ? Comment changer concrètement sa consommation ? Celle-ci se compose de deux parts. L'une est composée des biens ou des services privés achetés (vêtements, nourriture, électronique, automobile, médecine privée...) et l'autre de biens publics financés par l'impôt (éducation nationale, hôpital public, transports en commun...).

Les entreprises ont sans doute intérêt à répondre aux besoins si elles veulent vendre leurs produits et elles doivent dans la mesure du possible produire de la bonne qualité si elles veulent fidéliser leur clientèle. Mais les contre-exemples sont nombreux, à la fois de produits médiocres ou de biens qui ne répondent pas vraiment à des besoins réels (voir la mode des 4x4 en ville). Et puis il y a tout le travail de formatage de la publicité. TF1, la chaîne de télévision française, cherche à vendre « du temps de cerveau disponible ». Le budget publicitaire mondial annuel atteint plusieurs centaines de milliards de dollars, il faut bien que cela ait quelque effet ! Ainsi, on a produit 750 millions de portables en 2005 dont la durée de vie moyenne est de 18 mois. Le taux d'équipement au Danemark est de plus d'un portable par habitant. Qui ne reçoit régulièrement chez lui des appels téléphoniques pour l'inciter à changer de cuisine, de fenêtres, d'opérateur de téléphonie, à acheter une alarme, une assurance-vie ? Combien de ces appels sont-ils suivis d'achats indispensables à la satisfaction des besoins, même historiquement définis ? Comme l'explique Stiegler[3], « la "défense de la consommation" devient alors le seul objet "politique" et la croissance [...] est *confondue* avec la consommation, laquelle fabrique artificiellement des besoins, qui sont eux-mêmes confondus avec des désirs ». Et si les consommateurs *peuvent* changer leur consommation (habiter en appartement, se déplacer sans voiture, manger végétarien...), il faut bien constater qu'ils ne le font pas massivement.

Pour l'offre publique, elle est souvent dépendante d'investissements importants qui pèsent ensuite longtemps sur nos choix. Combien de maisons sont chauffées à l'électricité parce que la France a choisi le nucléaire il y a des dizaines d'années ? Elle dépend aussi de l'offre privée, par exemple dans la mise en service d'un système de transports en commun performant en ville qui subit la concurrence de l'automobile. Plus on achète d'automobiles, plus il est difficile d'organiser un réseau de transport collectif efficace, c'est-à-dire échappant à la congestion. À moins de l'enterrer [métro], mais alors c'est le coût du transport en commun qui devient prohibitif et qui oblige la collectivité à subventionner l'usager pour qu'il l'utilise (en ne lui faisant pas payer le coût de production réel du service). Enfin, l'offre publique dépend aussi d'évolutions sociétales lourdes sur lesquelles chacun d'entre nous a peu d'influence.

Quelle part de ces dépenses doit être réduite dans le changement de notre mode de consommation ? Et comment faire pour que les efforts de chacun se coordonnent pour aboutir à des transformations cohérentes ? Celui qui répond « le marché » a perdu ! En tout cas, ça ne peut être la solution pour les biens publics mondiaux, qui sont justement en cause dans la recherche d'un développement durable.

Ainsi, même en supposant qu'il n'y ait pas de contradiction entre les valeurs défendues par le citoyen et les désirs du consommateur, le changement de son mode de consommation est au mieux très difficile. Il nous faut donc regarder maintenant les entreprises qui proposent cette offre privée et les politiques qui organisent l'offre publique.

3. Bernard Stiegler, *La télécratie contre la démocratie*, Paris, Flammarion, 2006.

Les entreprises

Dans le monde d'aujourd'hui, les entreprises qui ne font pas de profit meurent. Malheureusement, le profit ne va pas de pair avec le développement durable, du moins dans ses dimensions sociale et environnementale. Rechercher la création de valeur pour l'actionnaire ne favorise pas l'équité sociale et améliorer l'environnement pèse sur les coûts de production et réduit le profit. Il n'est peut-être pas impossible que des évaluations des coûts du changement climatique, comme celle du rapport Stern, modifient sensiblement l'appréciation des grandes entreprises sur leur viabilité à plus long terme. Mais il reste que pour l'instant, le pilier économique se traduit le plus souvent par « croissance », ce à quoi les entreprises réduisent souvent le « développement » et qui les a fait accepter le développement durable.

Mais après tout, est-ce si grave ? Les entreprises sont certes des acteurs importants de nos sociétés, mais ont-elles vocation à être des acteurs importants du développement durable ? Et malgré tout, de nombreuses entreprises s'engagent dans une politique dite de développement durable et prennent des mesures autocontraignantes qui vont au-delà des réglementations en vigueur.

Certaines le font sans doute par conviction comme Patagonia, marquée par la personnalité de son créateur, Yvon Chouinard, un grand alpiniste états-unien qui l'a fondée à partir des valeurs de défense de la nature qu'il promouvait lui-même dans sa vie personnelle. Toutefois, ce type d'entreprises ne forme pas la majorité de celles qui s'affichent sous la bannière du développement durable et la question des raisons de leur engagement reste donc posée.

On peut distinguer trois types de motivations qui sont largement complémentaires. La première est le souci de s'adapter aux demandes de la clientèle. Comme celle-ci est de plus en plus sensible aux dégradations environnementales, mais aussi à certaines formes d'injustice sociale, les entreprises se voient contraintes de donner des preuves de leur respect des valeurs qui y sont attachées.

Car si les entreprises cherchent à faire du profit, elles le font dans des conditions institutionnelles et de légalité données qui leur imposent certaines contraintes. Pourtant, certaines d'entre elles, comme Nike par exemple, n'hésitent pas à faire fabriquer une partie de leur production dans des pays comme la Chine, par des enfants travaillant dans des conditions indignes. Et elles trouvent ensuite des distributeurs et des acheteurs dans les pays développés, satisfaits d'obtenir à moindre coût des produits de marques réputées. Le pilier social du développement durable s'en trouve bien affaibli ! Ces pratiques ont donné lieu à des réactions de la part d'associations, d'ONG, de médias de plus en plus sensibles à la qualité des produits sur le marché, que ce soit sur le plan sanitaire, environnemental ou social. En 1996-97, Nike a subi une campagne de protestation lui reprochant les conditions sociales de production de ses produits en Chine. Après avoir nié et rendu responsables ses sous-traitants, la société a changé de sous-traitants, puis adopté une charte précisant les normes sociales minimum qui leur étaient imposées.

Mais tant que la Chine permettra cette exploitation, il y aura des entreprises pour en profiter, et des distributeurs et des acheteurs dans les pays riches pour justifier leur décision en vendant et en consommant leurs produits. C'est même un des éléments du problème, car le consommateur le justifie en achetant, mais la même personne, en tant que citoyen, peut le condamner tout en ne sachant pas quoi faire pour que ça change. Et être citoyen ne supprime pas sa contrainte budgétaire quand il doit acheter un cadeau à son fils qui ne jure que par Nike ! Et comment obliger la Chine à modifier ses institutions ?

La seconde motivation des entreprises est un souci de s'adapter aux futures réglementations en prenant un peu d'avance. La réglementation, en particulier sous la forme de la normalisation, est en perpétuelle évolution pour tenir compte des progrès techniques et des nouvelles exigences de qualité et/ou de meilleure prise en compte de l'environnement. Les entreprises qui auront su anticiper seront en position plus favorable parce que leur avance leur aura permis de mieux maîtriser les nouveaux procédés, de réduire leurs coûts et de conquérir de nouvelles parts de marché. Il y aura des évolutions difficiles, qui peuvent remettre en question la structure des branches industrielles en place, en faisant disparaître des secteurs obsolètes et naître de nouvelles industries. Ainsi, la tendance à vouloir réduire l'excès d'emballages risque d'entraîner d'importantes difficultés pour l'industrie du papier-carton (par ailleurs très polluante), mais dans le même temps, l'industrie du recyclage prend une nouvelle importance et devrait se développer. On est là au cœur du processus de création/destruction qui caractérise le capitalisme[4]. L'intégration de considérations environnementales dans les réglementations auxquelles seront soumises les entreprises conduira à une restructuration des branches industrielles de même nature que celle qui a lieu avec l'intégration de considérations sociales (congés payés, augmentation des salaires, droit de grève, etc.) et les réadaptations se feront sans nécessairement remettre en cause le mode de production.

La troisième motivation est le souci d'être plus efficace dans la production. C'est par exemple le mouvement de l'écologie industrielle qui débute dans les années 1990 et cherche à concilier efficacité économique et

4. Joseph Schumpeter, *Capitalisme, socialisme et démocratie*, New York, Harper and Brothers, 1942.

environnementale en s'appuyant sur la science écologique. Il s'agit de substituer une économie circulaire construite sur le recyclage où les déchets de l'un sont les matériaux de l'autre à l'économie « en bout de chaîne » où l'on produit sans se soucier des conséquences environnementales pour dépolluer à l'issue du processus productif.

Et puis il faut sans doute faire un sort particulier aux multinationales. Précisément parce qu'elles sont puissantes, qu'elles ont le pouvoir de faire ce qu'elles disent, on ne peut qu'être frappé là aussi par le contraste entre les déclarations de bonnes intentions, l'investissement dans l'action et la faiblesse des résultats. Car si elles se coordonnent dans le World Business Council for Sustainable Development (WBCSD), si elles publient des rapports annuels sur leurs performances sans cesse améliorées, si elles s'engagent dans des « accords volontaires », il n'en reste pas moins que les émissions de gaz à effet de serre augmentent, que la forêt tropicale diminue, que la désertification gagne du terrain, bref, que la situation environnementale globale se détériore. Comme l'écrivent Godard et Hommel, « le contraste entre les deux images est saisissant : des multinationales gagnées à la vertu écologique et aux objectifs du bon développement ; une situation de l'environnement qui se dégrade massivement à l'échelle planétaire, malgré des poches de préservation ici ou là[5] ».

Mais le principal est ailleurs. Car, aussi puissantes qu'elles soient, les multinationales ne peuvent être ni le moteur ni le frein principal au développement durable, qui est d'abord un projet de société. Et ce, d'autant plus qu'elles jouent un double jeu, en proclamant leur engagement d'un côté et en menant des combats d'arrière-garde de l'autre. On l'a vu avec le lobbying intensif pour réduire la contrainte sur le marché des quotas européens, on le voit avec Exxon qui affiche sa « responsabilité sociale et environnementale » tout en soutenant de multiples « clubs de réflexion » qui militent activement contre les politiques cherchant à maîtriser le changement climatique.

Au final, il serait vain d'attendre des entreprises qu'elles soient le moteur du développement durable.

Les gouvernements

Dans la mesure où les problèmes que nous avons à résoudre sont le résultat des comportements de milliards d'individus dont chacun est impuissant à faire seul quoi que ce soit d'efficace, il est nécessaire de recourir à une coordination des actions qui leur donne sens et efficacité.

---

5. Olivier Godard et Thierry Hommel, « Les multinationales et le développement durable : un jeu ambigu », Chaire développement durable EDF-École Polytechnique, Cahiers n° 2005-021, 2005.

Une des méthodes les plus évidentes pour aboutir à ce résultat, c'est de laisser les États négocier au nom de leurs peuples les solutions nécessaires. De fait, il existe de nombreux traités internationaux qui cherchent à pallier l'absence de gouvernement mondial pour la production de biens publics mondiaux. Mais une de leurs principales caractéristiques, c'est justement de ne pratiquement jamais recueillir l'accord de toutes les parties contractantes. Les États-Unis refusant de signer le Protocole de Kyoto et l'incapacité de Copenhague à prendre des mesures contraignantes en sont malheureusement d'« excellents » exemples.

Dès lors, la question demeure: que peut-on attendre des États pour aller vers un développement plus durable ? On peut trouver des interventions étatiques qui ont eu pour effet une transformation des comportements sur le plan macroéconomique et il est instructif d'analyser de ce point de vue une politique récente de ce type en France.

La sécurité routière

Cet exemple a ceci d'intéressant qu'il concerne un problème causé par un grand nombre de comportements individuels qui ont des répercussions collectives importantes et néfastes, comme les morts et les accidentés sur la route. Et les individus à l'origine de ces accidents ne se sentent pas responsables, les mauvais conducteurs étant toujours les autres. Ces individus ont aussi des points communs avec les dégradations environnementales, comme le décalage temporel important entre leur comportement et des conséquences incertaines. Ainsi, un conducteur peut dépasser régulièrement les vitesses autorisées sans jamais avoir d'accident, ce qui le conforte dans l'idée que la vitesse n'est pas dangereuse.

La sécurité routière en France est loin d'être un sujet de satisfaction, mais depuis quelques années la situation s'est nettement améliorée. Le nombre de victimes de la route, longtemps stable à plus de 9 000 par an, a chuté brutalement de janvier 2002 à mai 2003 à moins de 6 000 et la tendance structurelle est toujours à la baisse depuis.

C'est le résultat d'une politique volontariste qui avait longtemps été jugée inacceptable socialement (mais surtout dangereuse électoralement) par les ministres de toutes tendances qui se sont succédé au ministère des Transports. Cette politique a simplement consisté à augmenter sensiblement le nombre de contrôle sur les routes (vitesse, alcoolémie, port de la ceinture…) et les sanctions pour non-respect de la loi. Bien entendu, les discours autojustificateurs des conducteurs sur leurs comportements au volant ne se sont pas arrêtés d'un coup. Ils ont peut-être même été plus nombreux et plus virulents en réaction à cette nouvelle politique, chacun considérant qu'elle n'avait pas lieu d'être puisque étant lui-même bon conducteur, il n'avait pas à subir les fautes des autres. En conséquence, l'État aurait mieux fait d'utiliser ses moyens ailleurs, là où ils étaient vraiment utiles. Pourtant, les faits sont là et si des progrès sont encore souhaitables et nécessaires, cette politique a été efficace.

Il est donc possible de faire évoluer les mentalités, mais il y faut de la constance et du temps. Et sur ce point, il n'est pas sûr que nous en disposions de beaucoup face aux dégâts de notre développement non durable qui pose des problèmes d'un degré de complexité sans commune mesure avec la sécurité routière (dont on connaît précisément les causes et les conséquences).

Ainsi, bien qu'il n'existe pas de « gouvernance mondiale » sous la forme d'une instance supranationale qui puisse imposer à tous les transformations nécessaires, un pays qui voudrait progresser vers un mode de développement plus durable a toujours les moyens de modifier les comportements de ses ressortissants s'il les juge néfastes à cet objectif. De ce point de vue, la fiscalité est particulièrement importante.

La fiscalité environnementale, outil de protection de l'environnement ?

En présence d'externalités et/ou de biens publics (et les biens environnementaux relèvent peu ou prou des deux catégories), les marchés n'allouent pas efficacement les biens et services sur la base des seuls prix relatifs. Cette situation justifie l'intervention publique, mais avant de modifier les comportements générateurs d'externalités négatives (ou d'encourager ceux qui créent des externalités positives), encore faut-il décider que c'est nécessaire, autrement dit que l'environnement soit préservé dans un état jugé désirable. Dans les deux cas, cela revient à se mettre d'accord sur les biens publics qui sont jugés indispensables dans nos sociétés. Mais comment réaliser cet accord ? Le concept de « bien tutélaire » défini comme un « bien dont la production et la consommation sont jugées utiles à la collectivité, et qui voient leur offre aidée par la puissance publique » repose sur l'idée d'un État sinon omniscient, du moins mieux informé que les agents économiques sur les externalités produites par certains biens. C'est sans doute quelquefois le cas, mais c'est aussi négliger les lobbies, la corruption ou la préoccupation à court terme des hommes politiques de se faire élire et/ou réélire. Pour autant, dans une société où les intérêts des différents groupes sociaux sont souvent contradictoires (et on ne voit pas comment il pourrait en être autrement, du moins dans les sociétés modernes), la définition des biens devant être fournis à la collectivité avec l'aide des pouvoirs publics ne peut se faire qu'au moyen d'un large débat démocratique et d'un arbitrage en fin de compte politique.

De ce point de vue, si l'environnement est aujourd'hui un enjeu de société, s'il n'a jamais été autant présent dans les discours, si le développement durable, quelle que soit la manière dont on le définisse, envahit les justifications des politiques publiques et des choix privés des grands groupes industriels, il faut bien constater que la modification des comportements qui engendrent les dégradations environnementales est encore bien timide et que l'utilisation de la fiscalité environnementale à cette fin est encore peu développée.

Pourtant, cet outil est efficace, comme le montre par exemple la taxation du tabac qui a sensiblement réduit le nombre des fumeurs ; comme le montre aussi *a contrario*, en France, le différentiel de taxation favorable au gazole qui a progressivement conduit à une modification du parc automobile où la part des voitures utilisant ce carburant a nettement augmenté. Mais l'arbitrage mentionné plus haut semble encore aujourd'hui se faire au détriment de l'environnement, dont la dégradation n'est finalement pas considérée comme insupportable par la majorité. Pour ne prendre que l'exemple de la France, les transports (et les rejets de gaz à effet de serre qui les accompagnent) ou la pollution des nappes phréatiques par les nitrates d'origine agricole continuent à créer de fortes externalités négatives sans que les taxations nécessaires qui déclencheraient des comportements de substitution se mettent en place.

L'opinion publique semble majoritairement contre une forte fiscalité environnementale, et ce, même à pression fiscale constante, comme l'a montré en 2010 le rejet de la taxe carbone en France. C'est qu'une taxe est souvent perçue uniquement par son côté négatif, ponctionnant les revenus des assujettis, et rarement par son côté positif, celui des recettes qu'elle fournit et qui, bien utilisées, peuvent faciliter les transitions et contribuer à financer des biens publics de qualité.

C'est pourtant le rôle d'une fiscalité environnementale que de signaler aux consommateurs que certains produits doivent « être consommés avec modération » parce qu'ils ont des effets secondaires qui peuvent être très graves.

Ainsi, nous sommes aujourd'hui dans la situation paradoxale où au moment où la protection de l'environnement est affirmée par tous comme un enjeu de société, cette même société se refuse à utiliser un des outils les mieux adaptés pour atteindre à moindre coût cet objectif. Une des raisons de cette situation tient aux contraintes spécifiques qui caractérisent l'action politique.

Le dilemme du politique

Pourquoi les politiques préfèrent-ils les discours enflammés, les mesures symboliques, les petites phrases, les effets d'annonce et la « communication » aux programmes, à leur application et à leur évaluation une fois mis en œuvre ?

C'est qu'un gouvernement élu court toujours le risque de la sanction électorale s'il prend des mesures jugées inacceptables par la population, que ce soit à tort ou à raison. Or, « *la plupart du temps*[6], toute politique économique agit à la fois sur la richesse et sur la répartition de manière telle que certains y perdent »[7] (Giraud, 1998). On peut alors comprendre que si les perdants ont un poids électoral suffisant, les gouvernements y regardent à deux fois avant de s'engager dans des réformes profondes. Il est donc de beaucoup préférable pour lui de faire croire qu'il agit plutôt que d'agir réellement. Il ne s'agit pas d'accuser les gouvernements de ne rien faire. Ils sont, à leur niveau, le plus souvent dans la stratégie des mille petits gestes, qui est suffisante pour leur permettre d'occuper le terrain et de se maintenir au pouvoir, mais qui ne modifie pas grand chose. Par exemple, la nouvelle loi sur l'eau en France a été discutée, amendée, réécrite pendant des années, au cours desquelles elle a occupé de nombreux fonctionnaires au ministère de l'Écologie. On pourrait penser qu'il s'agissait de mettre au point un texte important destiné à mieux gérer une ressource de plus en plus menacée. Ce texte contient certes des avancées pour limiter les dérives financières ; malheureusement, en taxant presque exclusivement les ménages, elle laisse complètement de côté le grave problème des pollutions d'origine agricole.

Or, si la « solution » pour aller vers un développement durable passe par la transformation de nos modes de production et de consommation, et si les politiques usent des instruments à leur disposition pour inciter les entreprises et les consommateurs/citoyens à changer leurs comportements, il va y avoir des perdants à court terme, donc des risques de sanction électorale importants. On ne s'étonne pas dès lors que tous les candidats à la dernière présidentielle en France qui voulaient garder leurs chances aient affiché leurs préoccupations environnementales en signant le Pacte écologique et, dans le même temps, n'aient pas annoncé de mesures structurelles importantes à court terme. Tant que les discours suffisent à rassurer l'opinion, pourquoi se risquer à annoncer des mesures qui risquent d'être mal perçues ?

Mais il faut aller plus loin et regarder au-delà du risque de la sanction électorale qui expliquerait la « prudence » des politiques gouvernementales, cherchant à contenter l'électeur médian pour assurer la réélection de l'équipe au pouvoir. Car justement, l'alternance fonctionne. Les gouvernements sont régulièrement sanctionnés dans la plupart des grands pays

6. Souligné par l'auteur.
7. Pierre-Noël Giraud, *Économie, le grand Satan ?*, Paris, Textuel, coll. « Conversations pour demain », 1998.

démocratiques. Signe que, malgré toute leur prudence, ils ont du mal à convaincre les électeurs qu'ils ne sont pour rien dans les problèmes persistants de leurs pays. Pourtant, depuis plus de 20 ans, le leitmotiv des gouvernants est de dire que ce qui fonctionne est à mettre à leur bilan, le reste à celui... de la mondialisation, de l'Europe, du gouvernement précédent, du manque de chance, du manque de concurrence, du trop de concurrence, de la conjoncture, du peuple et que tout cela impose de telles contraintes que leurs marges d'action sont bien réduites. L'électeur réagit soit en votant pour les extrêmes n'ayant aucune chance d'être élus, soit en s'abstenant. Et ceux qui votent le font souvent davantage contre que pour.

Mais ces contraintes, et tout particulièrement celles que l'on baptise « mondialisation » ou « compétitivité », sont en fait le résultat de l'action politique de ces mêmes gouvernements qui, à coup de déréglementations et d'ouverture du marché des capitaux, ont développé le capitalisme de la finance et sa création de valeur pour l'actionnaire. Car ce sont bien les États qui, par leurs politiques publiques, leurs négociations au sein de l'OMC, leurs sommets de G7 en G8, ont petit à petit façonné les contraintes macroéconomiques qui leur reviennent maintenant en pleine figure. Et ce, quelles que soient les préférences partisanes affichées.

Dès lors, on voit mal pourquoi ce qui n'a pas été fait depuis la publication du rapport Brundtland, en 1987, le serait aujourd'hui, à une époque où la recherche effrénée de la rentabilité financière à court terme est de plus en plus en contradiction avec la prise en compte des générations futures.

Finalement, les gouvernements ne font pas grand chose pour promouvoir un développement durable parce qu'ils ne le veulent pas. Comme le dit parfaitement Godard, « [l]e développement durable est aujourd'hui menacé d'insignifiance, non par l'impossibilité technologique et économique de l'inscrire dans la réalité, mais par l'impuissance, le désintérêt et, malheureusement, le mensonge politique que souvent les dirigeants se contentent d'offrir à leurs peuples. Dès lors, faute de confiance dans le fonctionnement politique de la société, l'interaction sociale n'encourage pas chacun à la conversion et à l'engagement actif dans la construction d'un monde durable, mais au contraire à se battre pour s'approprier les restes d'affluence matérielle accessibles et à résister autant qu'il est possible aux adaptations. Après moi le déluge[8]. »

8. Olivier Godard, « Le développement durable, une chimère malfaisante ? », Chaire développement durable EDF-École Polytechnique, Cahier n° 2005-015, 2005.

Conclusion

Nous voilà pris dans une spirale infernale. Les consommateurs/citoyens subissent le « poids des structures », les firmes doivent survivre dans le court terme et les gouvernements invoquent les contraintes extérieures. Chacun d'eux peut justifier son inaction par l'inertie des autres et s'enfonce encore plus dans des comportements qui rendent de plus en plus difficiles les changements nécessaires.

On ne peut en sortir que de deux manières. Soit en continuant comme avant jusqu'à ce que la crise oblige à réagir, soit par le démarrage immédiat d'un processus orientant vers les transformations indispensables de nos modes de production et de consommation.

Seuls les gouvernants ont le pouvoir suffisant (moyens, capacité d'expertise, représentativité...) pour le faire. Il y va de leur responsabilité politique. Mais cela implique que la population ait assez confiance en l'État pour accepter les efforts qui lui seront demandés. Et que les gouvernements se sentent suffisamment soutenus par une opinion publique pour ne pas trop craindre la sanction électorale. Or c'est précisément cette confiance qui disparaît depuis pas mal d'années. La retrouver est justement l'enjeu fondamental de la prise de responsabilité politique des élus, qui doit s'exercer autrement que par de la communication, fût-elle à grand spectacle.

Et cette confiance est essentielle pour mettre en œuvre de véritables réformes de structures, même si, là encore, c'est une condition nécessaire qui est loin d'être suffisante. Le problème est planétaire et la véritable solution ne peut être élaborée qu'à cette échelle, dans la mise en place progressive (mais pas sur un siècle) d'institutions internationales qui aient en charge la production de ces biens publics mondiaux que sont la paix ou le climat.

Mais puisque l'heure de la coordination internationale n'est pas encore venue, même si des progrès considérables ont été réalisés, tant sur le plan de la prise de conscience que sur celui des propositions, c'est au niveau de chaque pays que l'action est la plus décisive. Sans perdre de vue que cette action ne peut (et ne doit) être qu'une étape vers une véritable gouvernance mondiale, contrepoint indispensable à un marché mondialisé.

CHAPITRE 6

Le développement durable n'existe pas. Société mondiale du risque et mesurabilité

Reiner Keller

Introduction : un signifiant vide

En faisant usage de l'expression « développement durable », il n'est pas évident que nous parlions tous de la même chose. Peut-être faudrait-il parler ici d'un concept passe-partout, ou plutôt, en adoptant des termes plus scientifiques – comme pour les grandes idées humaines de liberté, d'égalité, de solidarité – d'un « signifiant vide » constitué de signifiés différents selon le contexte de son usage ? Du fait de son institutionnalisation et de son intégration sociale, ce constat s'est progressivement trouvé renforcé. Au début dominait une vision politique honorable, ayant pour objectif de concilier les besoins légitimes de croissance économique des pays « en voie de développement » afin de sortir leurs populations de la misère, avec les limites écologiques que l'expérience de la croissance dans les pays occidentaux riches avait révélées. Pour reprendre les termes du sociologue Charles W. Mills, il s'agit de la mise en circulation d'un nouveau « vocabulaire des motivations » : c'était le moment de la création d'un nouveau « méta-récit » – une vision mondiale et consensuelle d'une nouvelle maîtrise du futur. Dans le même ordre d'idées, Edwin Zacchaï[1] parle « d'idéologie du XXIe siècle ». Le rapport Brundtland, intitulé *Our Common Future* et paru en français au Canada en 1988, ainsi que la conférence de Rio en 1992 ont déclenché ce débat mondial sur la durabilité économique, sociale et écologique. L'émergence de l'idée directrice de durabilité a produit des effets divers selon les pays et selon les contextes. C'est un phénomène qui ne suscite aucune surprise puisque ce débat s'inscrit toujours dans des contextes socioculturels et institutionnels nationaux. En voici deux exemples :

1. Edwin Zaccaï, « Développement durable : l'idéologie du XXIe siècle », *Les Grands Dossiers des sciences humaines*, n° 14, 2009, p. 62-65.

(1) En France, la vision du développement durable a pris naissance dans les années 1990 dans un contexte politique et socioculturel où la mobilisation écologiste ou environnementaliste des citoyens et de la société civile n'était pas importante. Ajoutons qu'au départ, il y avait une controverse sur la traduction française de la notion de « *sustainability* ». Les ONG et les verts privilégiaient le terme de « développement soutenable » à cause de sa connotation éthico-morale. Parallèlement, l'idée d'un « développement viable » ou d'un « écodéveloppement » était également répandue (formulée par Ignacio Sachs dès 1972). Mais très vite, l'usage du label « développement durable » réussit à s'imposer. Sans doute, cette notion était plus adaptée au rationalisme scientifique de la culture française et au consensus bien établi des grands acteurs de l'environnement. Ce consensus s'appuie sur l'opinion selon laquelle il serait possible d'arriver à une politique et à une économie respectueuses de la nature, sans transformations profondes de l'orientation économique actuelle, et ce, grâce au progrès scientifique. Déjà en 1990, le Plan national pour l'environnement proposait une réforme des structures institutionnelles de protection de l'environnement, annoncée sous le sigle du développement durable. Celle-ci n'a d'ailleurs pas été réalisée. À cette époque existait une sorte de consensus des élites françaises qui voyaient les « vrais problèmes » ailleurs. L'État et les entreprises utilisaient la notion de développement durable à l'appui de leur (modeste) engagement écologique déjà existant, sans lui donner plus de valeur. Toute politique environnementale devint donc rapidement « politique du développement durable ». À cette politique s'ajouta plus tard, à partir de 1995, la lutte contre l'exclusion sociale. Parallèlement, la notion de durabilité fut considérée par d'autres acteurs sociaux (des associations et même des personnages jouissant d'une grande réputation) comme une chance, une potentialité pour enfin initier une prise de conscience plus globale et plus visionnaire de la problématique écologique au sein de l'État et de la société française. Ces deux courants permettaient bien sûr une adaptation à la française, c'est-à-dire une mobilisation du haut vers le bas. Ceci explique la rapidité de la mise en place de dispositifs institutionnels concernant le développement durable : la création de la Commission française du développement durable, l'association Dossiers et débats pour le développement durable, le Comité 21, etc. Concrètement, il est à souligner que, débarrassé de toute rhétorique politique, le développement durable s'est appuyé très rapidement sur cette approche assez connue en France depuis les années 1970 : développer l'efficacité de l'exploitation des ressources naturelles en vue de garantir l'indépendance de la nation française.

Un bilan actuel des expériences françaises est ainsi formulé :

> En définitive, le développement durable réinterprète quantité de thèmes présents dans l'environnementalisme : la mobilisation de tous, l'appel à de nouvelles valeurs, la recherche de convergence entre objectifs sociaux et environnementaux ou, plus prosaïquement, la protection du cadre de vie. Mais il prend à son compte du même coup le hiatus entre rhétorique du changement et modestie des objectifs atteints. Devenu largement consensuel, il peut prêter le flanc à une dénonciation envers une relative superficialité, voire un discours légitimant la poursuite des activités dont les effets néfastes sur l'environnement resteraient en pratique peu modifiés[2].

(2) Puisque la situation en RFA sera approfondie ultérieurement (*voir la deuxième partie*), il suffit de présenter ici quelques éléments caractéristiques. En ce qui concerne la réception de la notion de développement durable, le contexte allemand est très différent du contexte français. Le mouvement écologiste étant influent dans les années 1980, le parti des Verts a donc connu à cette époque un large succès électoral. De très grandes manifestations et mobilisations de citoyens s'organisaient dans le pays contre le complexe étatico-économique et pour la cause écologique. Alors qu'en France, la panique post-Tchernobyl des Allemands était objet de moquerie, elle allait servir en RFA d'argument fort pour légitimer la critique écologique du mode de production et de consommation. Au commencement, l'idée de développement durable était donc employée en guise de contre-argument ou de tranquillisant par le gouvernement, défendant le *statu quo* suivant : « Oui, la cause écologique est importante, mais l'économie et les conditions de vie de la population le sont tout autant. » Il se révélait alors indispensable de trouver un équilibre à long terme entre les domaines économique, social et écologique. Ainsi, les politiques environnementales en cours ont été rapidement rassemblées sous le sigle D.D. (développement durable)[3]. En revanche, les mouvements sociaux se montraient assez critiques et hésitants face à cette vision du développement durable, justement à cause de l'absence d'aspect protestataire de la mobilisation, qui elle-même était à l'origine du succès

---

2. Edwin Zaccaï, « Développement durable : l'idéologie du XXIe siècle », *Les Grands Dossiers des sciences humaines*, 14, p. 65, 2009. Pour une présentation plus détaillée, voir les trois références suivantes de Reiner Keller : *Medienselektivität und Umweltberichterstattung in der Bundesrepublik Deutschland*, MPS-Texte 1/95, Munich, MPS, 1995 ; « Ökologischer Generationenvertrag. Neuere Entwicklungen in der französischen Umweltdiscussion », *Lendemains. Zeitschrift für vergleichende Frankreichforschung*, vol. 21, n° 82/83, 1996a, p. 249-273 ; *Environmental Sustainability and Institutional Innovation in France. Landscape Study. Report to the Commission of the European Communities*, BR 838/4-1, MPS-Texte 1/96. Munich, MPS, 1996b.

3. Pour la question des déchets, voir : Reiner Keller, Müll – *Die gesellschaftliche Konstruktion des Wertvollen. Öffentliche Diskussionen über Abfall in Deutschland und Frankreich*, Opladen, Westdeutscher Verlag, 1998.

du mouvement écologique durant les années précédentes. On voyait ainsi dans les nouvelles approches du développement durable une notion idéologique visant à affaiblir le mouvement écologique et, par-là, à sous-estimer l'urgence des problèmes environnementaux. En somme, la « mise en œuvre » des infrastructures du développement durable et de l'Agenda 21 était loin d'atteindre une vitesse semblable à celle du contexte français. Mais au milieu des années 1990, la conjoncture s'est transformée, les problèmes financiers et sociaux à la suite de la réunification allemande sont devenus de plus en plus dramatiques, la question de l'environnement a disparu des agendas publics, médiatiques et politiques. C'est le développement durable qui constitue alors un programme adéquat et qui permet de s'occuper des questions environnementales au sein même des infrastructures politiques et administratives de la RFA sur le plan local, régional et national. Ce processus responsable d'un nouveau statut du développement durable – un obstacle qui se transformait en une chance – était également soutenu par des générations d'anciens militants qui prenaient peu à peu de l'importance partout dans le monde du travail, aussi bien dans les entreprises, les universités et le monde scientifique que dans les administrations publiques. La notion de développement durable a, sans aucun doute, nourri de nombreux espoirs.

Comme l'illustrent nos deux exemples, le français et l'allemand, le concept de développement durable recouvre des expériences et des processus bien différents – liés aux contextes politiques et socioculturels de leur réception – qui dépassent largement sa définition classique. De ce fait, il convient d'éviter la juxtaposition d'un simple « pour » ou « contre ». Avant d'aborder les problématiques du risque et de la mesurabilité du développement durable, analysons de plus près la situation actuelle en RFA.

Le conflit des interprétations : expériences allemandes

Aussi bien sur le plan local que national, l'Allemagne hésite devant la notion de durabilité[4]. Dans le cadre de la discussion sur l'environnement, cette hésitation est fondée sur trois raisons : premièrement, l'idée directrice de durabilité fait son apparition devant un public qui a déjà accepté la légitimité de la protection de l'environnement et la mise en place de dispositifs concrets depuis longtemps ; deuxièmement, la réunification, le chômage généralisé et le débat sur la puissance menacée de l'économie allemande excluent l'environnement de l'agenda public ; troisièmement, les grandes associations écologistes ne voient pas d'avantages à se mobiliser autour de la notion de durabilité. « Et alors ? » Telle est la réaction que

4. Reiner Keller, « Le développement durable dans la société du risque », *Géographica Helvetica*, n° 2, 1999, p. 81-89.

suscite non seulement la lassitude sur les questions « vertes », mais aussi une part de bonne conscience à cause de ce qui est déjà réalisé. Cette attitude a été renforcée par l'action du gouvernement fédéral qui allait fixer très vite l'étiquette de « durabilité » sur toutes ses mesures de protection de l'environnement. Ainsi, le véritable effet et les nécessités d'action introduites par la notion de durabilité (au début, les questions de durabilité étaient intégrées au service des relations internationales du ministère de l'Environnement) prennent place sur la scène internationale, elle-même préoccupée par les problèmes mondiaux liés au climat et au développement des pays émergents.

À l'échelle nationale, le gouvernement réunit toute sa politique de l'environnement sous l'étiquette de durabilité. Les entreprises adoptèrent rapidement ce concept dans leur discours et présentèrent leurs actions comme une contribution globale au développement durable. Dans le cadre de plusieurs études directrices qui rencontraient une certaine résonance publique, une multitude d'experts politiques, administratifs et scientifiques essayaient de préciser la notion[5]. L'idée de durabilité fut alors reconnue peu à peu, dans la deuxième moitié des années 1990, comme un instrument favorable à la poursuite de la cause écologique au sein des infrastructures établies dans le secteur public, la société civile ou le monde économique, et, bien sûr, pour la conciliation de ces trois champs sociaux d'action. Bien que le nombre d'acteurs et la résonance publique de telles actions soient modestes, elles concernent quand même certains types d'acteurs exerçant dans les domaines administratif, politique, religieux, écologique et, rarement, économique. Des rencontres organisées offrent aux acteurs locaux l'occasion de faire connaissance et d'entretenir des relations. Les discussions menées incitent à prendre des mesures concrètes pour la protection de l'environnement, sans aller très loin. Ainsi, la notion de développement durable fonctionnait justement comme la matrice d'un rassemblement d'acteurs sociaux venant de différents secteurs de la société allemande, en créant des expériences, des infrastructures et des dispositifs nouveaux entre des secteurs sociaux hétérogènes. C'était justement ce qu'on espérait voir apparaître depuis le début.

Quinze ans plus tard, le bilan est décevant. Le Wuppertal Institut, en qualité d'ONG, publie son résumé du programme d'un *Zukunftsfähiges*

---

5. Notons par exemple les enquêtes de l'Office fédéral de l'environnement (*Umweltbundesamt*), du Haut Conseil pour les questions de l'environnement (*Sachverständigenrat für Umweltfragen*) ou des commissions de l'Assemblée nationale (Enquête-*Kommissionen des Deutschen Bundestages*). Déjà en 1992, l'association catholique d'aide au tiers-monde Misereor et l'association écologique Bund demandèrent au Wuppertal-Institut für Klima, Umwelt, Energie de mener des études sur les conditions et stratégies d'une Allemagne durable. L'étude parut en 1996 sous le titre « Zukunftsfähiges Deutschland » et suscita l'intérêt d'un vaste public. Voir : Bund et Misereor (dir.), *Zukunftsfähiges Deutschland*, Basel, Birkhäuser, 1996.

Deutschland (Allemagne soutenable) depuis 1996 : il n'y a pas de changements profonds. « Que ce soit à l'échelle nationale ou internationale, le changement vers une politique de la durabilité n'est pas encore effectif. [...] La vision de la durabilité est assimilée et domestiquée comme une dimension qui vient s'ajouter à nos autres stratégies économiques et politiques[6]. » Le Wuppertal Institut considère qu'il n'y a pas de différence entre une politique du développement durable et la décroissance. Pour eux, seule cette dernière constituerait la « vraie » et indispensable réalisation du développement durable.

Parallèlement, le ministère de l'Économie tient la prospérité économique pour un indicateur de durabilité. Dans la crise économique actuelle, le ministère met en garde la population allemande : il considère que ce serait une erreur de tirer un bilan écologique positif de la crise, justement parce que la prospérité économique doit être la condition *sine qua non* de toute mesure pour la protection de l'environnement. Une économie en bonne croissance est ainsi considérée comme le fondement nécessaire pour les « trois piliers du développement durable » : performance économique, responsabilité sociale et protection de l'environnement.

Le gouvernement allemand publie en 2008 un bilan d'étape provisoire sur l'avancement du développement durable en RFA : « l'idée directrice du développement durable est le fil conducteur de transition vers le XXIe siècle. » Les objectifs visés par cette approche sont les suivants : l'équité entre les générations, la qualité de vie, la solidarité sociale et la responsabilité internationale. Le bilan est mitigé. D'un côté, on enregistre des progrès énormes dans la protection du climat, la prolifération des énergies vertes et la réduction des dettes de l'État et de l'autre, on note des déficits considérables dans le secteur de l'éducation, la mobilité et le salaire des femmes.

Le Wuppertal Institut accorde une priorité à l'écologie-environnement qu'il estime être la base de toute action. Le gouvernement, quant à lui, invite à prendre en compte les « trois piliers » auxquels il accorde une importance équivalente : il est question ici d'établir un équilibre entre les aspects économique, social et environnemental. Il existe encore d'autres interprétations importantes du développement durable dans le contexte allemand[7].

Des recherches sociologiques sur les processus réalisés et leurs résultats considèrent le développement durable comme « la quadrature du

---

6. Wuppertal Institut et BUND, *Brot für die Welt. Zukunftsfähiges Deutschland in einer globalisierten Welt : Ein Anstoß zur gesellschaftlichen Debatte.* Frankfurt, Main : Fischer, 2008.

7. Voir notamment : Ortwin Renn et al., *Leitbild Nachhaltigkeit : Eine normativ-funktionale Konzeption und ihre Umsetzung,* Wiesbaden, VS-Verlag, 2007 ; et Armin Grunewald et Jürgen Kopfmüller, *Nachhaltigkeit,* Frankfurt, Main Campus, 2006.

cercle »[8]. Nous citons : « L'Agenda 21 nécessite un changement spécifique profond, englobant le plus rapidement possible des "modes de consommation de la part de l'industrie, de l'État, du commerce et des individus". Il n'y a aucun doute sur la sagesse et l'utilité de ce but. Mais la question du "si" et du "comment" un tel changement peut être réalisé demeure objet de beaucoup de doutes, surtout du point de vue des sciences sociales. [...] Vu les difficultés énormes, le bilan positif est loin d'être considérable. »

Du point de vue sociologique, les expériences allemandes dans les années 1990-2009 peuvent être résumées de la manière suivante :

- Il n'y pas d'unanimité sur la définition du développement durable. Au contraire, il existe un conflit d'interprétation important entre les deux pôles de « l'environnement d'abord » et de « l'économie d'abord ».
- Jusqu'alors, les activités publiques se sont consacrées à l'éducation de la conscience écologique du consommateur et de ses pratiques de consommation comme moteur du changement. Le bilan général qui s'en dégage est celui d'un échec total (même si la consommation d'écoproduits a augmenté).
- Les stratégies des Agenda 21 locaux ont donné des résultats très faibles non pas seulement sur le plan des mesures, mais aussi sur celui de l'impact politique et public.
- Le développement durable a déplacé le problème d'environnement des arènes politiques pour le confier à la société civile (les administrations, les entreprises, la science, les associations de citoyens), au sein de laquelle les acteurs n'arrivent pas à trouver de consensus, ou bien les résultats des accords trouvés sur des questions semblent très restreints.
- Malgré les dialogues menés au sein des sciences et organisations ou entreprises, ainsi que leurs tentatives « d'initier quelque chose » sur la base du développement durable, comme des innovations technologiques ou le « management de transition » (*change management*), la dernière décennie a livré une croissance générale de la consommation des ressources naturelles, même là où l'efficience technologique connaissait des progrès.

Tout compte fait, et à l'exception de la question du climat, l'environnement ne figure plus à l'agenda des médias et des urgences politiques. Selon les analyses sociologiques, la complexité de nos sociétés modernes, leur faiblesse de décision politique affirmée et leur dynamique économique capitaliste (c'est-à-dire croissance économique, production permanente de nouveaux « besoins » et vente des produits censés les satisfaire) constituent des facteurs contre-productifs pour la stratégie du développement durable.

---

8. Hellmuth Lange (dir.), *Nachhaltigkeit als radikaler Wandel. Die Quadratur des Kreises?* Wiesbaden, VS-Verlag, 2008.

Il n'y a pas de développement durable

Devant cette esquisse rapide de la situation actuelle en Allemagne, nous essayerons de démontrer, dans les lignes qui suivent, que de tels bilans « pessimistes » sont le fruit d'une situation paradoxale au cœur même du projet de durabilité. Disons brièvement qu'il n'y a pas de développement durable et il n'y en aura jamais pour l'humanité. Pour étayer ce constat, nous nous référerons surtout aux éléments de nos propres recherches, c'est-à-dire à la critique de la mesurabilité des « faits » établie par la théorie de la modernisation réflexive[9], plus connue sous le nom de « société (mondiale) du risque »[10]. Dans nos recherches sur les risques technologiques majeurs et les conflits écologiques, nous parlons de *l'épistémologie politique de l'incertain* pour traiter des phénomènes en question, c'est-à-dire la problématique du risque et de la mesurabilité scientifique qui est bien aussi inhérente à l'idée de durabilité. Pour mieux comprendre l'épistémologie politique de « l'incertain », il est utile d'exposer ici deux exemples qui présentent des aspects différents.

Dégradation de l'ozone et HCFC

Dans les années 1970 et 1980, les effets néfastes de l'utilisation des HCFC (hydrochlorofluorocarbures) ont fait l'objet de discussions véhémentes[11]. Au départ, dans les années 1930, ces substances ont été produites et utilisées comme des réfrigérants, en remplacement d'autres matières frigorifiques aux effets nocifs. Bien que les effets des HCFC fussent connus grâce à différents types de savoirs provenant des sciences naturelles, on notait l'absence réelle de réflexion et de perspective susceptibles d'examiner à fond les conséquences à long terme et universelles de leur usage. Jusque dans les années 1960, on estimait que l'utilisation de ces substances durant les 30 dernières années ne laisserait aucune séquelle, et de ce fait, on continuait à ignorer leurs risques potentiels. Cependant, au cours des années 1970 jusqu'au milieu des années 1980, la perception du problème a profondément changé. Ainsi, toute politique de durabilité doit

---

9. Voir les deux références suivantes : Ulrich Beck, Anthony Giddens et Scott Lash, *Reflexive Modernization : Politics, Tradition and Aesthetics in the Modern Social Order*, Oxford, Polity Press, 1994 et Ulrich Beck, Wolfgang Bonß et Christoph Lau, « The Theory of Reflexive Modernization : Problematic, Hypotheses and Research Programme », *Theory, Culture & Society*, vol. 20, n° 2, 2003, p. 1-35.

10. Ulrich Beck, *La Société du risque – Sur la voie d'une autre modernité*, Paris, Flammarion – Champs, (1986) 2003 ; et *World at Risk*, Oxford, Polity Press, 2008.

11. Peter Wehling, « Weshalb weiß die Wissenschaft nicht, was sie nicht weiß ? – Umrisse einer Soziologie des wissenschaftlichen Nichtwissens », dans Stefan Böschen et Peter Wehling, *Wissenschaft zwischen Folgenverantwortung und Nichtwissen. Aktuelle Perspektiven der Wissenschaftsforschung*, Wiesbaden, VS-Verlag, 2004, p. 35-106.

sans cesse compter avec l'apparition d'effets secondaires imprévisibles et nuisibles, sachant que ces derniers sont loin d'être maîtrisés par un quelconque pronostic scientifique.

Changement climatique

La controverse actuelle sur le changement climatique nous livre un deuxième exemple. Jusqu'à aujourd'hui, il existe, dans la communauté scientifique, différentes interprétations qui s'opposent à propos du réchauffement climatique (planétaire) mesurable: par exemple, certaines considèrent le réchauffement comme un effet des activités humaines, d'autres lui attribuent des causes naturelles liées aux cycles climatiques. Par ailleurs, on constate une divergence de réactions et de mesures prises contre le réchauffement climatique. À ces mesures viennent s'ajouter des programmes de contre-stratégie fondés sur une haute technologie (par exemple, la méthanisation des eaux de mer), dont la connaissance de base ne semble pas être certaine[12]. Qui plus est, nous retrouvons souvent des calculs de probabilité tout au long de ce débat. Nous citons Malte Meinshauser, de l'Institut Potsdam de recherche sur le changement climatique et ses effets, qui fait référence à la revue scientifique *Nature*[13]: « Si le risque de surpasser la limite de deux degrés de plus doit rester au-dessous de la marque de 25 %, le monde est obligé de ne produire que… »[14] Les études présentées montrent d'énormes différences sur le calcul des risques et les réductions nécessaires des émissions de CO^2. Cependant, compte tenu de l'urgence et de l'ampleur du problème, le consensus scientifique sur le diagnostic des causes et sur les actions à mener ne doit pas être une condition préalable aux réponses politiques et sociales. Bien au contraire, la politique doit contribuer à délivrer le savoir scientifique de ce défi impossible

À notre avis, les incertitudes évoquées sont inhérentes à tout pronostic et à toute proposition scientifique dans le projet d'une durabilité sociale. En outre, la méconnaissance de ce manque structurel – c'est-à-dire, irréparable – du savoir scientifique dans la pratique sociale de la durabilité produit une situation conflictuelle, dressant le pouvoir contre le savoir. Ainsi, cette situation empêche l'efficience de politiques plus actives de la durabilité, en attendant un consensus scientifique pour agir[15].

---

12. Ajoutons un petit détail: la fabrication du fromage fait plus de mal au climat que la production de viande; un kilo de fromage correspond, dans son bilan climatique, à 70 km de route en voiture (*Süddeutsche Zeitung*, 04 mai 2009, p. 49).

13. *Nature*, n° 458, 2009.

14. Voir le journal *Süddeutsche Zeitung*, éditions du 30 avril au 1er mai 2009, p. 16.

15. Hellmuth Lange, « Handeln nur auf der Basis sicheren Wissens. Die Konstruktion des Risikos im politisch-administrativen System », Bastian Schuchardt et Michael Schirmer (dir.),

Après ces deux exemples, revenons à la problématique de la durabilité par une question simple : qui est-ce qui juge, au juste, de la qualité de durabilité ? Qui est capable de produire des scenarii, des savoirs et des connaissances sur les rapports complexes entre les processus écologiques, économiques et sociaux ou, simplement, sur un seul de ces domaines complexes ? Finalement, au cœur du développement durable, nous retrouvons une renaissance forte du grand mythe moderne de la science et de l'expertise scientifique. À travers eux, « les faits parlent ». C'est alors l'idée de l'expert, conseiller du roi, qui réapparaît, en silence, sous l'étiquette du développement durable. Tout le problème se situe dès lors dans les capacités à mesurer les effets des actions humaines sur « la nature », sur « l'économie » et sur « le social ». Il s'agit bien de l'enjeu de la recherche.

Bien sûr, les sociétés modernes sont dans tous leurs aspects, dans toutes leurs pratiques d'action, beaucoup plus imprégnées par les savoirs scientifiques – de la politique en passant par l'achat de légumes au marché jusqu'à la procréation – que n'importe quelle société dans l'histoire. Mais si nous examinons de près nos expériences récentes, il convient de souligner que ce développement de connaissances scientifiques n'a pu apporter ni clarté ni sécurité dans les décisions que l'on pouvait espérer. Au contraire, l'accroissement linéaire des connaissances scientifico-techniques et des maîtrises techniques des phénomènes naturels ou sociaux, ainsi que les promesses de progrès et de sécurité fondées sur celles-ci, ont été bouleversées par le débat sur l'environnement et les risques dans les années 1970-1990. Les accidents de Harrisburg, Seveso ou Tchernobyl ont révélé la normalité des catastrophes[16]. Les taux limités des substances nocives fixent aussi des standards d'intoxication[17]. Les conflits sur l'effet de serre, la dioxine ou l'ozone prouvent que les effets pervers des actions légitimes peuvent menacer les fondements de l'existence humaine. La théorie de la modernisation réflexive développe, à partir de ces observations, son argumentation d'une épistémologie politique de l'incertain. Les processus continus d'expansion des sciences et des techniques dans les sociétés modernes tournent autour de deux pôles essentiels : les connaissances et les non-connaissances, les possibilités d'intervention et les ambiguïtés, les sécurités et les insécurités. Nous retrouvons au centre de ce processus le fait d'un « non-savoir structurel »

Land unter? Klimawandel, Küstenschutz und Risikomanagement in Nordwestdeutschland: Die Perspektive 2050, München, Oekom, 2007, p. 145-166.

16. Charles Perrow, *Normal Accidents: Living With High-Risk Technologies*, Princeton, University Press, 1999.

17. Ulrich Beck, « Politische Wissenstheorie der Risikogesellschaft », dans Günter Bechmann (dir.), *Risiko und Gesellschaft*, Opladen, Westdeutscher Verlag, 1993, p. 305 -326.

que même de nouvelles recherches ne pourraient jamais surmonter[18]. Le non-savoir structurel, mettant en relief les limites de nos imaginaires et de nos modèles théoriques, ainsi que les limites de nos connaissances et de nos pratiques de recherche, nous amènera toujours à être surpris par les effets pervers des processus écologiques dus au caractère complexe et systémique du monde naturel. Ainsi apparaît l'idée du politique dans l'épistémologie politique de l'incertain selon laquelle c'est la décision, donc l'acte politique, qui doit « guérir » ce vide ou manque structurel des savoirs et des connaissances scientifiques.

Le sociologue Ulrich Beck parle d'une « société du risque » lorsque les conflits centraux d'une société portent sur les perceptions, les distributions, la définition des victimes des risques, c'est-à-dire sur les nuisances futures, anticipées, produites par la société elle-même. De tels risques sont à la fois réels, narrés et de vraies productions sociales. Dangers réels et suite des actions humaines, ils n'existent pour nous que comme le résultat d'interprétations[19]. Les risques écotechnologiques ne sont pas perceptibles à l'œil nu, mais ils exigent la médiation du savoir des experts scientifiques. Ils ne peuvent pas être exclus. Ils ne sont pas connus d'avance. Ils ne se limitent pas à un territoire local restreint. Ils ne s'adaptent pas à la logique sociale établie pour régler l'attribution de responsabilité causale ou morale, parce qu'ils ne sont pas le résultat d'une intentionnalité humaine, mais plutôt des effets pervers et/ou de cumuls[20]. À la différence des dangers traditionnels, de tels risques renvoient aux actions et aux décisions humaines qui les produisent. Ici, le risque n'est pas à interpréter comme le calcul de probabilité ni comme la maîtrise de l'avenir par le biais d'une technologie de l'assurance.

C'est justement cette fonction du calcul du risque comme domestication du futur qui tend à disparaître si la science et la technique ne tiennent plus leurs promesses de sécurité. La notion de risque, à l'intérieur du diagnostic d'une société mondiale du risque, vise alors le caractère imaginaire du danger futur, évoqué dans le présent. Il mobilise les acteurs sociaux *hic et nunc*, sans même avoir fait l'expérience concrète de l'émergence d'une nocivité quelconque. De nouvelles situations conflictuelles naissent ainsi entre les producteurs et/ou profiteurs du risque et les victimes (éventuelles) de ces conséquences graves, entre les experts savants et les « ignorants », mais aussi entre les experts qui promettent la sécurité et les contre-experts qui mettent en garde contre les effets pervers et les aspects non maîtrisés.

---

18. Voir notamment Ulrich Beck et Wolfgang Bonß (dir.), *Die Modernisierung der Moderne*, Frankfurt/Main, Suhrkamp, 2001 ; et Peter Wehling, *Im Schatten des Wissens ? Perspektiven der Soziologie des Nichtwissens*, Konstanz, UVK, 2006.

19. Bruno Latour, *Nous n'avons jamais été modernes. Essai d'anthropologie symétrique*, Paris, La Découverte, 1991, p. 15.

20. François Ewald, *L'État providence*, Paris, Grasset, 1986.

Dans le cadre du processus occidental de rationalisation, l'épisode de la société du risque et des dangers évoque de nouvelles expériences sociales collectives. Il s'agit de l'ambiguïté du savoir scientifique et technique, des non-connaissances sur les effets pervers, de la potentialité politique et de la force mobilisatrice du non-savoir. Les ambiguïtés apparaissent comme des incertitudes sur le plan cognitif, et comme des insécurités sur le plan social. Cet épisode de la société moderne signale en outre un autre ébranlement collectif : la perte de la certitude du futur[21].

Dans ce contexte, nous parlons d'un processus de « modernisation réflexive ». Cette expression ne désigne pas une « réflexion consciente ». Elle doit être saisie dans le sens de « revenir sur soi-même », d'« autoconfrontation ». Ainsi, les effets pervers de la modernisation simple, les dangers produits dans et par la société dénouent les bases de ce processus même. Bien sûr, ils n'agissent pas directement sur le changement social. Ils ne le font que dans la mesure où ils sont communiqués par les acteurs sociaux, les discours, les conflits sur les savoirs, les connaissances et les normes. Du coup, ils deviennent des événements connus et offrent d'ailleurs une vaste palette d'occasions. Dans ce sens, la modernisation réflexive suscite la réflexion. Dans une perspective d'utopie positive, il s'agit d'un processus d'apprentissage collectif qui produit un niveau de réflexion nouveau et élargit les horizons d'action. Les efforts consacrés au développement durable peuvent livrer un indice. Dans un pronostic négatif, il est impossible de contrôler ou de canaliser les processus de modernisation.

Pourquoi affirmons-nous alors que le développement durable n'existe pas ? Dans le contexte de la société du risque, il faut souligner que la vision de la production d'un savoir scientifique, considérée comme un guide « factuel » d'action pour la durabilité et pour l'assurance d'une maîtrise de la gestion des ressources naturelles, des processus technologiques, économiques, sociaux, etc., ne fonctionnera jamais, justement à cause de la dimension d'incertitude inhérente à la complexité de la société du risque. Comme le montrent quelques diagnostics du fameux rapport Meadows sur les limites de la croissance, ou, plus récemment encore, la querelle mondiale au sujet des rapports du Intergovernmental Panel on Climate Change (IPCC) sur le réchauffement climatique, nous nous éternisons dans des jugements erronés (dans le bien et dans le mal). Affirmer que tel ou tel processus de production technologique ou d'exploitation de ressources naturelles sera « durable » consiste donc à « jouer à l'oracle ». Nous voyons ainsi apparaître les problématiques de la société

21. Reiner Keller, « L'univers dynamique des risques : événements, catastrophes, drames publics », *Annales des Ponts et Chaussées. Ingénieur Science Société*, n° 106, 2003, p. 7-22. Pour l'aspect discursif de tels processus, voir : *Wissenssoziologische Diskursanalyse. Grundlegung eines Forschungsprogramms*, Wiesbaden, VS-Verlag, 2005.

du risque justement dans le conflit de définitions esquissé dans la partie précédente. Voici trois obstacles qui en résultent :

- Si on réclame un savoir scientifique définitif, soutenu par des preuves sur une problématique particulière du développement durable, on risque de bloquer toute mesure concrète. C'est le premier obstacle qui s'impose.
- Mais les choses se révèlent encore plus compliquées au niveau du deuxième obstacle. En effet, les faits ne nous fournissent pas d'informations précises sur la question de la mesurabilité : savoir si, par exemple, la perte de 10 000 emplois équivaut à la sauvegarde d'un fleuve, ou bien si les risques courus par les centrales nucléaires peuvent compenser le risque du changement climatique, ou encore si la priorité accordée à la vente des voitures durant une crise économique peut équilibrer l'usage des ressources matérielles nécessaires pour leur production.
- Il nous reste à souligner un troisième point. À cause de la multiplicité des effets nocifs, il est fort probable que la problématique du risque ressurgisse là où on ne l'attend pas, ce qui portera alors préjudice à l'idée de durabilité.

Malgré l'apparence scientifique inhérente à la notion de développement durable, par l'analyse des réserves de ressources, des processus écosystémiques des nuisances, des scénarios économiques, etc., la mise en rapport des divers savoirs et connaissances contraint à rétablir *la politique* au cœur même du développement durable. Ce dernier ne correspond pas à une vision scientifique, mais bien plutôt à une source de conflits, à des débats et des processus politiques. *L'impression populaire selon laquelle on ne progresse pas dans le processus du développement durable est due au fait que cette dimension politique n'est pas reconnue.*

Faisons semblant

Quelle conclusion pouvons-nous alors tirer du constat, selon lequel le développement durable n'existe pas ? Nous dirons : à défaut d'autres choix, faisons semblant d'accepter cette vision comme utile et restons dans l'expectative. De manière générale, il faut reconnaître que les structures de production et de consommation des sociétés capitalistes modernes continuent à produire des effets de non-durabilité dans les domaines des matières premières. De ce fait, les dynamiques traditionnelles de modernisation dominent le développement des sociétés d'aujourd'hui. Comme le traduit une métaphore, les initiatives pour le développement durable ne sont-elles pas des freins de bicyclette attachés à l'avion Concorde ?

Cependant, l'idée directrice de développement durable crée une nouvelle relation entre la science et la politique. L'idée de durabilité ne brise pas la promesse de la modernité ; autrement dit l'amélioration des conditions de vie par des processus techniques, économiques et sociaux sur la base des connaissances scientifiques. Dans sa mise en pratique actuelle, elle fonctionne très souvent comme une purge pour l'idée du politique. Il s'agit d'un conflit de chiffres et de scénarios scientifiques. On cherche la solution « valide », « robuste » à partir des sciences concernées. Mais comme nous l'avons vu, la question du politique est bien inhérente à cette vision de l'avenir collectif de l'humanité. Ajoutons la capacité mobilisatrice du développement durable du côté scientifique qui permet une critique permanente des décisions prises en fonction des savoirs et des connaissances nouvelles. Il s'agit là aussi d'une grande potentialité de politisation. Ainsi, le développement durable encourage le réajustement permanent du développement des sociétés, même s'il n'existe aucune garantie pour un paradis terrestre dans lequel serait inscrite une relation pacifiée entre environnement, économie et société.

Pendant que les idéologies modernes du marxisme ou du progrès parlent de processus quasi-naturels et de lois de développement, le débat sur le développement durable souligne les capacités humaines et sociales d'action. Il faut agir, sinon la catastrophe arrivera. Cette action ne va pas de soi, elle résulte d'une prise de conscience issue de la prolifération des effets néfastes et des débats écologiques sur les limites des ressources planétaires. Celle-ci peut s'engager dans des voies très hétérogènes suivant les pays et les régions du monde. S'il s'agit d'une « idéologie du XXIe siècle », il n'y a pas de pouvoir centralisé qui pourrait définitivement en maîtriser les résultats. Ainsi, le développement durable ne fonctionne que comme un *processus de délibération permanent, comme une politique en mouvement.* L'existence de conflits à propos de la revendication des connaissances (scientifiques) apparaît alors comme une « normalité » dans une nouvelle perspective : il n'est plus question des problèmes d'un savoir incomplet, mais de conflits qui lui sont inhérents et qui résultent systématiquement de la complexité de sa production. Dans cette situation, il n'est pas souhaitable d'envisager un état non conflictuel ou encore de revenir sur le degré de scientificité unanime des sociétés modernes. La catégorie du risque signale plutôt les limites de la production des connaissances unanimes. L'expérience historique montre qu'il y aura toujours des risques/dangers qui ne peuvent être connus d'avance. Il y aura en outre des évaluations divergentes sur leur acceptabilité. Il est difficile alors d'envisager un consensus définitif.

La connaissance scientifiquement construite des faits de la réalité et de ses processus est bien sûr indispensable et ne doit pas être dissoute dans un pluralisme de salons, sans conséquences. D'un autre côté, il n'y aura pas, non plus, un savoir objectif comme par le passé. Il faudra plutôt faire avec des *fictions de savoir socialement objectivées,* à durée limitée. La vérité scientifique absolue ne fonctionnera plus comme ressource finale de la légitimation des actions. Le caractère nécessairement provisoire et l'ambiguïté du principe des connaissances scientifiques doivent être reconnus, de même qu'une place importante doit être accordée à d'autres types de savoir et de valeur. La nouvelle question posée ici du politique est celle de la concurrence des définitions du risque et de la réalité des faits, devenue l'état normal des sociétés modernes réflexives.

À la notion de développement durable correspond l'idée de transformation des dimensions pratiques et symboliques des rapports sociaux à la nature, qui est socialement et historiquement ouverte. Cette transformation ne peut se fonder sur la dynamique des processus de modernisation ou sur une tendance évolutionniste, à cause de « l'aveuglement » des institutions de la société moderne vis-à-vis de leurs propres effets pervers. Les capacités de modelage du développement des sociétés modernes dépendent des rapports de force et de conflit, des nécessités d'action perçues, des possibilités et des objectifs d'action des acteurs sociaux. La perception des problèmes et l'évaluation des potentialités d'action ne sont pas seulement des questions de simple bonne volonté. Nous ne vivons pas dans une dictature qui pourrait ordonner le changement total. Les influences politiques sur l'économie capitaliste et son mode de fonctionnement à l'époque de la mondialisation sont restreintes, mais bien plus grandes qu'on ne le dit souvent. L'appel moral à la responsabilité du citoyen ne fonctionnera que pour une très petite minorité de volontaires de la décroissance.

Devant un tel constat, notre conclusion sur l'attitude adaptée face aux alternatives du développement durable et de la décroissance est la suivante : comprendre le développement durable comme le seul processus disponible pour agir sur la durabilité écologique de nos sociétés modernes. Les chances d'arriver à de « bons résultats » à l'échelle planétaire sont minimes. De plus, si la thèse présentée ici sur les capacités limitées des savoirs et des connaissances scientifiques, ainsi que sur la nécessité de l'action politique qui en résulte, est valable, ces chances seront encore plus faibles, surtout dans le cas où une mobilisation et une volonté politique fortes feraient défaut.

CHAPITRE 7

La puissance et la sagesse. De l'irréductibilité sociale de la raison humaine

Paul Sabourin

> Sans doute, on peut bien dire que les uns et les autres de ces usages du mot raison ont entre eux d'étroits rapports, qu'ils expriment peut-être, à une époque donnée, dans un foyer déterminé de civilisation, une commune manière de penser la situation de l'homme en face des événements de sa propre histoire, et des choses dont il veut se rendre maître, par la spéculation et l'action. C'est que, précisément la raison ne peut se définir utilement que dans un contexte ; elle n'est pas une notion simple et immédiatement donnée, mais l'un des complexes culturels les plus riches de sens qui puissent s'offrir à l'observation et à la réflexion.
>
> G.-G. Granger, *La raison*

J'emprunte le titre de ma communication, *La puissance et la sagesse*[1], au fondateur de la sociologie du travail en France, Georges Friedmann. Chercheur de terrain, il a non seulement investigué les conditions du travail ouvrier dans les régimes socialistes et les régimes capitalistes avec son *Travail en miettes*[2], mais aussi, il a élargi constamment son regard au-delà de l'activité de travail pour s'interroger sur les conséquences des développements techniques et économiques en entreprenant la description des modes de vie des groupes sociaux qu'il a étudiés. Le constat, à la fin de sa vie, d'un grand déséquilibre entre la puissance de la révolution industrielle et économique et la sagesse issue des cultures, va l'amener à tenter de définir une rationalité élargie de l'action humaine. En ce sens, il aura laissé en chantier, aux autres générations de sociologues, les questions de la rationalité de l'action sociale et de la reproduction de la vie sociale que nous allons aborder ici.

Les idéologies du développement durable et de la décroissance soutenable sont deux tentatives d'élargissement (selon des modalités différentes) de la rationalité humaine au-delà de ce qu'appréhende une

1. Georges Friedmann, *La puissance et la sagesse*, Paris, Gallimard, 1970. Lire à son sujet Pierre Grémion et Françoise Piotet, *Georges Friedmann. Un sociologue dans le siècle. 1902-1977*, Paris, CNRS Éditions, 2004.

2. Friedmann, Georges, *Le Travail en miettes*, Paris, Gallimard, 1956, 1964.

rationalité économique afin de répondre aux exigences de la reproduction de la vie humaine. D'une temporalité du court terme qui caractérise la rationalité économique, il y a élargissement de la raison afin d'appréhender une temporalité du long terme, celui du durable ou du soutenable. De plus, sur un autre plan, ces idéologies récentes embrassent une raison plus complexe à même de saisir non seulement l'irréductibilité matérielle de la vie humaine, mais aussi ses irréductibilités écologique et sociale. Par ailleurs, comme les autres idéologies politiques, elles constituent non seulement un processus de rationalisation des sources de leurs discours et des antinomies perçues dans le réel, mais elles procèdent également d'une conception du rationnel qui caractérise le politique comme une forme de connaissance visant la régulation sociale.

Mais qu'est-ce donc que cette raison humaine qui figure comme argument ultime des discours idéologiques, qu'ils soient ceux de la croissance, du développement durable ou de la décroissance soutenable? Chaque discours idéologique enjoint le citoyen à penser et à se comporter rationnellement, à faire les déductions nécessaires pour faire face aux événements cruciaux qui marquent le monde. La raison dont on nous parle en est une posée comme universelle, relevant de l'évidence, provenant de la nature, tel l'*homo economicus* ou encore cette raison serait celle d'une pensée globale qui saisirait, à la différence des autres, l'entièreté de la situation. Or, comme le souligne l'épistémologue Gilles-Gaston Granger cité en exergue, contrairement à la conception de la rationalité que nous offrent les discours idéologiques, la raison humaine n'est pas « une notion simple et immédiatement donnée », mais plutôt « un des complexes culturels les plus riches de sens qui puissent s'offrir à l'observation et à la réflexion ».

Dans l'analyse que nous proposons ici des idéologies du développement durable et de la décroissance soutenable, nous allons prêter une attention particulière à la constitution sociale de la rationalité avancée dans ces discours. Cette rationalité dont les idéologies cherchent à nous persuader comme citoyen, mais aussi, cette rationalité qui fait appréhender les « irrationalités » de la pensée et des comportements humains des Autres qui sont l'objet de leur intervention[3]. Cette lecture de la constitution sociale de la rationalité nous permettra de montrer les limites des idéologies réformatrices du capitalisme. Dans leur forme, elles ne renouvellent pas notre conception de la raison humaine et du rôle des idéologies politiques. Nous verrons qu'elles s'enferment dans une fonction de persuasion plutôt que d'appréhender leurs fondements et leurs limites comme forme de connaissance particulière et ainsi être en mesure de

3. Voir sur la question de la constitution sociale de la raison l'anthropologue Maurice Godelier, *Rationalité et irrationalité en économie*, Paris, Maspero, 1966 et le philosophe Karel Kosik, *La dialectique du concret*, Paris, Maspero, 1962.

se poser dans un dialogue possible avec les autres formes sociales de connaissance, en premier lieu, la complexité du sens vécu par tous et chacun dans l'action humaine et sociale. Se joue, dans cet enfermement des idéologies, la question de leur authenticité et de leur crédibilité, c'est-à-dire celle de l'opacité du politique pour le citoyen d'aujourd'hui, ce politique qui reste, nous en conviendrons avec les idéologues, un des modes collectifs privilégiés pour développer des modèles d'action face aux impératifs énergétiques et écologiques pressants que nous connaissons.

Le développement durable et sa conception du social

L'architecture intellectuelle sur laquelle repose l'idéologie du développement durable que popularise le rapport Brundtland en 1987 me semblait dès sa sortie déjà périmée. Plusieurs tentatives de ce genre furent faites afin de réformer le capitalisme. Prenons la pensée économique hétérodoxe des premiers penseurs de HEC de Montréal. Cette institution constituait déjà une tentative québécoise de réformer le capitalisme au début du XXe siècle. Il s'agissait de constituer une troisième voie entre socialisme et capitalisme[4] en contrebalançant la rationalité économique avec une rationalité sociale. Avec le développement durable, on ne fait qu'ajouter à une rationalité économique et une rationalité sociale[5] une nouvelle rationalité écologique. C'est la suite logique de ce schème d'appréhension de la réalité de certains savoirs gestionnaires que l'on pose comme une évidence, sans par ailleurs s'interroger sur ses fondements et ses limites ; autrement dit, il s'agit de formater encore une fois la complexité de la réalité humaine dans ce vieux modèle de décision rationnelle. D'un point de vue sociologique, le statut des rationalités conjuguées n'est pas équivalent dans les discours. À la différence de la rationalité économique, les rationalités sociale et écologique ne sont très souvent que des catégories résiduelles, subordonnées aux catégories économiques.

Prenons la catégorie du social, qui est ma première préoccupation en tant que sociologue. Ce n'est pas que des chercheurs n'ont pas tenté de lui donner consistance. Par exemple, pour revenir aux premiers penseurs de l'économie au Québec, Esdras Minville proposait un développement où seraient articulées une rationalité économique et une rationalité sociale, car il affirmait que l'on pouvait choisir son économie, mais pas sa société, à la différence d'aujourd'hui où l'on semble considérer dans l'idéologie

4. Marcel Fournier et Gilles Houle, « La sociologie québécoise et son objet: problématiques et débats », *Sociologie et sociétés*, vol. 12, n° 2, 1980.

5. Le sens du mot « social » dans l'idéologie du développement durable est celui de sens commun : le secteur social ou encore le social conçu comme catégorie résiduelle de l'économique, plutôt que le social de la sociologie qui constitue une dimension irréductible et constitutive de toutes les actions humaines et donc aussi des actions économiques.

dominante la vie sociale comme une réalité flexible. Pour saisir cette réalité sociale, il ne se limitait ni aux discours journalistiques, ni aux écrits idéologiques, ni aux propos des dirigeants des organismes et des entreprises, mais il consultait les études de cas de l'époque, comme les monographies sociales du sociologue Léon Gérin sur le mode de vie familial, et les critiquait du point de vue des transformations de la société québécoise. Si, empiriquement, comme plusieurs sociologues et économistes de l'époque, il donnait un contenu à la notion de social en s'appuyant sur l'état de la structure familiale, par la suite, sa réflexion se fera plus hésitante. Il considéra qu'il était impossible d'établir théoriquement si le capitalisme était une forme de société ou simplement une technique de production, un moyen pouvant être réorienté aux fins d'un développement permettant la reproduction de la société canadienne-française. Il finit par conclure que le capitalisme pouvait être considéré comme un simple moyen que l'on pouvait dégager de son idéologie (le libéralisme économique). N'est-ce pas le point de vue des tenants du développement durable aujourd'hui quand ils proposent essentiellement d'internaliser dans des marchés les contraintes écologiques, laissant ainsi la structure sociale et la dynamique capitaliste intactes, celle-là même qui a mené au rapport à la nature que l'on connaît actuellement ?

Il faut mentionner que pendant les années 1930, les penseurs de l'économie au Québec croyaient en la fin du capitalisme à la suite de la Grande Dépression et se mirent à imaginer d'autres formes d'économie. Deux décennies plus tard, après la Seconde Guerre mondiale, on constata le désespoir de ces penseurs devant les transformations impliquées par la modernisation économique du Québec. On observa alors des retournements spectaculaires, tels celui d'un économiste conservateur comme François-Albert Angers qui vit en l'étatisation prônée par les « socialistes » la seule manière d'assurer un contenu au social qu'il entendait comme étant le propre de « l'espace social national colonisé par l'impérialisme de certaines nations[6] ».

L'histoire de la connaissance et des pratiques socioéconomiques au Québec regorge de beaux cas illustrant les limites de l'architecture intellectuelle de la « super » rationalité du développement durable. Il s'agit d'une rationalité que j'appellerais « mentaliste » ou « abstraite », élaborée en retrait de la structure sociale des économies et des sociétés et dont les

6. Voir François-Albert Angers, 1961, p. 210. Toute rationalité économique se pose dans un cadre social de pensée soit implicite soit explicite. Chez les premiers penseurs hétérodoxes au Québec, ce qui fondait les pratiques économiques comme l'architecture des théories économiques, c'était explicitement le cadre social d'une culture nationale qui impliquait le rapport colonial entre les nations. Ils ne pensaient pas que les « lois » économiques étaient universelles, comme le prétendent faussement certains économistes aujourd'hui, opérant ainsi un véritable camouflage des présupposés sociaux de leur pensée localisée socialement.

créateurs ne se situent pas comme êtres pensants, décidant et agissant à l'intérieur de celle-ci. Le meilleur exemple demeure le mouvement coopératif québécois, dans lequel la notion de social, aussi évocatrice qu'elle soit, demeure plus souvent qu'autrement résiduelle par rapport à celle de l'économique. La comparaison entre le développement sociohistorique du mouvement coopératif au Québec et celui du complexe Mondragon du pays basque, tel que le permet l'étude sociographique qu'en proposent les Whytes[7], est éloquente.

Dans le complexe coopératif de Mondragon, on n'observe pas l'application d'un modèle d'articulation d'une rationalité économique à une rationalité sociale, mais bien une seule et même morphologie sociale de l'économie en rapport aux marchés, qui construit des espaces socioéconomiques permettant d'expérimenter la mise en rapport des contraintes de l'accumulation, de la distribution (le salariat) et de la redistribution sociale nécessaire pour répondre aux exigences de leur conception de la société. L'étude de cas des sociologues Whythe montre que Mondragon n'est pas le résultat d'une fabrication sociale par l'application d'une super-rationalité, mais bien la constitution d'une économie originale à partir de multiples apprentissages sociaux collectifs de moyenne et de longue durée, entre autres grâce à un mouvement d'éducation populaire préalable à l'établissement d'une première coopérative en 1955. Ce mouvement d'éducation populaire s'est poursuivi vigoureusement, comme pendant la grève dans les années 1970 où des groupes de travailleurs avec des conceptions différenciées de l'économie de Mondragon s'affrontaient.

Parler d'apprentissages sociaux collectifs plutôt que d'une rationalité abstraite dans le cas de Mondragon permet de montrer en quoi les pratiques socioéconomiques sont toujours encastrées dans l'historicité des relations sociales. Le social constituant les économies n'est pas aussi « flexible » qu'on le pense et ne peut être ignoré. Il en va de même pour les formes de connaissance, comme le mentionne l'exergue que nous avons choisi à ce texte de l'épistémologue Granger. La rationalité ne se définit que par son contexte, autrement dit, la rationalité est issue et à la mesure d'une configuration sociale propre à des milieux et des époques.

Par exemple, une rationalité du développement durable nous propose de constituer une économie intergénérationnelle dont l'épithète durable exprime un temps long, à l'inverse du temps court de la rationalité économique capitaliste. Quand, dans l'histoire de la société québécoise, avons-nous eu une telle temporalité des pratiques socioéconomiques ? C'est lorsque les relations de parenté et d'alliance constituaient les pratiques économiques et formaient un espace de transmission intergénérationnelle.

---

7. William Foote Whyte et Kathleen King Whyte, *Making Mondragón : the Growth and Dynamics of the Worker Cooperative Complex*, Ithaca, ILR Press, 1991, p. 14.

On pensait alors les actions quotidiennes en fonction des enfants et des petits-enfants, mais aussi selon les croyances religieuses du temps, en rapport aux personnes décédées, mais qui existaient néanmoins dans la conscience des vivants.

Peut-on revenir à de telles relations sociales? Bien sûr que non. Mais son analyse sociologique montre que cet ordre social constituant l'économie n'était pas si arbitraire ou irrationnel. Quelles sont les relations sociales qui aujourd'hui constituent des temporalités durables? Il y aurait là toute une analyse à faire de la pensée actuarielle dans le domaine des assurances et des régimes de retraite qui reste dominé par une conception des marchés à court terme.

Plus près de nous, à l'échelle des personnes et des ménages, on ne peut qu'être frappé par la publicité de compagnie d'assurance ayant le slogan « Liberté 55 », où l'on invite les gens à considérer qu'à cet âge, leurs obligations familiales sont terminées et qu'ils peuvent consacrer l'ensemble de leurs ressources à la fin de leur vie sans rien transmettre. Ceci montre possible et acceptable un tout autre rapport au monde ; celui d'un monde seulement fait d'individus et où la famille est elle-même réduite à ses individus, déterminant dès lors un espace/temps social de l'économie strictement individuel qui délite la transmission intergénérationnelle.

Si l'idéologie du développement durable nous semble inadéquate aujourd'hui, c'est parce qu'elle fait abstraction de la construction sociale de l'économie, des conséquences de l'objectivation économique et, plus généralement, de celle de la vie sociale. Elle veut définir le développement à partir de la conjonction de trois sphères de la rationalité, en posant qu'elles sont indépendantes, égales et non conflictuelles. En somme, ce modèle gestionnaire[8] de la décision outrepasse son domaine de pertinence quand il s'érige en idéologie politique.

Partant de là, que pouvons-nous dire de l'idéologie de la décroissance soutenable?

8. Le savoir gestionnaire consiste en une mise en forme de l'expérience humaine en fonction de l'intervention qui vise à réguler une organisation et des comportements humains. À la différence du modèle de connaissance scientifique qui opère une réduction de l'expérience humaine à un objet spécifique (ex. le biologique), le modèle gestionnaire de savoir que nous connaissons est de nature clinique et vise à utiliser un ensemble d'autres savoirs : économiques, juridiques, géographiques, psychologiques, sur le social ou d'autres, comme des facteurs intervenant dans l'action organisatrice de l'économie, d'où sa nature totalisante. Comme tous les savoirs cliniques, le modèle gestionnaire du savoir est local et ne vise pas à expliquer la constitution du réel comme le fait une science pour produire un savoir général, mais établit plutôt un savoir efficace en fonction de l'intervention, comme l'augmentation de la productivité de l'entreprise ou le développement durable des activités économiques.

La décroissance soutenable et sa conception des êtres sociaux

Prenons l'idéologie contre le développement et pour la décroissance (ou a-croissance) prônée par les penseurs du postdéveloppement, nommément Majid Rahnema et Serge Latouche. L'enjeu principal du processus de rationalisation de cette idéologie est de proposer non seulement des institutions économiques qui seraient à la mesure d'une décroissance, mais aussi une transformation radicale d'un rapport au monde caractérisé par une consommation de masse outrancière. Il n'est pas lieu ici de discuter de la nécessité de l'arrêt de la croissance devant les contraintes écologiques de la planète et dont plusieurs d'entre nous sont de plus en plus convaincus, quoique l'on tente de les gommer par une idéologie renouvelée du progrès. D'un point de vue sociologique, la question est plutôt de savoir si ce processus social généralisé de consommation marchande peut être problématisé et endigué avant que des contraintes biologiques ne s'imposent avec leurs lots attendus de souffrance.

Ainsi, Majid Rahnema, dans *La pauvreté globale, une invention qui s'en prend aux pauvres*[9], affirme la nécessité de conserver les modes de vie vernaculaires qui, par leur faible consommation, auraient seuls véritablement un avenir. Il invite le Nord à effectuer une décroissance radicale de la consommation. L'anthropologie et la sociologie contemporaines montrent malheureusement que ces modes de vie vernaculaires sont déjà en profondes transformations, ce qui par ailleurs ne signifie pas qu'ils n'ont plus de consistance. Du côté du Nord, nous avons connu une croissance de la consommation marchande plutôt qu'un déclin ou même un ralentissement. La crise économique actuelle montre même que, malgré une croissance forte de l'endettement, les populations des pays développés ont continué à maintenir leur consommation. Dès lors, les idéologies de la décroissance soutenable tentent d'expliquer ces comportements sociaux par la domination idéologique de la population. Des métaphores puissantes sont utilisées, allant de la dépendance à la drogue que serait la consommation effrénée à celle de l'immunodéficience acquise culturellement, genre de sida culturel, qui empêcherait les cultures de définir leurs besoins sociaux ou de se réapproprier à leurs fins les produits de consommation occidentaux. Cette rationalisation de l'antinomie entre les comportements de consommation effectifs et ceux souhaitables amène ces auteurs à miser sur une compréhension du caractère plus humain d'une vie fondée sur une économie privilégiant d'autres relations sociales que celles du marché. Cette resocialisation est-elle possible ? Dans quelles conditions sociales ? Quelles sont les dérives possibles (je pense au retour

9. Majid Rahnema, « La pauvreté globale, une invention qui s'en prend aux pauvres », *Revue interculturel*, vol. 24 (1991), n° 2, p. 6-33.

à une philosophie naturaliste de la vie humaine sur la base d'une alliance entre l'écologie libertaire et l'écologie spiritualiste) ?

Cette conception de l'idéologie est source de tension puisque, s'il y a véritablement intoxication des êtres humains, il n'y a donc plus de changement démocratique possible. Quelles capacités démocratiques reste-t-il à ceux qui sont dépendants à la drogue ? D'où la dérive autoritaire évoquée dans l'introduction de ce livre. Encore ici, le « mécanisme idéologique » comme représentation des populations par ces idéologues l'emporte sur le rapport social de la pensée des personnes et des groupes sociaux, le statut du social étant réduit à la simple mécanique ou au biologique. Cela laisse peu de place aux processus d'apprentissages sociaux collectifs susceptibles d'alimenter l'élaboration d'une idéologie (ou d'une pratique) de la décroissance soutenable.

Le développement durable et la décroissance soutenable ont en commun d'ignorer la normativité immanente à l'action sociale. Par exemple, la sociologie de la consommation montre depuis Halbwachs que celle-ci ne relève pas d'un désir naturel sans limites de l'être humain ou de l'inculcation mécanique d'une idéologie consumériste, mais plutôt d'une adaptation à des modes de vie. Simplement dit, la montée du productivisme au travail correspond à une désappropriation des capacités autoproductives des groupes sociaux. Par exemple, les groupes sociaux qui ont occupé des emplois productifs et bien rémunérés, lorsqu'ils perdent leurs emplois et doivent recourir à la sécurité du revenu et aux dons alimentaires, se reconstituent une vie sociale autour d'un simulacre de leur consommation antérieure, n'ayant pas généralement acquis les habiletés sociales nécessaires à d'autres types d'activités relationnelles ou autoproductrices. Dès lors, la limite des discours idéologiques de la décroissance est celle de nous présenter la socialisation à la fois comme une fabrication du système capitaliste et comme un état de nature biologique par les métaphores de la dépendance aux drogues et de la maladie. Ce qui amène certains critiques qui reconnaissent la pertinence des enjeux humains posés par la décroissance à conclure que, pour certains courants de cette idéologie, « [e]xit donc l'apport des sciences sociales et l'idée que l'ordre social est une construction sociale[10] ».

Rationalité économique et rationalité de l'action sociale

Pour élargir ou substituer une autre rationalité à la rationalité économique, il est nécessaire de mieux comprendre comment cette rationalité raréfie le sens de l'action sociale et exproprie les capacités sociocognitives

10. Cyril Di Méo et Jean-Marie Harribey, *La face cachée de la décroissance – La décroissance : une réelle solution face à la crise écologique*, Paris, L'Harmattan, 2006.

des personnes et des groupes sociaux ainsi que leur capacité d'institutionnaliser d'autres formes de rationalité.

Au centre de la croissance économique se retrouvent les processus sociaux permettant le triage économique des personnes, qui s'est intensifié ces 30 dernières années avec la montée du néolibéralisme. Productivité, efficacité, rendement réfèrent à une rationalité de l'usage des moyens pour atteindre des fins souhaitables, c'est-à-dire l'économie dans sa définition formelle qui, comme nous l'avons vu, englobe non seulement la production matérielle et les échanges, mais de plus en plus une grande part des activités sociales. De même, l'anthropologie et la sociologie de l'économie ont montré comment des sociétés et des cultures sont posées comme irrationnelles économiquement en regard d'un développement économique présenté comme rationnel, par exemple la fameuse mondialisation économique avec les plans d'intervention structurelle du FMI.

Or, cette situation n'est pas exclusivement le fait des économistes néolibéraux et de leurs « sciences économiques ». Il fallait également que soit opérationnalisée cette rationalité économique formelle dans plusieurs domaines des sciences sociales et en administration, voire qu'elle forme un élément essentiel de la socialisation de tous. Par exemple, les travaux des sociologues N. Dubois et J.-L. Beauvois révèlent les modalités de la transmission de la norme d'internalité néolibérale dans les pratiques évaluatives à l'école comme sur le marché du travail. On valorise les personnes et les groupes sociaux qui attribuent leurs succès et leurs échecs aux seules causes internes à leur individualité et on dévalorise ceux qui font appel à des causes externes, soit des causes sociales. Du sens immanent à l'expérience, il y a bien un processus de raréfaction du sens par ces procédés évaluatifs. Ils permettent de renforcer une conception de l'être humain individualisé, ce qui prépare le terrain pour une conception de cette individualité posée en termes de capital humain, autrement dit l'application de cette rationalité économique à soi-même. Par les mêmes procédés sont dissociés l'être et son existence sociale. Moins subtile est l'approche « pédagogique » de certaines écoles québécoises qui ont instauré à l'élémentaire un système de méritocratie monétariste. Les meilleurs de la classe reçoivent des montants d'argent « de papier » qui leur permettent d'acheter des privilèges que l'enseignant(e) leur vend.

Le fait que la rationalité économique demeure toujours à solidifier, à perfectionner, qu'elle n'est jamais accomplie chez les personnes comme dans les entreprises, qu'elle donne lieu à une « rationalisation incessante », pour prendre les termes de Renaud Sainseaulieu, montre que celle-ci redouble constamment le sens des activités sociales. La rationalité économique formelle s'incarne dans une ingénierie sociale donnant lieu dans les « sciences » sociales et humaines à une dérive du sens de la science comme forme de connaissance. Est-ce que l'administration, les relations industrielles, le travail social, la communication, etc., sont des sciences ? Je ne le pense pas. Il s'agit plutôt d'une légitimation des fondements de savoirs cliniques et technologiques. Je dirais que même la sociologie et l'anthropologie, pour ceux qui veulent les considérer par rapport aux savoirs scientifiques, doivent se situer à un stade protoscientifique.

Tout cela a pour conséquence d'établir dans une inflation verbale sous la forme de lois scientifiques des technologies sociales qui viennent justifier et appuyer une intervention sur le vécu. La question ici n'est pas de prétendre que ces savoirs sociaux sont illusoires, mais plutôt de reconnaître leurs fondements et leurs limites afin d'en déduire les usages sociaux dès lors qu'ils sont fondés et justifiés. Or, quand nous examinons de près la sémantique de ces technologies sociales, nous retrouvons souvent le vocabulaire de l'économique et de sa rationalité formelle. Au fondement de la rationalité économique formelle, il y a cette réification en une entité économique des êtres humains. Comment peut-on éviter cette objectivation économique qui est la base du processus de croissance économique ou à tout le moins en restreindre la portée ?

Un vaste ensemble de travaux en sociologie et en anthropologie a visé et a réussi à illustrer la diversité des savoirs sociaux non réductibles à une rationalité économique. Il s'agissait de réhabiliter les capacités humaines, et notamment cognitives, des êtres dans la description comme dans l'explication du fait humain. Mais est-il suffisant d'évoquer la richesse des savoirs et des pratiques sociales ? Je me souviens que c'est la question que se posait déjà, dans les années 1990 lors d'une conférence, Guy Roustang, partisan de l'économie plurielle. L'essor des sciences sociales depuis les années 1960 n'a pas empêché la montée du néolibéralisme dans les années 1980.

Malgré ce constat pessimiste, la construction sociale de l'économie et le développement de modèles sociocognitifs de la connaissance sont une contribution significative, dans la mesure où ils donnent forme à l'irréductibilité sociale de la vie humaine qui est ignorée par une appréhension en termes de rationalité économique. Pour ce faire, il s'agit de considérer et de prendre acte dans le travail de description sociologique de ce que la connaissance des personnes et des groupes sociaux ne consiste pas en de simples contenus, mais aussi en une organisation des contenus : un modèle concret de connaissance fondé sur des règles implicites qui mettent en forme l'expérience vécue. Nous passons d'une représentation de l'être passif, celle d'un réceptacle, à une représentation active de l'être dans sa capacité à rendre intelligible le monde dans lequel il s'inscrit. Dans la suite de cette sociologie de la connaissance, la représentation de l'être et de sa connaissance, d'abord substantive, devient relationnelle. Ces êtres en relation sont engagés dans les virtualités de l'action sociale qui constitue l'économie comme activité vivante, signifiante et historique plus ou moins compatible avec la rationalisation économique incessante qui la régule. Ainsi, nous pouvons tous constater qu'entre le sens préfabriqué de la rationalité économique (par exemple, la représentation du bonheur de consommer un produit, d'accéder à un travail convoité, etc.) et le sens effectif que prendra la consommation dudit produit ou l'occupation d'une fonction professionnelle pendant 10 ans, il y aura un écart important, que l'on évoque souvent en parlant de désillusions. La rationalisation économique incessante de nos activités nous fait vivre dans ce sens de l'anticipation[11] et nier celui de l'action sociale effective dont nous discutons ici.

De ce qui précède, on peut tirer deux conclusions importantes : la première, ces travaux montrent que la rationalité humaine n'est ni universelle et transcendante ni strictement contextuelle ou factuelle ni parcellaire, comme diraient les postmodernes, mais bien relative à des processus d'apprentissages collectifs. La seconde, c'est qu'à l'échelle des personnes et des groupes, on peut observer la présence de diverses sémantiques et de leur mise en rapport, les personnes et les groupes n'étant ni homogènes, ni hétérogènes, mais dans un processus actif d'organisation, de confrontation, d'articulation de différents univers sociosémantiques (politique, économique, écologique, spirituel, etc.). Mais bien sûr, savoir et pouvoir sont liés. Il faut réfléchir sur le fait que les dispositifs et processus sociocognitifs de la transmission, de la socialisation première à celles de l'école, du travail et des médias viennent construire une rationalité qui se prétend universelle, mais dont l'examen montre qu'elle s'avère très restreinte dans le temps et l'espace, autrement dit de nature locale et conjoncturelle.

Cette conception de la raison humaine tenant compte de son irréductibilité sociale n'est pas nouvelle, elle remonte à l'intuition remarquable exposée par l'éminente philosophe du politique Hannah Arendt dans son livre *La crise de la culture*. Elle s'interroge sur le processus de connaissance des grands penseurs Marx, Kierkegaard et Nietzsche lors de l'émergence du monde économique qui pose les jalons de la pensée moderne. Sa réflexion critique sur le rapport de connaissance de ces penseurs l'amène à affirmer : « Ma conviction est que la pensée elle-même naît d'événements de l'expérience vécue et doit leur demeurer liée comme aux seuls guides propres à l'orienter[12]. » Ainsi, penser politiquement signifie être en mesure de localiser l'origine historique et biographique des catégories de

11. Le philosophe Karel Kosik développe cette question de la perception subjective des contraintes sociales propre à la rationalité économique dans sa philosophie du souci. « Le mode primaire et élémentaire sous lequel l'économie existe pour l'homme est le "souci". Ce n'est pas l'homme qui a le souci, c'est le souci qui possède l'homme. » Karel Kosik, *La dialectique du concret*, Paris, F. Maspero, 1970, p. 46.

12. Hannah Arendt, *La crise de la culture : huit exercices de pensée politique*, Paris, Gallimard, 1989.

connaissance dont on procède et qui se confrontent dans notre pensée au lieu de les subir. Rationalité économique, rationalité du développement durable et rationalité de la décroissance soutenable reposent sur des catégories de connaissance qui doivent être localisées socialement. En ce sens, selon la belle expression de cette philosophe, « la pensée doit être conçue comme une expérience » et on ne peut que transmettre les points d'entrée de l'expérience, à chaque génération de la refaire. Les conditions historiques et biographiques sont aussi des conditions sociales de la pensée, il y a une localisation sociale des savoirs ordinaires et savants dont il est nécessaire de tenir compte afin d'orienter notre pensée, ce que ne nous proposent malheureusement jamais les idéologies.

C'est donc cette épistémologie de la connaissance qui nous inspire le concept de rationalité sociologique de l'action humaine. Cette conceptualisation envisage la Raison comme formée d'apprentissages sociaux collectifs s'élaborant entre la pluralité du sens vécu et l'émergence d'une normativité instituée que l'on appellera la « rationalité sociale » de l'économie. Ainsi, provoquer un élargissement de la rationalité signifie être à même de se représenter soi-même comme les autres à la jonction et participant à ces processus de connaissance collectifs. Si les idéologies du développement durable et de la décroissance soutenable proposent un élargissement de la rationalité trop locale de l'économique, en toute cohérence, elles se devraient de redéfinir une rationalité élargie de l'activité idéologique afin de déconstruire l'individuel au fondement de la rationalité économique, voire de proposer de constituer de nouvelles catégories d'appréhension de l'expérience humaine. Mais existe-t-il sous forme d'esquisse, du moins dans le sens commun, c'est-à-dire dans la connaissance « ordinaire », des prémisses à une appropriation différente de l'expérience vécue de la décroissance et peut-elle mener à changer le rapport économique au monde ? En voici un exemple concret.

Un laboratoire de la décroissance : la résurgence de l'aide alimentaire au Québec

Au début des années 1980, au Québec comme dans plusieurs pays industrialisés, s'est produite une résurgence de l'aide alimentaire. Pour les dirigeants des Moissons du Québec, qui est un organisme laïc, l'orientation de leur action sociale vers l'aide alimentaire était conjoncturelle ; il s'agissait de passer à travers cette récession économique. C'est l'urgence du besoin de se nourrir, pour un nombre grandissant de personnes, qui les a fait faire entorse à leur vision de l'intervention sociale. L'aide alimentaire n'est-elle pas de la charité ? Le don charitable n'entraîne-t-il pas la dépendance plutôt que l'autonomie ? Les organismes charitables traditionnels qui se vantent d'avoir aidé la même famille sur plusieurs générations n'ont-ils pas conforté magistralement l'ordre social dominant ? Ces réflexions menèrent à l'adoption d'un objectif, inscrit dans la charte des Moissons, non pas de croître, mais de fermer le plus rapidement possible. L'organisme visait la décroissance plutôt que de conforter son existence dans la croissance de ses activités. Or, bien sûr, ce ne fut pas le cas. Au contraire, au moment où les dirigeants des Moissons convoquent un ensemble de chercheurs dans le milieu des années 1990 pour cinq journées de débats, le constat avait déjà été fait que la distribution d'aide alimentaire doublait tous les cinq ans, que la rationalisation des stocks se raffinait chez les donateurs et que, donc, l'aide alimentaire en pleine croissance était un phénomène structurel de l'économie contemporaine menant à la crise de la distribution sociale.

Le discours collectif de ces dirigeants était surprenant. Ils ne désiraient pas ériger les Moissons et la Fédération des Moissons en appareil dictant, soit en vertu d'une optimalité nutritionnelle ou de principes de justice, la distribution équitable de l'aide alimentaire. Ils ne voulaient donc pas ériger une rationalité abstraite de l'aide alimentaire, mais plutôt connaître les normativités relatives à la distribution de l'aide alimentaire dans les milieux et les organismes avec lesquels ils étaient en relation. Plus encore, ils reconnaissaient leur manque de connaissance du vécu des usagers de l'aide alimentaire, ce qui nous a permis d'ouvrir un espace de recherche et de dialogue avec les responsables sur le sens du don alimentaire au Québec.

Comment s'expliquer ces dispositions exceptionnelles qui permettent de constituer un processus de connaissance collectif ? Un des éléments est la présence de personnes dont la trajectoire sociale traverse le triage économique, le clivage entre les « créateurs de richesse » et le monde de ceux qui vivent de la redistribution de cette richesse. Des trajectoires sociales extrêmes, dirait-on. Pour résumer, ces personnes avaient vécu l'incarnation du productivisme économique allant jusqu'à l'obsession pendant une période de leur vie, puis la crise existentielle due au délitement des autres aspects de leur vie et enfin une sorte de conversion à un nouveau rapport au monde. Pour elles, l'abandon d'une rationalisation économique devint une libération. Ainsi, ces personnes connaissent très bien la régulation économique et s'en distancient d'une façon significative. La rationalité économique n'apparaît plus naturelle et universelle, mais circonscrite dans des moments de l'itinéraire biographique, des milieux sociaux auxquels ils ont appartenu, etc.

Ces recherches mirent en évidence que les Moissons au Québec renforçaient un réseau d'organismes centrés sur la relation d'aide, définie plus globalement selon les organismes en termes politiques, économiques, culturels, spirituels, etc., dont la distribution alimentaire n'était qu'un élément. Cette façon de faire des Moissons subordonne leurs objectifs aux différentes approches de la relation d'aide présentes dans les milieux sociaux, avec la seule condition demandée en retour aux organismes et aux usagers de participer aux débats sur les règles de la distribution sociale et de pouvoir être amenés à dialoguer sur la normativité de la distribution sociale à laquelle ils participent. Cette décision des dirigeants des Moissons avait beaucoup d'importance à cette époque pour l'avenir des organismes parce que les activités d'aide alimentaire sont lourdes à assumer et qu'elles risquent de les réduire à cette seule fonction au détriment, notamment, de leur engagement politique. À l'inverse, une politique de priorisation de l'aide alimentaire aurait visé d'abord à parfaire la productivité nutritionnelle et économique de la redistribution qu'assurent les Moissons (efficacité et croissance maximale des quantités de produits distribués) afin de promouvoir leur propre « performance » et la légitimer sur la base d'une rationalité restreinte résumant la situation sociale vécue de la pauvreté des enfants et des familles aux nécessités nutritionnelles. Les personnes engagées dans l'organisation de l'aide alimentaire ont donc pu effectuer une réflexion critique sur la croissance de leur activité et se sont servies du don alimentaire non pas pour déterminer une conception de la relation d'aide, mais plutôt afin de reconnaître et de discuter collectivement des pratiques et conceptions des relations d'aide des organismes dans les milieux. Une quinzaine de rencontres entre responsables des Moissons, des organismes et des usagers que nous avons effectuées dans le cadre de notre recherche nous ont permis de produire un travail sociographique qui décrivait l'appropriation sociale par les usagers de cette aide alimentaire[13].

La décroissance vécue par les usagers de l'aide alimentaire est d'autant plus importante que ce qui caractérise le recours à l'aide alimentaire, c'est qu'il n'est pas dû principalement à la pauvreté intergénérationnelle, mais à des situations d'appauvrissement surgissant au cours de la vie des individus provenant au départ d'une diversité de milieux sociaux.

La décroissance est vécue plus facilement dans les milieux sociaux où les relations de parenté et d'alliance, et leurs transpositions dans des relations de voisinage et d'amitié, sont plus intenses. Il s'agit de milieux qui ont une historicité populaire d'auto-organisation.

Dans ces milieux, après un choc existentiel particulièrement intense de ceux qui ont recours pour la première fois à l'aide alimentaire et d'autant plus qu'ils se percevaient comme éloignés de ces conditions d'existence, on assiste à un processus de resocialisation des personnes recourant à

13. Paul Sabourin, Roch Hurtubise et Josée Lacourse, *Citoyens, bénéficiaires et exclus: usages sociaux et modes de distribution de l'aide alimentaire dans deux régions du Québec: la Mauricie et l'Estrie*, rapport remis au Conseil québécois de la recherche sociale, [S.l.: s.n.], vi, 368, 2000.

l'aide alimentaire qui redéfinit leur identité sociale et leur rapport à l'économie. Une usagère de l'aide alimentaire qui deviendra par la suite la chef cuisinière d'une soupe populaire a particulièrement bien réussi à expliciter cette rationalité sociale constituant ses pratiques : « Ce que je ne peux vous vendre, je vais vous le donner si je ne l'utilise pas. » En somme, l'usage des choses doit prévaloir sur le gain dans l'échange. Ainsi conçue, la consommation trouve sa limite dans l'usage socialement élaboré des choses. Qu'est-ce qui caractérise l'organisation de la connaissance de ces personnes à même d'avoir une rationalité élargie de l'économie dans leur action sociale ? Les récits de vie que nous avons analysés ainsi que les discussions que nous avons eues avec eux montrent qu'ils et elles ont cumulé une mémoire sociale de leurs milieux et une connaissance des façons de faire et de penser correspondant à plusieurs espaces/temps sociaux, ce qui les amène à relativiser l'importance de la consommation marchande dans leur existence sans pour autant être misérabilistes.

Conclusion

Nous avons vu pourquoi nous considérons l'idéologie du développement durable comme ayant une piètre capacité à orienter un développement qui permettrait de répondre aux contraintes que nous connaissons. On aura compris que, dans notre analyse de l'idéologie de la décroissance soutenable, ce n'est pas l'objectif qui est remis en cause, mais bien la conception appauvrie des capacités sociales des individus et des groupes sociaux sur laquelle se fondent certains de ses protagonistes. Au lieu d'attribuer la situation à la publicité ou à une dépendance quelconque, nous nous intéressons aux pratiques sociales d'évaluation des êtres et des choses qui opèrent le triage social quotidien entre ceux qui sont des « créateurs de richesses » et les autres. Notre analyse a voulu montrer enfin que ce qui est fondamentalement en cause, c'est la rationalité de la fabrication du social : contrairement à ce que pose la rationalité économique, il n'existe pas une telle chose que des moyens indépendants des fins souhaitables. Ce qu'on appelle « moyens » sont en fait des biens sociaux et des relations sociales. On pourrait même dire que les moyens sont les fins[14] et ainsi sortir d'une rationalité de la fabrication du social

14. Des sociologues de l'économie tels Mark Granovetter ont montré que les moyens ou ressources (économiques, politiques, juridiques, familiales) qu'assemble l'entrepreneur existent concrètement dans la structure sociale (ex. des réseaux sociaux et des institutions). Il doit composer avec les règles sociales régissant ces « ressources ». Ainsi, comment on développe une activité socioéconomique comme toute autre activité sociale vient conforter ou redéfinir une structure sociale qui elle-même forme les conditions d'existence sociale des personnes et des groupes sociaux. Pour donner un exemple montrant que les moyens sont les fins, on peut penser au constat connu en politique des révolutions dites « communistes », faites par des

pour considérer que la constitution des moyens, notamment des formes de connaissance qui opèrent les pratiques comme la régulation sociale, viennent déterminer les conditions d'existence des personnes et des groupes sociaux. Cela s'applique aussi à l'élaboration d'une activité idéologique. Ainsi, les moyens du développement politique de l'idéologie de la décroissance soutenable en produiront les fins. C'est pourquoi nous avons insisté sur la question des apprentissages sociaux collectifs, tout à la fois moyens et fins, plutôt que de viser ici la systématisation d'une idéologie « efficace », c'est-à-dire persuasive, de la décroissance car ces idéologies politiques ne réfèrent qu'à un moment et un état des apprentissages collectifs qui seront nécessaires pour la suite du monde.

groupes révolutionnaires dirigés par une hiérarchie autoritaire qui prônait l'égalité des classes et qui vont reconduire, dans un nouveau régime se posant comme plus égalitaire, cette même inégalité des relations sociales autoritaires qui forment leur vie. De la même façon, on peut penser qu'un monde limité aux relations sociales capitalistes visant la maximisation du rendement en termes de profit, même si l'on internalise les contraintes écologiques, ne permettra d'établir qu'un rapport à la nature en termes d'exploitation d'une ressource économique, ne reconnaissant la nature qu'aux limites écologiques nécessaires pour que celle-ci soit exploitable économiquement (le minimum de diversité écologique nécessaire à maintenir la vie des populations végétales, animales et humaines utiles à l'économie capitaliste).

TROISIÈME PARTIE

Un « accommodement raisonnable » avec notre modèle de société reste-t-il possible ?

CHAPITRE 8

Retour de l'État-Pinkerton… ou *empowerment* de Butterfly ?

André Thibault

En participant à ce livre, nous souhaitons nous inscrire dans une chaîne de réflexions et de débats favorisant des choix de société qui rétabliraient un volontarisme des orientations sociales aux commandes des institutions qui régissent les échanges économiques. En réalité, qu'on parle de développement durable ou de décroissance conviviale, il s'agit d'une mutation, d'un changement radical de paradigme en ce qui a trait aux fins de l'économie aussi bien qu'à ses relations avec les forces politiques, sociales et culturelles.

Changement si radical que, de toute évidence, nous, militants sociaux et intellectuels critiques, n'avons sûrement pas les moyens d'*imposer* un tel virage aux acteurs économiques et politiques. Est-ce que nous pouvons quand même y contribuer ? C'est ce que je veux explorer.

La religion de la croissance fébrile a tellement été associée depuis une trentaine d'années au néolibéralisme que les revers de ce dernier et un certain retour à l'interventionnisme étatique dans l'économie ont suscité dans nos rangs un regain d'espoir en un changement en profondeur d'orientation économique. Dans le long terme, cet espoir est justifiable moyennant un ensemble de conditions assez exigeantes. Pour le moment, comme l'observe Laurent Cordonnier, « cette phase de la gestion institutionnelle de la crise reste tout de même d'inspiration très libérale[1] ». De voir un conservateur social pur et dur comme Sarkozy s'arroger un rôle de premier ténor dans cet opéra bouffe relève de la pataphysique. Ou peut-être pas !

Pour l'État, que s'agit-il présentement de sauver, et de quoi ? À creuser la question, on se rend compte que la croissance de la production dans les pays industrialisés a été dangereusement sabotée par ceux-là même dont la liberté de manœuvre sans contraintes était censée au contraire générer

1. « Rutines sur le "Titanic" de la finance globale », *Le Monde Diplomatique*, avril 2009.

« naturellement » une spirale ascendante d'investissements et de consommation. Bref, on a assez dit que le capitalisme financier avait ébranlé les bases du capitalisme industriel, menaçant en particulier l'hégémonie économique des États Unis. C'est au secours de ce même capitalisme industriel et de ses ambitions productivistes que volent politiciens et consultants qui considéraient jusqu'alors toute intervention gouvernementale comme un crime de lèse-néolibéralisme.

Or, ce faisant, les dirigeants politiques récoltent une légitimité évidente dans l'opinion publique. De fait, la crainte des faillites et des pertes d'emploi accentue tout au long du spectre idéologique les demandes de relance d'un modèle de production intensive. Au moins à court terme, une foule de gens de condition modeste qui sont menacés de chômage ou de faillite, et les mouvements sociaux et politiques qui se font les défenseurs des « petits », ne peuvent qu'applaudir en voyant l'État faire les gros yeux aux financiers voyous et reprendre les commandes d'une dynamique industrielle où il redevient évident que les outils politiques sont plus prometteurs que les hasards aveugles du marché.

La logique même de l'idéologie néolibérale aurait dû de longue date inciter l'État à la vigilance. Pour Milton Friedman, la seule responsabilité sociale de l'entreprise se limitait à faire du profit. Tout objectif plus sociétal exige donc une contrainte exercée par la société civile et les instances politiques sur l'activité économique.

Mais, pour le moment, on entend surtout parler de moraliser le capitalisme. Autrement dit, il suffirait qu'on le lui demande gentiment, avec support financier gouvernemental à l'appui, et il se réorienterait de bonne grâce et s'autoresponsabiliserait dans la poursuite synergique spontanée d'un grand projet de société.

Donc, s'il est vrai que la crise constitue « une occasion », le champ de la décision publique ouvert par cette occasion ne conduit pas automatiquement à poser sur la place publique la question du développement durable ou de la décroissance conviviale, même dans la gauche politique et la plus grande partie de la gauche sociale.

La phase de définition théorique et de défense ainsi que de l'illustration normative de ces deux concepts est déjà avancée… du moins au sein d'une substantielle minorité « alternative » d'intellectuels, de militants et d'expérimentateurs locaux. Mais l'existence d'une « avant-garde éclairée » n'a jamais suffi à changer un paradigme à l'échelle sociétale.

C'est dans ce contexte que j'aborde le dilemme qui nous est proposé. Sans nier les pièges et récupérations qui risquent de discréditer le concept même de développement soutenable, ni la charge idéologique du mythe du progrès, ni la mainmise technocratique et productiviste sur les institutions qui s'approprient la mise en œuvre économique et politique des principales activités de développement, ce serait une capitulation catastrophique de réduire à la seule décroissance nos aspirations et projets collectifs.

Une grande partie de l'humanité, y compris chez nous, souffre encore cruellement de privations objectives de biens matériels de base, de marginalisation sociale et d'inaccessibilité culturelle ou sanitaire qui sont non pas le fait d'une simplicité communautaire toute proche de la nature, mais le résultat d'exploitations et d'exclusions opérées par les mécanismes du modèle de développement présentement à l'œuvre dans l'ensemble du monde. Ainsi, alors que c'est dans l'hémisphère sud que les conséquences de la crise sont le plus dramatiques, « les derniers mois ont vu certaines banques recevoir plus d'aide gouvernementale que l'ensemble du continent africain[2] ».

Si plusieurs d'entre nous, intellectuels et militants, baissons pavillon et renonçons à vouloir influencer, voire réorienter le champ du développement pour nous confiner dans des oasis alternatives conviviales, les forces dominantes vont continuer à avoir le champ libre et à mettre en œuvre ce même modèle où la croissance démesurée d'une minorité se construit au prix de reculs majeurs dans le reste de la population locale et mondiale.

Mais avant même de soupeser le dosage théoriquement idéal entre développement soutenable et décroissance conviviale, la question qui me hante, c'est celle de la possibilité concrète pour des acteurs soucieux du bien commun, de justice sociale et de qualité de vie d'exercer une influence réelle sur les dynamiques qui organisent l'activité économique. L'hyperproduction et l'hyperconsommation se sont développées à la faveur d'un tabou, au sein même des pouvoirs publics, à l'endroit de toute intervention qui pouvait restreindre le moindrement les stratégies expansionnistes des grands acteurs économiques. Conséquemment, se sont installées et consolidées un ensemble de structures et de dynamiques à grande échelle ne laissant guère d'autre choix aux individus et aux ménages que de travailler et dépenser compulsivement, sauf dans des cercles assez restreints de détenteurs d'un capital social et culturel laissant la marge de manœuvre nécessaire à la poursuite de formes plus profondes et subtiles de qualité de vie.

Or, dans l'immédiat, on ne voit pas poindre, du moins dans l'hémisphère nord, de réels partis politiques dont le programme serait porteur de l'ensemble des préoccupations qui nous réunissent ici aujourd'hui, et qui seraient suffisamment forts pour les traduire en décisions politiques effectives. Par contre, certains projets ont déjà obtenu suffisamment de crédibilité dans l'opinion publique pour que des pressions systématiques à leur sujet favorisent une série de décisions gouvernementales qui seront autant d'étapes vers un renversement de la logique de croissance.

2. Éric Desrosiers, « La 3e vague », *La Presse*, 16 mars 2009.

Ces projets sont également véhiculés par des mouvements sociaux déjà actifs et bien organisés. Et surtout, leur réseautage, allant des instances régionales jusqu'à la concertation transcontinentale, est en train de s'institutionnaliser grâce à la formule des forums sociaux, lieux de ralliement désormais incontournables pour tous ceux qui veulent participer par l'analyse ou par l'action à la construction d'un monde meilleur.

Le *Monde diplomatique* et le réseau des Amis qui en prolonge l'esprit dans des conférences/débats au plan local constituent un bon baromètre de cette nébuleuse altermondialiste. Le journal apparaît comme une agora représentative d'une famille de pensée évidente (surtout aux yeux de ses adversaires), mais ne s'est pas défini une doctrine cristallisée dans une forme de manifeste, de sorte qu'il faut explorer plusieurs de ses textes pour en dégager les fils conducteurs. Certes, il a fait de la place dans ses pages à certains textes de base de Serge Latouche sur la décroissance ou de José Bové contre l'*agrobusiness*, et son *Atlas de l'environnement* examine des « solutions écologiques » comme « les alternatives à l'automobile en ville ». Il traite le plus souvent développement durable et décroissance comme deux variantes non opposées d'une même démarche. Mais surtout, ces thèmes y sont rarement développés dans une logique autonome. Ils s'inscrivent dans un procès général contre un management arrogant et autiste, obnubilé par la seule rentabilité financière et s'octroyant des salaires pudiquement qualifiés de démesurés, comme c'est le cas dans l'analyse actuelle de la crise de l'industrie automobile. Une recherche dans ses archives avec comme mot-clé « transport en commun » fait émerger un seul texte, où ce concept s'inscrit dans une liste d'avantages écologiques du « gratte-ciel vert ». L'hyperconsommation des sociétés riches est surtout critiquée comme manifestation d'une violence économique inhérente à l'échange inégal au détriment des pays du Sud. Beaucoup d'énoncés plus fondamentaux rejoindraient la critique faite par Dorval Brunelle de « l'économisme comme mode ultime de rationalisation et de sanction des comportements individuels et sociaux ». Si je résume et simplifie, le productivisme y est analysé surtout à l'intérieur d'un acte d'accusation plus général contre les formes actuelles de capitalisme et d'impérialisme.

Sur la scène politique partisane, des acteurs québécois et canadiens plus centristes que le *Monde diplomatique* offrent une semblable ouverture ; le Bloc québécois, le Nouveau Parti démocratique (NPD), Québec solidaire, le courant SPQ libre du Parti québécois et certains partis municipaux peuvent réellement faire avancer de façon substantielle certaines idées, moyennant une impulsion forte et continuelle venant des intellectuels et des mouvements sociaux.

Cette communication se veut surtout un plaidoyer pour la recherche de résultats concrets à moyen terme. J'oppose cette perspective à l'interminable attente à laquelle nous contraindrait la simple addition de petits gestes, un à la fois, relevant de la seule initiative vertueuse des ménages et des petits groupes locaux. Mais aussi, cette position stratégique se distingue de la poursuite prioritaire d'une prise du pouvoir politique par le thaumaturge chargé de métamorphoser d'un coup, avec un plan « mur à mur », le système au complet. Elle s'appuie sur la bonne vieille logique de « prouver le mouvement en marchant ». Des expériences réussies convainquent davantage que des argumentations abstraites, surtout si l'objectif poursuivi implique de réels sacrifices immédiats.

Quelques chantiers urgents

Au Québec, on est très sensible à la relation Nord-Sud. Des groupes comme Alternatives, SUCO ou Développement et Paix nous ont beaucoup sensibilisés à l'injustice structurelle qui gouverne les règles et mécanismes de l'échange économique entre pays prospères et pays démunis. Ce système se maintient au gré de rencontres internationales comme celles de l'OMC, du G20 ou de l'OCDE. Le Canada a moins d'intérêt que les États-Unis, le Japon et certaines puissances européennes à maintenir cette camisole de force de l'échange inégal. Or, les voix progressistes les plus conventionnelles se contentent de proposer un accroissement de « l'aide » telle qu'elle est maintenant conçue. Cette aide privilégie le transfert du modèle de production intensive et de spécialisation pour l'exportation auquel s'identifient les sociétés industrialisées. Des voix du Sud s'élèvent en faveur d'un autodéveloppement s'appuyant d'abord sur une économie de subsistance et de proximité et sur des conditions de commerce équitable là où la complémentarité des productions justifie le recours aux échanges internationaux. La sensibilité de nos mouvements sociaux à cette perspective n'est pas vraiment reflétée dans la classe politique canadienne. Or le *statu quo* se révèle très coûteux chez nous aussi, ne serait-ce que par la perte de souveraineté alimentaire, les délocalisations au profit d'une exploitation crasse de la main-d'œuvre du Sud et l'inflation des dépenses énergétiques entraînées par le transport des marchandises. Périodiquement, nos dirigeants politiques ont besoin de démontrer au vaste monde que le Canada peut se singulariser sur la scène internationale au lieu de lécher les bottes des grandes puissances. Il n'est pas utopique d'espérer que nos porte-parole politiques profitent du désarroi mondial face à la crise pour se constituer en alliés nordiques des promoteurs de la dignité économique au sein des pays du Sud.

Localement, le sujet de la santé est incontournable. On ne peut pas décemment prétendre que tous les besoins raisonnables trouvent déjà satisfaction. Il est tout aussi sûr que la croissance des coûts est démesurée. La question devient alors d'identifier quel développement soutenable privilégier en santé. Les retombées positives réelles de certains progrès médicaux ne permettent pas de rejeter du revers de la main *toutes* les avancées de la technologie médicale et la possibilité d'une amélioration continuelle de l'efficacité des médicaments. Le tofu, le jogging et la méditation n'ont pas réponse à tout. Mais les investissements prioritaires dans le béton non plus, pas plus que l'usurpation par les sociétés pharmaceutiques du principal terrain des subventions de recherche en santé, pas plus que l'impartition aux cliniques privées des tests que ne peut assumer un système public sous-équipé. Plus de médecins de famille permettant des diagnostics précoces moins lourds, suffisamment de ressources pour le maintien à domicile, ces objectifs s'inscrivent à mon sens dans une perspective de développement soutenable. Le journaliste Pierre Foglia a déjà suggéré qu'on réserve les médecines douces aux maladies douces ; on peut tout autant réserver la médecine de pointe aux maladies de pointe. Et prendre en compte que toute politique protégeant l'emploi réduit les dépressions des victimes du chômage et l'épuisement professionnel de ceux qui conservent leur poste. Enfin, toute amélioration de la qualité de l'air et de l'eau se traduit rapidement par une réduction des dépenses de santé.

Ce qui m'amène à la question de l'énergie. La conjoncture est idéale sur ce terrain : les coûts des énergies fossiles sont un des principaux facteurs d'instabilité financière qui inquiètent les individus et les collectivités. Leur contribution au réchauffement climatique angoisse la planète ; la recherche et l'innovation sur les énergies de remplacement et les économies d'énergie sont en pleine effervescence, tant dans le monde *straight* que dans les expériences alternatives, comme celles décrites dans le livre *Écodesign : des solutions pour la planète*[3]. De plus, la question est étroitement liée à celle de l'habitation, compte tenu du cercle vicieux qui relie l'étalement urbain et l'insuffisance de l'offre de transport en commun. Il y a une soif collective de solutions et une incapacité financière d'adopter les plus productivistes d'entre elles. Nos collègues et pas toujours amis du monde des sciences de la gestion parleraient d'une « fenêtre d'opportunité » ; leur emprunter humblement ce concept permet d'introduire un peu de décroissance conviviale dans l'industrie des rivalités interfacultaires.

Enfin, on est également acculé à l'innovation dans le monde agroalimentaire. Des initiateurs de changement sont activement à l'œuvre, qu'il s'agisse de l'Union paysanne, de Solidarité rurale Québec, d'Équiterre et autres promoteurs d'une agriculture soutenue par la communauté, mais aussi de l'actuelle croissance d'un réseau de petites auberges régionales se spécialisant dans une gastronomie du terroir, au bénéfice à la fois d'un tourisme de plus courte distance et d'une production vivrière de

3. De Nancy J. Todd, Montréal, Éditions Écosociété, 2007.

dimension humaine. De plus, le maillage entre les divers acteurs de la chaîne bénéficie déjà de quelques décennies d'expérience, même si, pour le moment, il bénéficie surtout aux géants de la production, de la transformation et du commerce. Sur ce terrain, le développement soutenable de nouvelles formes de production et de circulation coïncide avec la décroissance des formes les plus lourdes présentement prédominantes. Ces dernières ont encore la faveur des décideurs politiques et les agents de changement dans la société civile ont la tâche de les déstabiliser dans leurs clichés.

En ce qui touche les valeurs culturelles associées à une économie productiviste, nous pouvons tout au moins élaguer un peu notre propre jardin. Nous appartenons à ce même univers et chacun d'entre nous ressent la compulsion d'apporter au sein de la communauté académique la contribution exhaustive qui va lui assurer une place enviable dans le décompte des citations. L'effet pervers est un fossé qui s'élargit entre les riches et précieux travaux des analystes universitaires alternatifs et les outils conceptuels et stratégiques disponibles non seulement au grand public, mais même aux militants sociaux guidés par les mêmes conceptions et valeurs critiques. Dans un tour d'horizon détaillé du travail des économistes environnementaux au Canada, Anthony Scott constate :

> Relativement plus de chercheurs professionnels canadiens travaillent sur la théorie qu'aux États-Unis. Une grande part de cette théorie est normative [...]. Ils sont à jour sur la littérature, qui reflète d'abord et avant tout les intérêts des économistes environnementaux américains [...]. Une possibilité d'explication a à voir avec l'influence sur la carrière des jeunes économistes des différents types de recherches et de publications. [...] Les textes de théorie sont plus acceptables et intéressants pour les revues[4].

Loin de contester la pertinence et la valeur de ces démarches théoriques, je m'inquiète de leur rayonnement limité chez ceux-là même dont l'engagement citoyen poursuit des objectifs similaires. Je m'inquiète de voir rarement les mêmes visages lors des événements académiques et des forums militants véhiculant les mêmes préoccupations et de mesurer l'énorme distance entre les codes de communication des uns et des autres. Fébrilité académique et fébrilité militante ne constituent pas des excuses crédibles chez ceux qui critiquent radicalement ces mêmes travers dans le monde industriel. L'économie du savoir aussi peut devenir plus conviviale. Il en va de la crédibilité de nos critiques et de nos propositions aux yeux d'un public citoyen élargi.

---

4. « Economists, Environmental Policies and Federalism », Patrick Grady et Andrew Sharpe (dir.), *The State of Economics in Canada*, Kingston, McGill/Queen's University Press, 2001, p. 426-427, ma traduction.

CHAPITRE 9

Penser l'économie du futur : de la croissance aux pratiques écologiques[1]

Corinne Gendron

Changements climatiques, perte de la biodiversité, épuisement des ressources, inégalités sociales... Les conséquences de l'activité humaine sur la planète sont multiples et mettent en cause notre survie. Admettons-le : pour la suite du monde et notre avenir à tous, l'économie de demain doit revoir le modèle économique dominant et tenir compte, plus que jamais, de l'urgence écologique et sociale à laquelle nous sommes aujourd'hui confrontés.

Les scientifiques sont unanimes : les changements climatiques entraîneront bientôt des hausses de température de 2 à 8 degrés Celsius qui auront pour effet une montée du niveau de la mer et la disparition de communautés insulaires et portuaires de la plupart des régions de la planète. Ces changements entraîneront également une désertification accrue de nombreux pays d'Afrique, du Moyen-Orient, d'Europe, d'Asie d'Océanie et d'Amérique, une perturbation du climat et des courants marins, et incidemment la migration de millions de personnes. Dans la même vague pessimiste mais pourtant scientifiquement reconnue, notons également que la perte de la biodiversité se produit actuellement à un rythme 1000 fois supérieur au taux naturel d'extinction des espèces, et il semble que la situation s'aggrave jour après jour. Face à ces constats, l'industrie est certes à blâmer, mais nos modes de vie en général le sont tout autant. Ils impliquent par exemple la destruction de territoires comme le remplacement de certaines forêts par des pâturages, ou l'expansion du tourisme près de zones côtières fragiles. Selon les conclusions d'études menées par certains groupes écologistes, par exemple le *Rapport planète vivante* de la World Wild Fund (WWW)[2], l'empreinte écologique

1. Ce texte est la retranscription de l'intervention orale de Corinne Gendron lors du colloque qui est à l'origine de ce livre. Cette retranscription a été révisée par l'auteure.

2. Voir « Rapport Planète vivante 2008 » du WWF : <assets. wwf. ca/downloads/lpr_2008_

de l'humanité, qui évalue sa consommation de ressources naturelles, excède désormais de 30 % les capacités de la planète. La pression de l'humanité sur la Terre a plus que doublé au cours des 45 dernières années. Au rythme de sa consommation actuelle, l'humanité aura besoin de deux planètes au début de la décennie 2030 pour répondre à ses besoins. Où allons-nous trouver cette deuxième planète ?

Les groupes écologistes ne sont pas les seuls à s'alarmer. Selon l'ONU, les ressources halieutiques seront épuisées d'ici 50 ans[3]. On peut deviner que les conséquences de cette perte seront catastrophiques. Plusieurs scientifiques commencent même à évoquer l'idée d'une sixième extinction[4]. Peut-on affirmer que l'espèce humaine y survivra ? Rien n'est moins sûr si l'on considère que seules certaines espèces survivent à chaque extinction et que l'espèce humaine est une espèce très vulnérable, vite déstabilisée. Qui d'entre nous serait capable de se nourrir sans supermarché à proximité ?

Enfin, notre modèle de développement pose la question des inégalités. Comme l'illustre le coefficient de Gini, les inégalités sont croissantes actuellement dans le monde, non seulement entre le Nord et le Sud, mais aussi au sein des pays du Nord et des pays du Sud.

Ces constats interrogent la façon dont nos sociétés se sont développées depuis la fin des Trente Glorieuses, époque où (au Nord du moins) tous semblaient s'enrichir. D'une part, les inégalités s'accroissent malgré la promesse d'un enrichissement pour tous et, d'autre part, des risques augmentent, que ce soit en termes de la sécurité, du développement ou de dépendance technologique, ou encore de catastrophes naturelles. En ce qui concerne plus spécifiquement l'environnement, on assiste à une mondialisation de la crise écologique avec, d'une part, l'émergence des problèmes globaux (couche d'ozone, changements climatiques…) et, d'autre part, une généralisation des problèmes locaux. Si bien qu'aujourd'hui, force est de constater que le développement ne doit plus être assimilé à la seule croissance économique ; il doit désormais revêtir des caractéristiques particulières, prenant en considération la crise écologique et sociale actuelle. C'est ce que tente de traduire le concept de « développement durable ».

---

fr. pdf>. L'empreinte écologique est une mesure de la pression qu'exerce l'homme sur la nature qui évalue la surface productive nécessaire à une population pour répondre à sa consommation de ressources et à ses besoins d'absorption de déchets (futura-sciences : <www.futura-sciences.com/fr/definition/t/developpement-durable-2/d/empreinte-ecologique_2585/>).

3. « Les réserves halieutiques, les forêts ainsi que le climat et la gestion de l'eau douce réaffirment les enjeux et les opportunités de la mondialisation », communiqué de presse, Programme des Nations Unies pour l'environnement, 5 février 2007. Voir : <www.unep.org/Documents.Multilingual/Default.asp?DocumentID=499&ArticleID=5511&l=fr>.

4. L-G. Francœur, « Vers la sixième extinction », *Le Devoir*, 14 septembre 2007, p. B8.

Quel développement durable ?

Reprenons ici les deux composantes de la définition du développement durable. Le premier élément de la définition du concept est tiré du rapport Brundtland: un développement qui permet de répondre aux besoins du présent sans compromettre la capacité des générations futures de répondre aux leurs. Le second élément de la définition – provenant du rapport de l'Union mondiale pour la conservation de la nature qui précédait le rapport Brundtland et apparaît dans la Déclaration de Johannesburg – reprend l'idée de tenir compte à la fois de l'économie, de l'environnement et de la société. Plusieurs interprétations ont découlé de cette définition, dont certaines vident malheureusement le concept de son contenu. Nombreux sont ceux, particulièrement dans le monde de l'entreprise, qui envisagent le développement durable en termes de croissance durable. D'autres voient le développement durable comme un dialogue entre l'économie et l'environnement. D'autres encore interprètent le développement durable comme un développement qui intègre l'économie, l'environnement et le social.

Une même problématique se pose derrière toutes ces définitions, que plusieurs traduisent par l'idée d'un meilleur équilibre entre l'économie, le social et l'environnement. Or, cet équilibre correspond le plus souvent à un arbitrage où l'économie et la finance prennent le pas sur l'environnement et le social. La question qui se pose dès lors est celle de la relation entre développement durable et croissance économique. Le rapport Brundtland pose une magnifique hypothèse selon laquelle le développement durable peut et doit être porté par une croissance, mais une croissance raisonnable, qui ne perturbe pas les équilibres écologiques; dans le même mouvement, elle se doit d'être pertinente d'un point de vue social. Une telle croissance est-elle possible? Deux points de vue s'affrontent: le premier soutient que la croissance économique ne nuit pas à l'environnement et est porteuse d'une plus-value sociale, tandis que le second, au contraire, rejette la croissance économique en lui reprochant d'être porteuse d'inégalités et de dégrader l'environnement. Quelle position privilégier?

Si l'on envisage la croissance comme un facteur du PIB, [$\Delta PIB = \Delta C + \Delta I + \Delta G + \Delta(X\text{-}M)$], celui-ci étant constitué de plusieurs éléments tels que la consommation (C), les investissements (I), les dépenses gouvernementales (G), et l'excédant des exportations sur les importations (X-M), on observe que la croissance n'est pas nécessairement porteuse de dégradation environnementale. Dans un scénario où le gouvernement construit des routes et des barrages (G), où l'on exporte du bois et importe des meubles (X-M), et dans lequel la consommation individuelle est axée sur l'automobile (C), on peut s'attendre effectivement à ce que la croissance soit porteuse d'une dégradation environnementale. Mais dans le cas où le gouvernement investit en éducation, où l'on consomme des billets de théâtre et que l'on privilégie la marche ou les transports en commun, il en va tout autrement. La question devient alors : est-il possible d'avoir une croissance exclusivement dans des domaines économiques qui n'entraînent pas de dégradation environnementale ?

Pour comprendre les enjeux d'une telle croissance, on prendra pour point de départ la représentation que proposent les économistes écologiques de l'économie et de l'environnement. Ils expliquent que, situé dans un système fini, le sous-système économique ne peut croître indéfiniment (figure 1). Or, cette même représentation peut aboutir à un tout autre résultat dès le moment où l'on change de perspective (figure 2). Dans cette seconde représentation, on peut imaginer que l'économie (le cylindre) puisse croître indéfiniment tout en respectant les limites de la biosphère (le carré). Le rapport que symbolise la hauteur du cylindre correspond à l'intensité écologique des activités économiques. Actuellement, toutefois, l'économie correspond davantage à un cylindre qui s'élargit, tout autant peut-être qu'il s'élève (figure 3). Bref, notre économie dépasse la capacité de charge de la biosphère, comme nous l'évoquions au début.

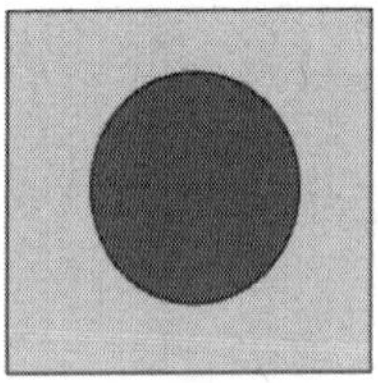

Figure 1

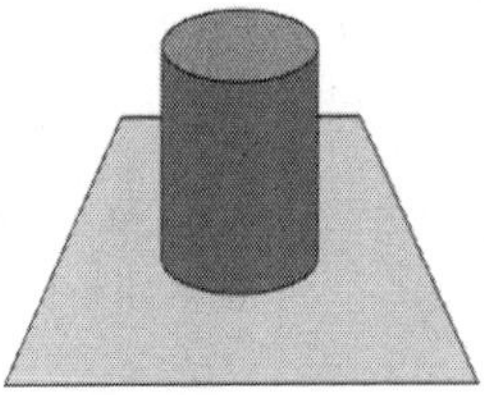

Figure 2

Figure 3

Ainsi, il devient urgent de réduire *l'intensité écologique de l'activité économique* en minimisant l'impact de l'économie sur l'environnement, et en faisant en sorte que la croissance de l'économie repose sur des secteurs et des technologies sans conséquence sur l'environnement. Il faut donc à la fois s'investir dans des secteurs non dommageables, et réduire l'intensité écologique des secteurs autour desquels notre économie est structurée aujourd'hui. L'objectif étant qu'avec chaque unité d'environnement (une ressource ou une capacité de charge de l'environnement) nous produisions de plus en plus d'unités économiques ; bref, que nous dématérialisions l'économie. Mais comment appliquer ce principe, alors que nous devons tous nous nourrir, nous loger, nous habiller, communiquer et nous déplacer ? Alors que des populations entières ne mangent pas à leur faim et ne disposent d'aucune couverture sociale ou médicale ? On ne peut nourrir les gens avec des services ou du marketing. Sommes-nous en mesure de mettre sur pied une économie écologique qui réponde aux besoins, et qui soit redistributive et inclusive ?

Lorsque l'on réalise que le PIB ne prend pas en compte les principes d'égalité sociale ou de protection de l'environnement, il est légitime de se demander comment nous pourrions introduire des changements de société capables de porter des objectifs sociaux et environnementaux et de les mesurer. Notre époque est marquée par une rupture du compromis fordiste : le partage de la plus-value entre profits et salaires qui a eu cours pendant les Trente Glorieuses a été brisé lorsque nous sommes passés d'une économie territoriale à une économie mondialisée. Les entreprises, amenées à exporter leurs produits à l'étranger, se sont désintéressées de la demande intérieure. Dans cette équation, la société qui reposait sur une consommation territoriale s'est peu à peu transformée, et avec elle toute la cohésion sociale qui s'était cristallisée autour d'un idéal de consommation de masse. La consommation agit comme un facteur de cohésion sociale en créant notamment l'illusion que tout le monde participe à la richesse collective, et c'est ce modèle de consommation qui alimente aujourd'hui l'activité productive et qui répartit les richesses au sein de la population par le mécanisme des emplois.

Par conséquent, que se passerait-il si l'on stoppait la consommation, comme le proposent certains mouvements sociaux ? Par quel autre mécanisme répartirions-nous la richesse ? À quoi ressemblerait une économie qui ne serait pas basée sur la consommation ? Et comment pourrions-nous penser la cohésion sociale et sur quels principes cette même cohésion et la répartition des richesses reposeraient-elles ?

Une partie de la solution serait de privilégier, d'une part, les activités économiques qui entraînent un fort développement social et, d'autre part, d'éviter les activités économiques qui entraînent un passif environnemental. Voilà des prémisses très simples et qui pourtant ne sont pas encore prises en considération, comme on peut le voir dans les plans de relance institués après la crise économique de 2008. Et puis il serait peut-être temps de comprendre et d'affirmer que tout développement ne repose pas nécessairement sur une activité économique.

Repenser l'économie en vue d'un développement durable suppose de penser en dehors des paradigmes traditionnels qui la sous-tendent ; il s'agit de viser une plus grande qualité écologique et sociale de l'activité économique et de reconnaître que ce n'est pas l'activité économique en soi qu'il faut promouvoir, mais un certain type d'activité économique, moins dommageable pour l'environnement et avec des retombées sociales positives pour le plus grand nombre.

Plusieurs questions demeurent malgré tout: comment allons-nous faire face au changement climatique dans quelques années, lorsque les phénomènes climatiques extrêmes se seront généralisés tous les mois, dans toutes les régions du globe? Pourrons-nous maintenir un système qui accumule le capital en prétendant créer de la richesse? N'allons-nous pas devoir utiliser plutôt qu'« accumuler » les ressources pour gérer les catastrophes? Si nous sortons de l'imaginaire de la croissance, sur quels mécanismes reposera la logique de redistribution et de répartition des richesses? Et finalement, sur quel principe se fondera la cohésion sociale et quelle sera la cohésion sociale dans une société écologique? Là sont les clefs de l'économie de la société de demain.

CHAPITRE 10

Croissance allométrique et développement cybernétique : quelques raisons d'espérer

Claude Villeneuve

Introduction

Le titre de cette intervention fait référence à deux métaphores biologiques. La première, la « croissance allométrique », réfère à la biologie du développement. La croissance d'un embryon ne se fait pas n'importe comment. Elle n'est pas régulée par les forces du marché ou par la compétition entre les cellules qui aboutirait à n'importe quoi, mais bien par une rigoureuse programmation génétique dans laquelle les cellules se divisent à des vitesses différentes et permettent ainsi la morphogénèse. De même, chez l'individu juvénile, la croissance est une conséquence indissociable du développement mais elle s'arrête à l'âge adulte. Il y a même des organes qui, ayant connu une croissance durant le développement embryonnaire ou à l'âge juvénile, régressent ou disparaissent à l'âge adulte, comme le thymus chez les mammifères ou la queue chez les anoures. Le « développement cybernétique », pour sa part, réfère à la capacité d'adaptation par boucles de rétroaction négative qui caractérise le vivant. Lorsqu'un organisme est parvenu à l'âge adulte, sa survie est conditionnée par sa capacité d'adaptation. Comme le soulignait avec pertinence Francesco di Castri[1] l'adaptation est notre seul gage de durabilité.

Quant au sous-titre « quelques raisons d'espérer », il est copié du titre du film de Fernand Dansereau[2] tourné à propos de son cousin, l'écologue Pierre Dansereau, qui a été un de mes maîtres à penser et un ami très cher. En effet, si l'on veut que la durabilité soit possible, il faut présenter non seulement les problèmes, mais aussi des éléments de solution et une vision

1. Francesco Di Castri, « Les conditions gagnantes du développement durable », dans Claude Villeneuve, *Le développement durable : quels progrès, quels outils, quelle formation*, IEPF, collection Actes #6, 2006, p. 17-28.

2. Fernand Dansereau, *Quelques raisons d'espérer*, Office national du film du Canada, 2002. On peut le voir en ligne à : <www.onf.ca/film/Quelques_raisons_desperer/>.

positive des choses. Personne ne peut, individuellement, changer l'ordre établi qui, de toute évidence, ne nous conduit pas à la durabilité. Il faut une masse critique de gens convaincus de pouvoir relever le défi. Pour amener les gens à s'engager dans le changement, il est nécessaire de leur insuffler l'espoir. Pour être crédible dans ce domaine, il faut combiner deux vertus cardinales : la cohérence et la persévérance. C'est dans cette perspective que je me permets de défendre le point de vue du développement durable « pour la suite du monde ».

Les travaux du Club de Rome et le rapport *Halte à la croissance*[3] étaient d'actualité dans les années 1970, au moment où je complétais mes études en biologie. À cette époque, un spécialiste en sciences de l'environnement au Québec était plus qu'un missionnaire. Il n'y avait pas de système d'assainissement des eaux, pas d'équipements antipollution ni de filtres aux cheminées des usines. À peine réussissait-on à faire adopter des mesures minimales de prévention de la pollution dans les nouvelles installations. C'était avant l'introduction des pots catalytiques et l'agent antidétonant de l'essence était le tétraéthyle de plomb. Les déchets étaient brûlés dans des dépotoirs à ciel ouvert, on n'avait pas encore banni ni le DDT, ni les BPC, et les déversements de produits toxiques dans le Saint-Laurent ou le Saguenay étaient quotidiens. Le degré de sensibilisation des gens à la question était nul et leur attitude devenait rapidement agressive si l'on s'avisait de faire des remarques ou de poser des questions. Pour quelqu'un qui avait à cœur l'environnement en 1970, il y avait bien peu de raisons d'espérer. Je dois avouer que la naissance de l'idée de développement durable amenait un vent de fraîcheur et m'a donné, à l'époque, quelques raisons d'espérer. C'est ainsi que j'ai pu rationnaliser l'idée de fonder une famille, parce que ce concept m'a permis d'imaginer un monde meilleur pour des enfants. Mais ce monde meilleur ne pouvait se faire dans la continuité. Il fallait faire les choses autrement, et avoir le courage de la cohérence et de la persévérance.

Aujourd'hui, je suis deux fois grand-père. J'ai appris à mes enfants à pêcher, à chasser, à trapper, à jardiner, à cuisiner, à réparer un moteur et à bidouiller un ordinateur. Ils peuvent pleinement tirer avantage d'un environnement qui est objectivement en meilleure santé que dans les années 1970, du moins en ce qui concerne la sécurité, la qualité de l'air et la qualité de l'eau. Ma petite fille Alice, née il y a quatre jours, aura 91 ans à l'arrivée du XXIIe siècle. Nous avons donc aujourd'hui une responsabilité à l'égard de ce qui lui arrivera à elle, à ses enfants, à ses petits-enfants et à ses arrière-petits-enfants. Ce lien oblige à encore plus de cohérence et de persévérance pour penser que notre société peut évoluer vers la durabilité.

---

3. Meadows et autres, 1973, *op. cit.*

J'ai choisi le titre « Croissance allométrique et développement cybernétique » pour sortir de l'opposition entre développement durable et décroissance soutenable. Dans les dernières décennies, il s'est perdu trop d'énergie à statuer sur une terminologie. Je ne prétends donc pas que la mienne soit la meilleure. Prenez ce titre comme un clin d'œil.

Je traiterai d'abord brièvement de la notion d'empreinte écologique et des changements climatiques qui constituent plus de la moitié de cette empreinte. Cela me permettra de mettre en perspective certaines affirmations faites dans les autres chapitres de cet ouvrage. Je poserai ensuite la question : « Doit-on écarter le développement durable ? » Je terminerai cette réflexion sur ce que devrait être le développement durable à la lumière des deux métaphores biologiques évoquées dans le titre, ce qui me permettra d'émettre des propositions pour continuer d'espérer.

Une planète qui rétrécit

Notre planète rétrécit par la combinaison de trois phénomènes reliés : l'augmentation de la population humaine et de ses besoins en ressources, en espace et en énergie ; l'augmentation de la vitesse des transports et des communications et la fragilisation des systèmes écologiques qui entretiennent la vie. C'est désormais une vérité communément admise : il nous faudra deux planètes pour satisfaire les besoins des humains en 2050, voire quatre en 2100. Or, les planètes ne se trouvent pas sur le marché. Ce ne sont pas des biens qu'on peut acheter en solde chez un grand détaillant.

Le dilemme est donc que, même s'il nous faut plus d'une planète pour satisfaire nos besoins, nous n'en avons qu'une seule. Il faut résoudre l'équation en travaillant sur nos besoins. L'augmentation de la vitesse des transports et de l'information réduit virtuellement la dimension de la planète Cela raccourcit le temps d'adaptation pour les humains, mais pas pour les espèces vivantes, qui continuent d'évoluer dans un temps d'adaptation écologique. Cette réalité a une série de conséquences affectant à la fois les modes de vie et les écosystèmes, notamment le dépassement de la capacité des espèces vivantes à renouveler leur population. Ainsi, selon l'Évaluation des écosystèmes pour le millénaire[4], 60 % des populations de poissons dans les océans sont soit à la limite de leur rendement, soit surexploitées. Dans les eaux douces, la combinaison de l'eutrophisation par les rejets azotés et phosphorés et de la détérioration des milieux humides crée une situation encore plus grave.

La figure 1 nous présente l'état de l'empreinte écologique de l'humanité telle que déterminée en 2005 par le Global Footprint Network. Selon cette évaluation, l'humanité a dépassé entre 1985 et 1987 la capacité globale de

4. Voir le site : <www.maweb.org/fr/index.aspx>.

support de la planète et la tendance continue de s'aggraver depuis. Cela veut dire que nous vivons à crédit sur le monde de mes petits-enfants. C'est une situation intolérable.

Figure 1. Évolution de l'empreinte écologique de l'humanité

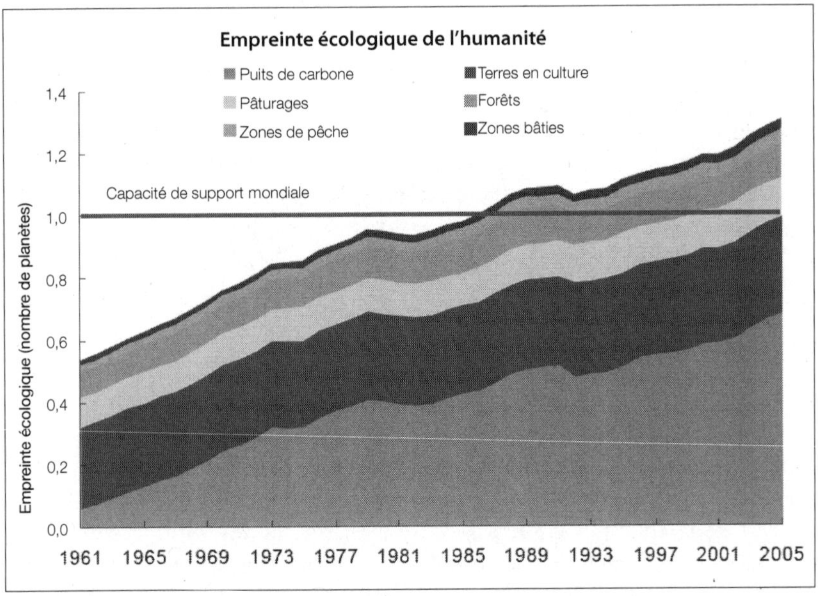

Source : <www.globalfootprintnetwork.org>.

Mais comme scientifique, je ne me permettrai pas de présenter un indicateur sans en critiquer les limites et la portée. C'est le prix à payer pour garder une crédibilité. Il faut d'abord comprendre que l'empreinte écologique est un indicateur composite, comme le PIB. Les avantages d'un tel outil pour la communication sont indiscutables, mais les usages que l'on peut en faire peuvent être aussi tordus que ceux qui ont été faits du PIB.

L'empreinte écologique est un indicateur qui est donc nécessairement imparfait, un peu comme le PIB, dont plusieurs auteurs de cet ouvrage ont déjà dénoncé l'hégémonie. Remarquez dans la figure 1 : la moitié de notre empreinte écologique est liée à la superficie de forêts qui sont accaparées par l'absorption de CO_2 provenant de nos émissions de carburants fossiles. La méthode de calcul suppose une hypothèse hardie, puisqu'une forêt qui séquestre du CO_2 ne perd aucune de ses autres valeurs écologiques (support de la biodiversité, régulation du cycle de l'eau et du climat, alimentation, bois et fibres). La situation de la planète n'est peut-être donc pas si désespérée qu'il peut paraître à première vue.

L'empreinte écologique ne tient pas compte non plus de l'extraction des ressources minérales ou des combustibles fossiles. C'est un biais qui sous-estime l'impact de l'humanité sur la planète. De son côté, le PIB ne tient pas compte des activités humaines qui ne sont pas rémunérées. Pourtant, ces activités peuvent amener un bien-être réel dans la population d'un pays. Il ne faut donc pas prendre ces indicateurs pour la réalité. Ce sont simplement des représentations du réel qui peuvent nous amener à le réfléchir. Je peux donc pousser un soupir de soulagement : Adèle et Alice auront encore une planète, mais auront-elles vraiment besoin de plus ?

Je suis né en 1954. À l'époque, il y avait 2,6 milliards de personnes et 100 millions d'automobiles sur la planète. On consommait 5 milliards de barils de pétrole par année et la composition de l'atmosphère n'était pas très loin, avec 300 parties par million (ppm) de dioxyde de carbone (CO_2), de la composition préindustrielle qui était de 283 ppm. À présent, on en est à 385 ppm. Lorsque j'aurai 60 ans en 2014, toutes les usines à charbon qui sont actuellement en fonction devraient encore fonctionner, à l'exception de quelques-unes qui vont être fermées en raison de leur âge avancé. La puissance électrique qu'elles représentent ne sera même pas remplacée par les mesures d'efficacité énergétique et la nouvelle production d'énergie éolienne. Cette dernière tendra plutôt à s'ajouter à la puissance de base pour diminuer l'intensité carbonique des nouveaux besoins énergétiques. Je ne prends pas un grand risque à vous parler de 2014, car c'est un avenir très proche et les déterminants de l'évolution de notre société qui vont conditionner le monde en 2014 existent déjà, et l'inertie du système est telle que la tendance ne peut s'infléchir en aussi peu de temps.

Donc, en 2014, il y aura très vraisemblablement 7,1 milliards d'habitants sur la planète et 1,1 milliard d'automobiles. C'est donc que, dans ma vie, le nombre d'automobiles aura augmenté quatre fois plus vite que le nombre de gens. On consommera 35 milliards de barils de pétrole par an (à ce rythme, on épuise les réserves des sables bitumineux de l'Alberta en cinq ans et trois mois) et la concentration de CO_2 dans l'atmosphère aura allègrement dépassé les 400 ppm.

Un climat qui se réchauffe

Le dioxyde de carbone est le principal gaz à effet de serre responsable des changements climatiques. C'est un gaz naturellement présent dans l'atmosphère, indispensable à la vie, car les plantes l'utilisent comme nutriment pour la photosynthèse. Cependant, comme le dioxyde de carbone est aussi le produit final de la combustion, les activités humaines (en particulier l'usage des combustibles fossiles et la déforestation) sont responsables de l'augmentation de sa concentration observée dans l'atmosphère depuis les débuts de la révolution industrielle au milieu du XIXe siècle[5].

L'accumulation constante des gaz à effet de serre est à l'origine du changement climatique que nous observons à la figure 2. On peut y constater que la température moyenne terrestre, telle que calculée dans les stations météorologiques terrestres et sur l'océan, a augmenté de près de 1 degré Celsius en moyenne depuis 150 ans. Les lignes d'interpolation tracées sur 150, 100, 50 et 25 ans montrent une augmentation de la pente. Si vous faisiez la dérivée de cette courbe, vous obtiendriez comme résultat une accélération de la tendance au réchauffement. Cet indicateur est d'autant plus inquiétant que les sources des principaux gaz à effet de serre en cause dans le réchauffement climatique sont directement liées à l'augmentation de notre prospérité économique.

Figure 2. Évolution de la température planétaire 1850-2004

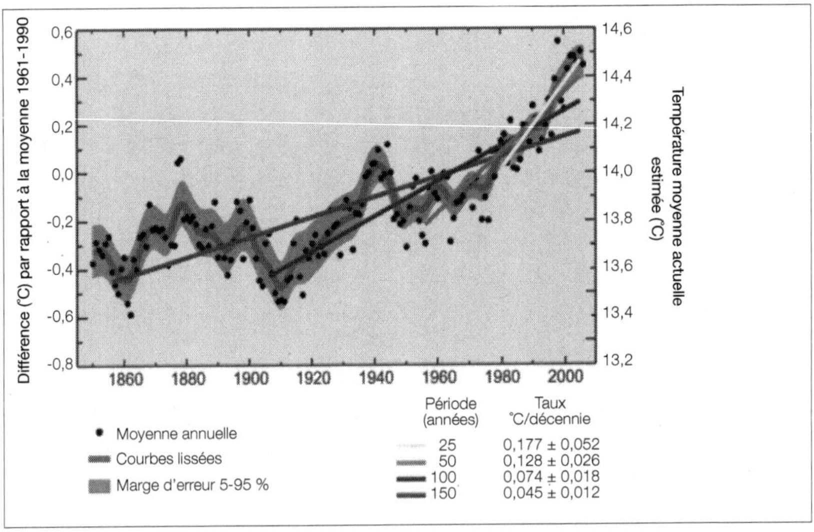

Source : Solomon et autres, *Rapport du groupe de travail 1 sur la science du climat*, GIEC, 2007.

D'où viennent ces émissions ? Comment sont-elles réparties ? La figure 3 nous donne quelques réponses à ce sujet. Sur près de 49 milliards de tonnes d'équivalent CO_2 émises en 2004, les activités les plus émettrices sont celles qui contribuent à notre qualité de vie, soit l'électricité, les transports, la construction résidentielle et commerciale, l'industrie et l'agriculture. Mais on voit aussi qu'une partie importante de ces émissions

5. Claude Villeneuve et François Richard, *Vivre les changements climatiques, réagir pour l'avenir*, Sainte-Foy, Éditions Multimondes, 2007.

est attribuable à la déforestation et aux changements d'usage des terres, ainsi qu'aux déchets. La première colonne correspond aux émissions en 1990, la seconde aux émissions en 2004.

Figure 3. Principales sources d'émissions de gaz à effet de serre par catégorie

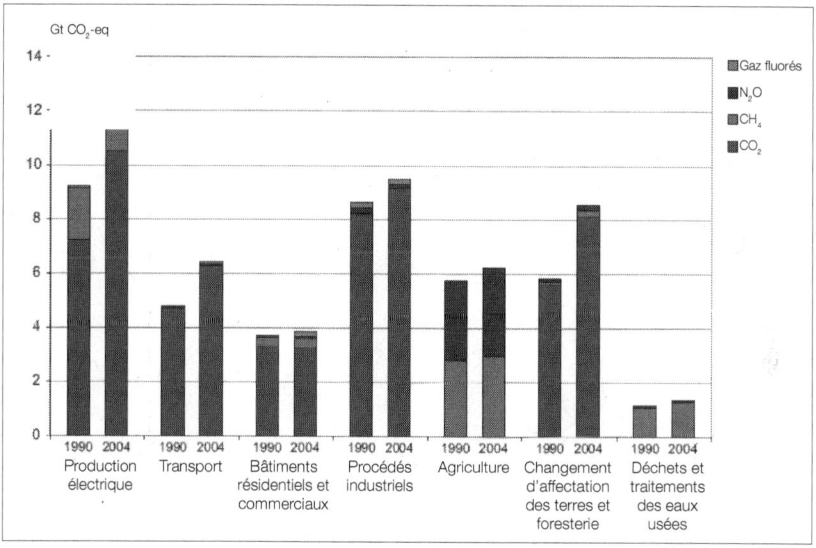

Source : Metz *et al.*, *Rapport du groupe de travail 3 sur l'atténuation et l'adaptation aux changements climatiques*, GIEC, 2007.

Si on regarde de plus près la courbe d'augmentation annuelle du CO_2 enregistrée à l'observatoire de Mauna Loa, à Hawaï, telle qu'elle est illustrée à la figure 4, on peut constater deux phénomènes. Premièrement, la variation interannuelle de la concentration de CO_2 est liée à l'effet des forêts dans l'hémisphère nord, car c'est là que se trouve la majeure partie des terres émergées qui captent le CO_2 durant l'été. La quantité de CO_2 baisse en été lorsque les forêts de l'hémisphère nord le captent et remonte pendant l'hiver lorsque la photosynthèse s'arrête. Deuxièmement, chaque année, il y a un peu plus de CO_2 et la concentration s'élève inexorablement, car les océans et les forêts combinés ne sont pas capables d'absorber toutes les émissions provoquées par l'activité humaine. C'est cette lente progression qui crée l'augmentation de l'empreinte écologique telle que nous l'avons vue dans la figure 1.

Figure 4. Évolution de la concentration de dioxyde de carbone dans l'atmosphère depuis 1958

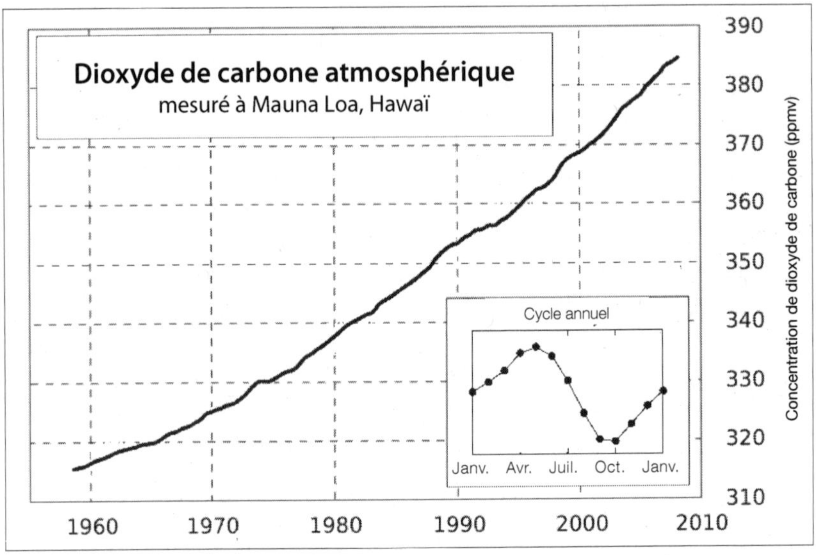

Source: Scripps Institution of Oceanography, NOAA Earth Systems Research Laboratory.

L'augmentation de la température terrestre s'est accélérée dans les 150 dernières années. Pour le prochain siècle, le Groupe d'experts intergouvernemental sur l'évolution du climat (GIEC) nous garantit à peu près une augmentation de deux dixièmes de degré par décade, ce qui correspond à une pente à peine moins forte que celle des 25 dernières années de la figure 2. C'est une prévision conservatrice. Pour le Canada, cela nous donnerait donc, en 2020, des changements de température qui seront surtout perceptibles dans le Nord; mais à mesure que l'on approche le doublement de la quantité de CO_2 vers 2050, ou même vers son triplement en 2090 (qui sont des hypothèses que l'on ne peut pas écarter d'office parce qu'il y a largement assez de combustibles fossiles pour produire trois fois plus de CO_2), on voit que les prévisions liées à ces modèles deviennent menaçantes. À la limite, ce n'est pas si dramatique pour le Canada. Bien sûr, nous pourrions nous retrouver en manque d'eau dans les plaines de l'Ouest, mais pour le reste du pays, il y a une adaptation possible. Finalement, si l'on n'a qu'une vision très nombriliste des choses, on pourrait penser que c'est viable même si les conditions de vie des communautés du Grand Nord seront complètement transformées. La solution alors est-elle d'oublier l'agriculture en Alberta, en Saskatchewan et peut-être au Manitoba et de déménager les populations assoiffées du centre du Canada et des États-Unis vers le nord du Québec, qui sera encore arrosé abondamment ? Je ne suis pas certain que ce soit souhaitable ou même viable.

Nous évoquions un peu plus tôt qu'il reste encore suffisamment de réserves de carburants fossiles (pétrole, gaz et charbon) pour tripler la concentration de CO_2 dans l'atmosphère. En fait, il existe sous forme de réserves de combustibles fossiles environ sept fois plus de carbone qu'il n'y en a dans l'atmosphère aujourd'hui. La majeure partie est sous forme de charbon, dont les réserves sont encore si abondantes qu'on ne prévoit aucune pénurie avant 200 ans et plus, au rythme actuel d'exploitation. Les combustibles plus légers – pétrole et gaz – sont aussi d'une abondance relative, bien que, comme notre consommation s'accélère sans cesse, nous raccourcissons du même coup la période qui nous sépare d'une pénurie de ces carburants, du moins dans leur forme conventionnelle. Nous avons d'ailleurs probablement atteint ou sommes à la veille d'atteindre ce que l'on appelle le « pic de Hubbert », c'est-à-dire le moment où l'ensemble des nouvelles découvertes de pétrole devient plus faible que la consommation annuelle. Autrement dit, si nous ne réussissons pas à ajouter en 2010 aux réserves mondiales plus de pétrole que nous avons brûlé en 2009 et ainsi de suite en 2011, 2012 et les suivantes, nous serons sur la pente descendante qui nous mènera dans 30, 40 ou 50 ans à une pénurie de pétrole.

Cette vision est toutefois un peu simpliste, car avec une amélioration de l'efficacité énergétique des voitures et des maisons, par exemple, nous pouvons limiter ou même diminuer notre consommation annuelle et ainsi prolonger le sursis. Nous pouvons aussi explorer d'autres formations géologiques autrefois inaccessibles, comme le plancher océanique de l'Arctique, où l'on évalue qu'il se trouve 100 milliards de barils de pétrole (ce qui correspond à seulement trois ans de la consommation mondiale au rythme actuel) ou encore les zones côtières protégées jusqu'à maintenant de l'exploration, comme le golfe du Saint-Laurent ou le littoral de l'Atlantique et du Pacifique aux États-Unis.

La figure 5 nous montre comment ont évolué les émissions de CO_2 liées à l'usage des combustibles fossiles au cours des dernières années et les prévisions qui avaient été faites par le GIEC dans ses rapports successifs depuis 1990. On voit que les prévisions du GIEC sont assez conservatrices, car la consommation réelle correspond à l'hypothèse ayant la valeur la plus haute.

Figure 5. Évolution des émissions mondiales de CO_2 liées à l'usage des carburants fossiles en relation avec les prévisions du GIEC

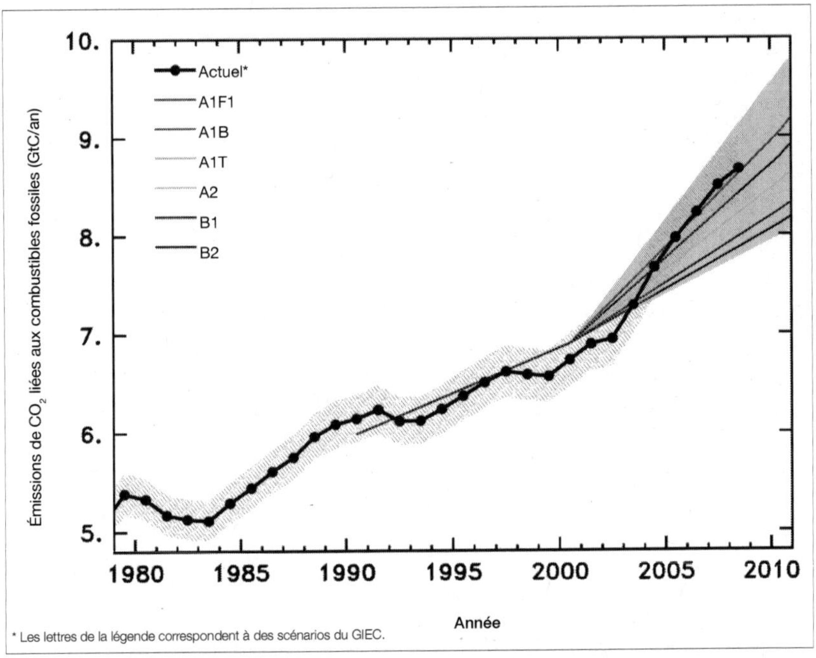

Source : C. Le Quéré *et al.*, « Trends in the Sources and Sinks of Carbon Dioxide », *Nature Geosciences*, vol. 2, 2009.

De façon générale, les prévisions du GIEC sont reconnues pour être conservatrices. En effet, le processus de rédaction des rapports de cet organisme est extrêmement rigoureux et les scientifiques qui en font partie ont tendance à écarter les hypothèses extrêmes ou à les traiter avec beaucoup de circonspection. C'est d'ailleurs le cas pour les prédictions de l'évolution du climat et du niveau de la mer dans les prochaines décennies. Jusqu'à maintenant, comme l'illustre la figure 6, les prévisions et la réalité ont tendance à coïncider.

La plupart des gens considèrent que l'augmentation de la température n'est pas en soi un très gros problème, surtout dans les pays tempérés ou froids comme le Canada. Mais une dimension du problème qui échappe à plusieurs est que le régime thermique a une influence sur le cycle de l'eau et donc sur le régime hydrique. C'est la plus grande inconnue en ce qui concerne les impacts réels des changements climatiques[6]. C'est notamment le cas pour l'agriculture, mais aussi pour la production énergétique,

6. Claude Villeneuve, « La grande inconnue », *Revue internationale des sciences de l'eau*, spécial vingtième anniversaire, 2008, p. 19-23.

les infrastructures municipales, la protection civile, le tourisme et autres activités.

Figure 6. Évolution des températures de 1990 à 2004 en relation avec les prévisions des trois premiers rapports du GIEC

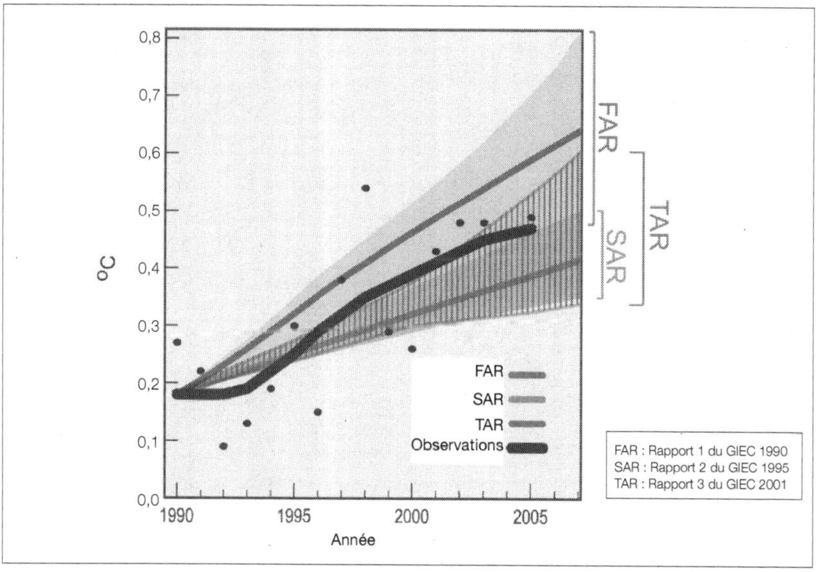

Source: Solomon *et al.*, *Rapport du groupe de travail 1 sur la science du climat*, GIEC, 2007.

Il y a en effet une relation directe entre la température de l'air, l'évaporation et les précipitations. Une atmosphère de plus forte énergie provoque plus d'évaporation des masses d'eau et favorise un transport de précipitations plus important dans les nuages. Plus d'eau transportée signifie des pluies ou des précipitations neigeuses plus abondantes. D'un autre côté, plus d'évaporation signifie des sécheresses plus importantes sur les continents. Selon l'hygrométrie particulière d'une zone climatique, cela peut vouloir dire qu'il deviendra difficile d'y pratiquer l'agriculture. Enfin, une température même légèrement plus élevée à la surface des mers tropicales augmente le risque de déclenchement d'ouragans et aggrave leur violence. Comme on l'a vu avec l'ouragan Katrina en 2005, si les populations ne sont pas adéquatement préparées à ce genre d'événement, les dommages peuvent être dévastateurs.

Une autre caractéristique des changements climatiques affectera spécifiquement les pays froids et tempérés. Il s'agit de l'augmentation des températures qui affectera surtout les *minima*, c'est-à-dire les températures hivernales. On peut donc s'attendre à une augmentation de la fréquence des épisodes de dégel hivernal, ce qui affecte les infrastructures de transport et la qualité des sports d'hiver, ou du tourisme qui y est associé. Pour les communautés situées plus au nord, le réchauffement des températures hivernales déjà bien entamé provoque la fonte du pergélisol, ce qui oblige à relocaliser des villages et des infrastructures comme les aéroports. Les changements dans les conditions de glace provoquent aussi toutes sortes de problèmes avec lesquels les habitants des contrées nordiques doivent composer.

Enfin, comme le montre la figure 7, le réchauffement des températures affecte la température des océans, ce qui provoque la dilatation des masses d'eau. Une partie croissante des glaciers continentaux fond en raison des températures plus élevées, entraînant des apports inhabituels d'eau dans l'océan. Ces deux facteurs se traduisent par une augmentation du niveau de la mer. Un des premiers symptômes de cette augmentation est l'érosion des côtes, un phénomène qui s'accélère d'autant plus que la couverture de glace fait de plus en plus défaut pour protéger le littoral lors des grandes tempêtes hivernales.

Figure 7. Réchauffement des océans enregistré depuis 1959

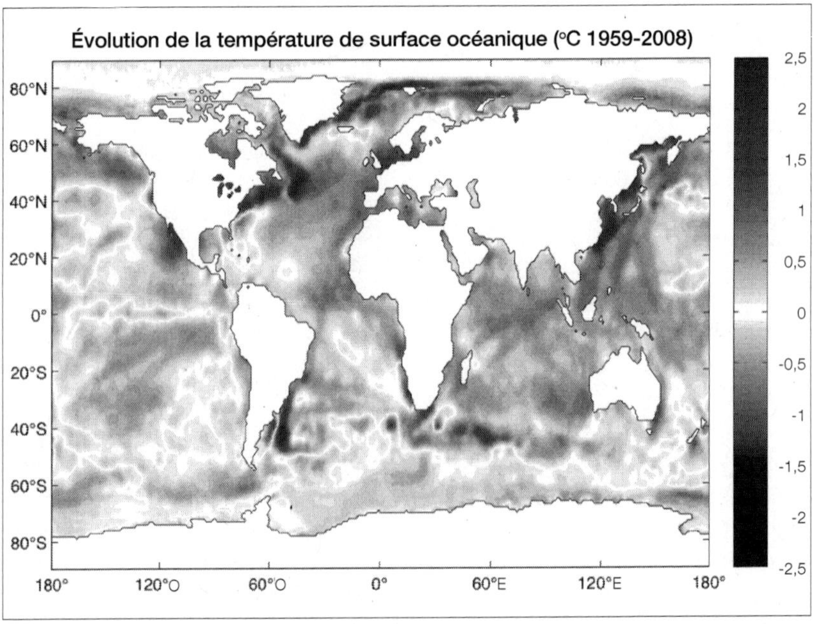

Source : Allison *et al.*, *The Copenhagen Diagnosis, 2009 : Updating the World on the Latest Climate Science*, The University of New South Wales Climate Change Research Centre (CCRC), Sydney, 2009.

L'impact présumé des changements climatiques sur l'agriculture est probablement le plus inquiétant dans un contexte de population croissante. L'aridité croissante va rendre l'agriculture difficile, voire impossible dans des zones qui en sont aujourd'hui fortement dépendantes, comme le Sahel. Par ailleurs, si l'on ajoute à la demande alimentaire humaine la demande accrue pour la production d'agrocarburants, de Marcily[7] estime qu'il faudra trouver dans les zones tropicales humides 1,5 milliard d'hectares de nouvelles terres agricoles. Cette transformation du territoire provoquera sans doute, en plus d'importantes émissions de gaz à effet de serre, une perte très importante de biodiversité.

On peut donc s'attendre à un changement fondamental, tant pour les écosystèmes aquatiques que pour les écosystèmes forestiers et agricoles, dans les prochaines décennies. Mais l'inertie de notre système est telle que, comme l'indique la figure 8, même si nous maîtrisions aujourd'hui les émissions de gaz à effet de serre, nous sommes condamnés à voir quand même la température continuer de changer tout au long du XXIe siècle et le niveau de la mer augmenter pendant 2000 ou 3000 ans encore. C'est la conséquence de l'inertie du système climatique. Nous avons déclenché quelque chose à l'échelle des équilibres planétaires et il va falloir vivre avec. Le monde ne sera jamais plus ce qu'il a été. Il faudra s'adapter, sans cesser de lutter contre le problème à sa source, car plus les GES vont augmenter, plus les conditions du système climatique deviendront imprévisibles.

Figure 8. Inertie du système climatique

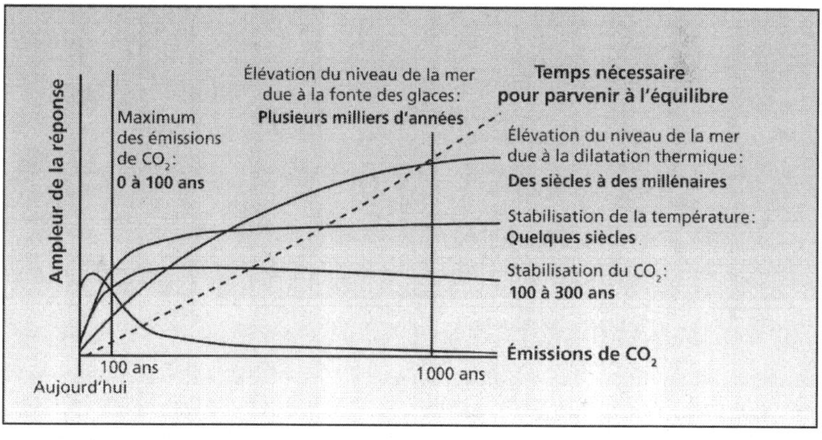

Source: Villeneuve et Richard, *op. cit.*, 2007.

7. G. Marcily, *Eau, énergie, alimentation et climat. Un écheveau complexe*, Liaison Énergie Francophonie, Numéro spécial, Congrès mondial de la nature, 2008, p. 8-18.

L'inertie du système économique

La figure 9 nous montre l'évolution du produit mondial brut (PMB, ou GDP en anglais), un indicateur qui fait la somme des produits intérieurs bruts des pays. Les autres courbes indiquent l'évolution de la consommation mondiale d'énergie, l'évolution des émissions de dioxyde de carbone, l'évolution de la population mondiale et des indicateurs relatifs que sont le revenu par personne, l'intensité énergétique par dollar de PMB, l'intensité carbonique de l'énergie en CO_2 par tonne d'équivalent pétrole et finalement, l'intensité des émissions par dollar du PMB.

Figure 9. Évolution de divers indicateurs de 1970 à 2004

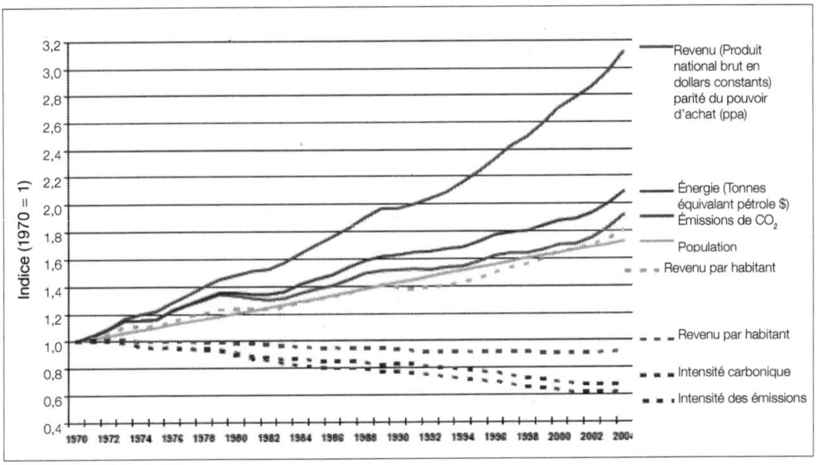

Source : Metz *et al.*, *op. cit.*

Il y a une relation très claire entre la première courbe et l'augmentation du PMB. En effet, l'augmentation de l'activité économique, tant dans les domaines de la fabrication, de la consommation et du transport, requiert un investissement énergétique. On remarque que la courbe de la population a augmenté moins vite que celle du PMB, de l'énergie et des émissions. Cela veut dire que, dans son ensemble, chaque être humain génère aujourd'hui plus d'activité économique, utilise plus d'énergie et produit plus d'émissions de CO_2 qu'en 1970. Cela confirme l'augmentation de l'empreinte écologique observée à la figure 1 ainsi que la constatation que le nombre de véhicules a augmenté plus vite que la population. Il est intéressant de noter que la courbe des émissions se dissocie (mais pas tout à fait) de la courbe de l'énergie à la suite des chocs pétroliers de 1973 et de 1979. Entre 1980 et 2000, cette différence s'accentue, mais la tendance s'inverse près de l'an 2000 en raison d'un transfert de la production manufacturière mondiale vers la Chine, dont la production électrique est à 80% assurée par le charbon. De même, la courbe de consommation d'énergie recommence à augmenter par rapport au PMB à la fin des années 1990, en conséquence de la mondialisation des marchés, qui implique une plus grande part de transports dans le cycle de vie des produits de consommation et de l'augmentation du tourisme.

L'indicateur du revenu par personne a augmenté moins vite que la population dans les années 1990, en raison de l'implosion du bloc soviétique, mais il s'est mis à augmenter plus rapidement dans les années 2000 à la faveur des économies émergentes (Chine, Inde, Brésil, Mexique, Corée du Sud, par exemple). Il est intéressant de noter que les indicateurs d'intensité énergétique et d'intensité carbonique qui avaient connu une diminution légère, mais ferme, entre 1970 et 2000 ont commencé à augmenter après cette date en raison des éléments évoqués plus haut. La diminution observée durant ces 30 années était liée à l'augmentation de l'efficacité énergétique dans les pays de l'OCDE, une tendance qui a été inversée avec le transfert des activités de production dans les pays émergents.

La croissance économique est une tendance lourde. Les gouvernements, les industries et les individus veulent améliorer leur sort et cherchent à augmenter leurs revenus. Dans la société industrielle, cela s'est traduit par un phénomène de rétroaction positive dans laquelle on doit consommer et produire plus chaque année. Renverser cette tendance ne sera pas facile puisque les sociétés modernes ont mis en place un arsenal d'outils de communication destinés à stimuler la demande pour des produits éphémères. À titre d'exemple, entre 1983 et 2008, le budget de la publicité pour les enfants à la télévision a été multiplié par 170. Il y a donc une incitation du système à consommer davantage et la réponse universelle aux maux économiques est devenue simple: consommez plus! Toujours plus…

Ce sont les prévisions de croissance de la demande qui sont le moteur des investissements visant à attirer de nouvelles industries qui, à leur tour, génèrent des emplois et augmentent la richesse des individus. Dans cette course effrénée à la croissance, l'appât du gain à court terme occulte les contours d'un monde fini où les ressources sont nécessairement limitées. Cela constitue un obstacle majeur à l'idée de poursuivre le développement comme il a été conçu au cours des 100 dernières années.

Le développement durable?

Les tendances dont nous venons de discuter ont été anticipées dès le début des années 1970. Depuis 40 ans, elles sont le cauchemar des écologistes. Heureusement, la situation n'est pas aussi catastrophique que celle qui aurait prévalu si on avait continué de croître sans se préoccuper de l'environnement, comme dans les années 1970. Les perspectives sont tout de même sombres. Le modèle actuel de développement axé sur la croissance de la consommation de biens et d'énergie fossile ne peut se perpétuer. C'est le constat auquel en venait le rapport *Halte à la croissance*, commandé par le Club de Rome en 1969[8]. La solution proposée en 1972 lors de la Conférence de Stockholm sur l'environnement humain était de faire un développement différent, un développement durable. L'idée a d'abord fait son chemin chez les écologistes, qui se rendaient compte de ses bienfaits (comme l'amélioration des conditions de vie qui en résultait) et qui pensaient que l'on pouvait simplement réduire l'impact de l'économie sur les écosystèmes. Ce fut la première version du développement durable, qui s'est rapidement complexifiée par la suite, car le développement est beaucoup plus que la croissance économique. En effet, le développement est un processus par lequel une société, insatisfaite de l'état perçu ou mesuré de sa situation, décide d'investir des efforts et de l'énergie pour atteindre un nouvel état désiré. Par le passé, cela se faisait automatiquement en améliorant les conditions matérielles des populations. On pouvait donc croire que l'indicateur économique était un indicateur fiable du progrès des sociétés. Le problème du développement de la société de consommation vient du fait qu'on a institué comme état de vie désirable l'*American Way of Life*. Le désir d'égaler ce standard de consommation faisait de tous les autres pays des pays relativement sous-développés. L'imposition de normes environnementales dans les quatre dernières décennies, bien que produisant des gains notables sur le plan de la qualité de l'environnement dans les pays riches, n'a pas réussi à empêcher la dégradation globale de l'environnement. De plus, la répartition inéquitable des bénéfices de la croissance économique a créé de nouveaux problèmes liés à la dégradation des ressources dans les pays les plus pauvres.

Le rapport de la commission Brundtland, en 1987, ajoutait l'impératif de lutte à la pauvreté et de développement social à la notion de développement durable. C'est par la suite que le fameux modèle des trois cercles superposés a fait son apparition, montrant que les conditions sociales, économiques et écologiques devaient se conjuguer pour qu'on puisse prétendre à un développement durable. En 1992, lors du Sommet de la Terre de Rio, les conventions cadres sur les changements climatiques, sur la biodiversité et sur la désertification se sont inscrites pour la première fois dans une volonté de développement durable ; Agenda 21 tentait d'en définir les paramètres opérationnels. Les travaux proposés par la suite ont toujours tendu à complexifier la notion de développement durable, à

8. D. Meadows et autres, *op. cit.* Téléchargeable : <http://developpementdurable.documentation.equipement.gouv.fr/document.xsp?id=Urbamet-0142588>.

vouloir lui faire atteindre des objectifs de toute nature, culturels, éthiques et j'en passe. Le Sommet de Johannesburg, en 2002, avait comme objectif prioritaire de réduire la pauvreté. Depuis cette époque, le concept de développement durable est passé dans le vocabulaire des gouvernements, des entreprises et de la société civile à un point tel qu'on est en droit de se demander s'il n'a pas perdu sa valeur comme modèle de changement. Certes, les indicateurs de la figure 8 nous portent à croire que le développement durable n'a pas tenu ses promesses.

L'analyse qui précède nous amène à nous poser la question : est-ce que l'on peut rejeter le modèle du développement durable ?

Le développement durable, dans la définition de la commission Brundtland[9], consiste à répondre aux besoins du présent sans remettre en cause la capacité des générations futures de répondre aux leurs. Ses domaines d'application sont donc aussi diversifiés que les besoins humains peuvent l'être. Mais, on l'oublie souvent, Brundtland ajoute que les besoins des plus démunis doivent être traités en priorité, tout en respectant la capacité de charge de la biosphère. Cette partie de l'équation représente une contrainte à l'idée de croissance pour la croissance. C'est peut-être pourquoi on tend trop souvent à oublier la définition complète de la commission Brundtland. Le développement durable implique une générosité envers les moins nantis et les générations à venir. La dimension éthique y est inscrite d'emblée. Le respect de la capacité de charge de la planète et de la pérennité des ressources est, comme nous l'avons vu au début de ce texte, une hypothèse qu'il vaudrait mieux ne pas vérifier. Le principe de précaution s'adresse à cette dimension du développement durable. La notion de durabilité, enfin, ne peut se vérifier qu'au bout d'une période de temps donnée. Qu'est-ce qui est durable ? Ce qui a duré 5 ans, 100 ans, 1000 ans ? Pendant les 30 années où je me suis intéressé à ce concept, cela a constitué une difficulté immense, car les gens veulent qu'on attribue le qualificatif de « durable » à des projets, des politiques ou des programmes qui visent la durabilité, mais qui ne sont que des hypothèses.

Il s'agit donc d'une cible mouvante, d'un objectif hypothétique, et cela prend d'autant plus d'importance que l'on peut affirmer que le développement durable n'existe pas[10]. Lorsque je présente ce constat à mes étudiants après un cours de quatre heures, il y en a plusieurs qui se demandent bien comment on peut parler aussi longtemps de quelque chose qui n'existe pas !

---

9. *Our common future*, Commission mondiale sur l'environnement (CMED), 1987. Paru en français sous le titre *Notre avenir à tous*, Éditions du Fleuve, 1988. Accessible en pdf à : <www.adequations.org/spip.php?rubrique34>.

10. Claude Villeneuve, *Qui a peur de l'An 2000 ?*, UNESCO et Éditions Multimondes, 1998.

Un des auteurs de cet ouvrage a affirmé que le développement durable était « un frein de vélo sur le Concorde ». L'image est belle, mais je vois plutôt le développement durable comme un manuel de pilotage ou encore un contrôleur aérien qui conseille le pilote dans ses manœuvres. C'est beaucoup plus efficace qu'un frein de vélo. Le développement durable est un principe qui doit agir de l'intérieur, et non de l'extérieur. Le développement durable est d'abord une démarche éthique, mais aussi scientifique.

Le développement durable suppose de réduire les inégalités. Nous ne sommes clairement pas dans une société qui réduit les inégalités, et c'est pourtant par là qu'il faut commencer à s'attaquer aux problèmes. Le développement durable suppose aussi de répondre à la question : à quel moment en ai-je assez ? « How Much is Enough ? » C'est le titre d'un ouvrage[11] publié en 1992, et c'est une question que nous ne nous posons jamais. Or, c'est la première clé pour un développement différent de celui qui ne nous semble pas durable.

Cela suppose que nous distinguions trois phénomènes très différents : les besoins, les désirs et les appétits. Les besoins, il est nécessaire de les satisfaire, mais les besoins sont réellement peu de choses eu égard à la consommation moyenne des gens. Quant aux désirs et aux appétits, ils peuvent facilement être confondus avec des besoins et ce sont eux qui nous conduisent à la surconsommation.

Le premier symptôme de la surconsommation est la production de déchets. Cette dernière augmente constamment dans les pays de l'OCDE et proportionnellement au développement de la société de consommation. Les flux dérivés vers le recyclage ne sont qu'une mesure palliative. Nous achetons de plus en plus de choses pour les jeter.

Un deuxième symptôme est le suréquipement. Nous avons des maisons toujours plus grandes au fur et à mesure que nous sommes moins nombreux à vivre dedans. De plus en plus de gens ont des résidences secondaires qui restent inoccupées la majeure partie de l'année. Dans le domaine de l'automobile, le suréquipement est encore plus évident. L'automobile ne fonctionne pas 95 % de la durée de son existence. Elle est occupée au quart de la capacité d'accueil de ses sièges. Le moteur est deux à trois fois trop puissant par rapport à la vitesse à laquelle nous avons le droit de rouler.

Il est clair que la satisfaction qu'on éprouve à l'achat d'une automobile ou d'une maison ne vient pas seulement de son efficacité. La publicité s'adresse beaucoup plus à nos désirs, nos appétits, nos frustrations qu'à la satisfaction de nos besoins en tant que tels. L'avidité des gens à posséder toujours plus, à consommer toujours plus de biens matériels ne sera

11. Alan Thein Durning, *How Much Is Enough ? The Consumer Society and the Future of the Earth*, New York, Norton, 1992.

jamais un besoin qu'on pourra satisfaire. La croissance de la consommation d'un bien dans une société riche n'est un symptôme de développement durable que lorsque ce bien ou ce service en remplace plus efficacement un autre, avec moins d'impacts négatifs.

Déterminer à quel moment on est satisfait de son sort du point de vue matériel est très difficile. Parmi nos besoins, ceux du sentiment de sécurité et de l'estime de soi peuvent facilement nous pousser à la surconsommation. L'importance de la culture dans ce domaine est fondamentale. La société industrielle, en valorisant l'individualisme, favorise la surconsommation qui permet à son tour d'écouler ses produits. Le changement de culture permettant le développement durable ne s'effectue pas facilement et se heurte à une machine redoutable.

Dans le domaine de la consommation, croissance et développement peuvent être dissociés. On peut faire une analogie avec le développement d'un organisme. Pendant sa phase juvénile, la croissance va de pair avec le développement. À l'âge adulte, la croissance s'arrête, mais le développement ne cesse pas pour autant. L'arrêt de la croissance est même nécessaire au développement, comme peuvent en témoigner de nombreux adolescents. Dans un système adulte, la croissance est un problème qui relève d'une pathologie ou d'un mauvais fonctionnement physiologique et peut mener à la mort. Conservons cette analogie pour la suite des choses.

La deuxième prescription que l'on trouve dans la définition du développement durable de la commission Brundtland indique qu'il faut maintenir l'activité humaine en deçà de la capacité de support de la planète. Comme nous l'avons vu plus haut, la capacité de support de la planète n'est pas un sujet d'expérimentation anodin. Rockström et ses collègues[12] ont tenté de déterminer par une collection de neuf paramètres quels étaient les indices de dépassement de la capacité de support de la planète. Ceux-ci sont illustrés à la figure 10. Comme on peut le voir, pour trois de ces indicateurs, les seuils estimés de capacité de support sont nettement dépassés. Il s'agit bien sûr de la régulation du climat, de la perte de biodiversité et de l'eutrophisation liée aux rejets d'azote et de phosphore. Ces dépassements sont dus respectivement à des prélèvements excessifs d'espèces sauvages et à la dégradation des habitats, à l'utilisation des combustibles fossiles et au lessivage d'engrais provenant de l'agriculture.

12. J. Rockström et autres, « A Safe Operating Space for Humanity », *Nature*, septembre 2009, p. 472-475.

Figure 10. Les neuf paramètres définissant la capacité de support planétaire

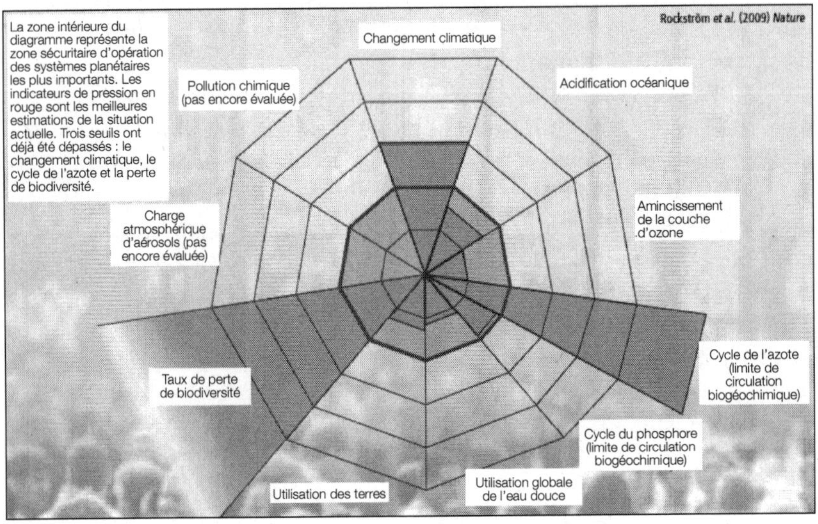

Source : Rockström *et al.*, *op. cit.*

Cela signifie que l'impact des activités humaines dans ces trois domaines ne peut plus augmenter sans provoquer une rupture du système et affecter de façon irrémédiable la capacité de la biosphère de nous fournir les services écosystémiques dont nous dépendons pour notre futur développement. Ce diagramme nous donne une idée claire des priorités dans lesquelles il faut investir afin d'éviter la rupture de la capacité de charge planétaire.

Naturellement, les indicateurs de Rockström sont eux aussi fondés sur des hypothèses et il faudra beaucoup investir dans des travaux scientifiques pour comprendre finement les mécanismes sous-jacents à la notion de « services écologiques ». Il faut aussi comprendre la complexité des interactions entre les systèmes. Par exemple, l'acidification des océans est une conséquence de l'augmentation du CO_2 dans l'atmosphère et son augmentation se traduira probablement par un appauvrissement de la biodiversité, si elle affecte réellement les récifs coralliens. Mais tout cela demeure à l'état d'hypothèses. La compréhension scientifique du fonctionnement des systèmes entretenant la vie est un élément de l'activité humaine où le développement et la croissance des connaissances peuvent nous être utiles pour relever les défis à venir. Cela s'inscrit dans le développement durable. C'est en effet dans la connaissance des systèmes naturels et de leurs interactions que nous et nos descendants saurons trouver des marges de manœuvre pour l'adaptation. C'est en effet la seule stratégie qui soit durable[13].

Il faut toutefois être prudents dans nos extrapolations catastrophistes sur la capacité de support de la planète. Pour bien comprendre cette dernière, on ne peut se contenter de simplement reporter à l'échelle globale ce qui est vrai à l'échelle locale. On ne peut pas, non plus, se limiter à considérer les compartiments de l'écosphère uniquement pour leur capacité à fournir les ressources et à absorber nos déchets. Les services écosystémiques sont beaucoup plus complexes que nous le pensons et nous les connaissons mal. Nos extrapolations sont donc sujettes à révision. Ce qu'il pouvait être légitime de penser en 1999 – par exemple, l'arrêt du grand convoyeur océanique en raison du réchauffement du climat au XXIe siècle – ne l'est plus en 2009, alors que la science nous a montré en 2005 que cette hypothèse est erronée. De même, les prévisions de pénurie sont toujours calculées en fonction de nos modes d'exploitation du moment. Or, les technologies changent dans le temps et évoluent la plupart du temps en fonction des investissements qui y sont consentis. Il y a donc place à l'amélioration technologique dans le développement durable.

Les ressources planétaires sont toutefois limitées alors que les appétits des humains pour en bénéficier sont potentiellement infinis. C'est un modèle écologique simple, celui de la compétition intraspécifique, qui normalement se régule par la sélection naturelle des plus aptes. Mais les plus aptes ne sont pas nécessairement les plus forts. Ils peuvent être ceux qui ont le plus de plasticité ou de tolérance au changement. Les humains ont transcendé la sélection naturelle dans le processus d'hominisation pour passer vers une sélection culturelle. Celle-ci est infiniment plus subtile que la sélection naturelle et elle conduit à des adaptations beaucoup plus rapides, utilisant de l'information immatérielle sous forme de symboles partagés. C'est donc par la communication, l'éducation et le partage des cultures qu'on peut imaginer possible la vie de neuf milliards d'humains sur la planète. Voilà un autre domaine où la croissance et le développement vont de pair.

Considérons donc le développement durable comme une utopie motrice, plutôt que comme un fait mesurable. Comme un processus d'amélioration de nos connaissances, de perfectionnement de nos modes d'exploitation des ressources, de recherche de mieux-être collectif plutôt qu'individuel, de solidarité entre humains, entre générations et avec la Nature. Cela est plus proche de la vision de Brundtland que toute autre vision professée pour ce concept. La recherche d'un développement plus

---

13. Claude Villeneuve et François Richard, *op. cit.* et Francesco Di Castri, « La fascination de l'an 2000 », dans Claude Villeneuve, *Le développement durable: quels progrès, quels outils, quelle formation*, IEPF Collection, Actes #6, (1998) 2006, p. 11-16.

durable relève du désir de mieux faire les choses pour tendre vers un idéal; cet idéal sera sans cesse changeant car il est défini par des gens qui ne peuvent que l'imaginer. C'est un concept qui évolue avec le temps, selon les connaissances scientifiques, les modes de production, les pratiques, le degré de développement économique, les changements sociaux. Ce qui était considéré comme durable il y a 50 ans ne l'est plus aujourd'hui et, dans 50 ans, ce sera à nouveau une autre proposition sociale.

À mon avis, il faut repenser le développement durable. Passer de l'opposition primaire économie/écologie à une pensée complexe dans laquelle on accepte que les contraires existent, pour les faire évoluer, pour les faire dialoguer. Tant que le développement sera associé uniquement à l'indicateur économique, il ne sera pas soutenable, parce que l'indicateur économique est trop déconnecté de la réalité. L'idée fondamentale est donc de vivre mieux entre nous, et avec la nature. De puiser sans épuiser. De satisfaire les besoins humains autrement que par la consommation.

Croissance allométrique et développement cybernétique

L'opposition entre développement durable ou décroissance soutenable est, à mon avis, stérile. Le développement durable n'existant pas, on peut lui donner le contenu que l'on veut, selon ce que j'ai essayé de démontrer plus haut, à condition de respecter sa vision, ses principes et d'encadrer son processus de mise en œuvre. Il me semble que sa force réside dans la possibilité d'en discuter, de s'en servir comme guide, d'en faire un idéal partagé. Très peu de gens se lèvent le matin avec le désir de détruire la planète et de maltraiter leur prochain. Ce sont des conséquences de l'ignorance, de l'insouciance ou de l'incurie. Des humains qui se sentent respectés et écoutés représentent une force de changement positif dont nous ne pouvons nous passer pour « la suite du monde ». Or nous n'avons pas le choix. Pour que demain soit, il faut partir du monde d'aujourd'hui et le faire évoluer vers un état meilleur. Il y a dans les ovaires de mes deux petites-filles les ovules qui feront les citoyens de 2050. Je leur dois respect et amour.

Je propose deux métaphores biologiques pour sortir de l'opposition entre décroissance soutenable et développement durable. D'abord, la croissance allométrique. Hervé Philippe affirme que la croissance d'un fœtus est exponentielle. C'est faux. La multiplication des cellules à partir du zygote se comporte mathématiquement comme une fonction exponentielle pendant les premiers stades du développement, avant que les feuillets embryonnaires se définissent. Cela correspond à six ou sept multiplications cellulaires. Par la suite, les cellules se divisent de manière coordonnée et subordonnée selon un plan précis et la morphogénèse se met en place.

C'est-à-dire que les cellules ne se divisent plus à la même vitesse, que certaines cessent de se diviser, que d'autres meurent de façon programmée pour permettre que nous ne soyons pas qu'une immense boule de cellules indifférenciées au terme de notre développement. Ainsi, on peut parler de développement allométrique, qui se caractérise par une croissance plus rapide de certaines parties pour constituer un organisme viable.

Appliquer le concept de croissance allométrique au développement humain signifie qu'il y a des besoins fondamentaux pour lesquels la croissance est directement tributaire du nombre d'êtres humains. Parmi ces besoins, il y en a certains dont la satisfaction peut être presque complètement dématérialisée. Par exemple, le sentiment de sécurité personnelle peut se concevoir dans une communauté fermée gardée par des milices armées comme on le voit aux États-Unis. Elle peut aussi résulter d'une communauté ouverte dans laquelle on fait confiance à ses voisins comme dans tant de villages du Québec où l'on ne ferme pas sa maison à clé. L'éducation et la santé peuvent aussi être en bonne partie dématérialisées ; la première par l'accès à des formations de base ou continues à distance ou par des moyens électroniques, la seconde par la prévention, l'exercice et une bonne alimentation. Ces secteurs sont ceux où la croissance est nécessaire et doit être accélérée. D'autres secteurs, comme la consommation de viande et de produits alimentaires fortement transformés, sont très intensifs en énergie et générateurs de pollutions diverses. Leur croissance doit être limitée ou arrêtée. Si la population humaine consommait moitié moins de viande et de produits alimentaires transformés, il serait possible de nourrir quatre milliards de personnes de plus, sans avoir besoin de cultiver davantage de terres. Il y a donc là des marges de manœuvre à exploiter.

Le développement durable implique que la satisfaction des besoins humains exigeant le moins de consommation de ressources soit celle dont la croissance devrait être la plus stimulée. À l'inverse, les productions consommant beaucoup de ressources, génératrices d'iniquités et d'impacts environnementaux, doivent être fortement remises en question et progressivement abandonnées ou remplacées par des modes alternatifs. C'est là que je rejoins la pensée de la décroissance soutenable, mais avec certains bémols. En biologie, il existe un phénomène qui s'appelle l'« apoptose », c'est-à-dire la mort cellulaire programmée, mais on ne peut pas demander à un chef d'entreprise de se suicider simplement parce qu'il consomme trop. En fait, si une entreprise existe, c'est qu'à un moment donné, elle a été jugée nécessaire à la satisfaction d'un besoin humain. Pour parvenir au développement durable, il faut donc penser au recyclage des gens et des facteurs de production plutôt qu'à leur condamnation et à leur destruction. Il y a certainement un juste milieu à trouver.

Malheureusement, la métaphore de la croissance allométrique a des limites car le monde n'est pas prévisible. Le système planétaire n'est ni programmé, ni déterminé; il ne se comporte pas comme un individu en développement.

C'est là qu'il faut faire appel à une deuxième analogie: celle du développement cybernétique. La théorie des systèmes nous enseigne que les boucles de rétroaction négatives permettent de maintenir l'homéostasie. Pour illustrer ce qu'est une boucle de rétroaction négative, citons le fonctionnement d'un système de chauffage dans lequel le thermostat découple le circuit électrique lorsque la température désirée est atteinte. Les systèmes biologiques sont ainsi régulés constamment. Ces boucles sont aussi la base de la cybernétique.

En poursuivant sans cesse la croissance économique comme indicateur du développement et en stimulant constamment cette dernière, nos gouvernements amplifient les problèmes évoqués en première partie de ce texte. Par ailleurs, l'idéologie néolibérale, qui domine actuellement la scène politique mondiale, n'encourage pas la répartition équitable des richesses produites par le développement et fait de plus en plus d'exclus. L'imposition de mécanismes de régulation et de redistribution des richesses permettrait d'appliquer une boucle de rétroaction négative favorable à la réalisation d'un développement plus durable.

Le choix de la croissance économique comme indice du développement était valable à l'époque où l'agriculture était le mode dominant de production des sociétés humaines. Pendant des millénaires, un peu plus voulait toujours dire un peu mieux. La régulation des populations se faisait par les famines et les guerres. À cette époque, la population humaine n'a jamais dépassé un milliard de personnes. Les communautés étaient dépendantes directement de leur environnement et des fluctuations des conditions écologiques locales. Les sociétés qui ont prospéré ou qui se sont effondrées ont été déterminées par la façon dont elles ont résolu les problèmes d'environnement et de ressources[14]. Dans sa première phase, la société industrielle a conservé les mêmes paramètres pour juger de sa prospérité. Entre 1850 et 1990, alors que la population a quadruplé, augmentant sans cesse son empreinte écologique, les mêmes indicateurs de développement ont été conservés. Ce n'est que depuis le début des années 1990 que la gouvernance mondiale se cherche de nouveaux indicateurs, comme l'indice de développement humain, pour mieux caractériser son développement. Cela coïncide avec l'émergence d'un nouvel âge de l'humanité: l'âge de l'information[15] qui porte un immense potentiel

14. Jared Diamond, *Effondrement. Comment les sociétés décident de leur disparition ou de leur survie*, NRF Essais, Paris, Gallimard, 2006.

15. Francesco Di Castri, *La société globale de l'information: atout ou risque pour l'environ-*

pour transformer le développement de manière qualitative. Naturellement, cela suppose qu'on ne continue pas le développement comme avant et qu'on se dote d'indicateurs pertinents qui permettent d'effectuer les boucles de rétroaction nécessaires au développement durable.

Les indicateurs qui servent actuellement à la gouvernance apparaissent inappropriés pour mesurer le développement durable. Même de nouveaux indicateurs, comme l'empreinte écologique ou l'indice de développement humain, sont insuffisants. Il y a un gros travail à faire sur le plan des tableaux de bord et des indicateurs à donner à nos gouvernements et à la population en général. La gouvernance à tous les niveaux doit se fonder sur la complexité. Or, les marchés ne peuvent pas servir à réguler la complexité. La prépondérance des indicateurs économiques devra faire place à d'autres dimensions de la prospérité des groupes humains à l'échelle locale, régionale ou globale.

Pour conclure, je pense que la solution ne se trouve pas dans des chicanes sémantiques. Les efforts qui nous incombent ne doivent pas servir à déterminer quel terme il faut utiliser pour désigner ce qui est de toute façon de l'ordre de l'utopie. Le développement durable est défini par la négative. Il n'est donc pas saisissable. La décroissance soutenable est aussi définie par la négative et relève d'une utopie qui suppose qu'on puisse rejeter en bloc le modèle actuel de développement.

À mon sens, il faut faire une nouvelle alliance entre l'humanité et la biosphère et cela n'est possible que si le paradigme du bonheur par la consommation est remplacé par autre chose. Nous pouvons peut-être le résumer par « plus de liens, moins de biens ». Mais nous devrons tous, citoyens, entreprises et gouvernements, apprendre à intégrer la pensée complexe car le monde écologique, tout comme l'humanité, est complexe, non déterministe et polysémique. Peu importe le terme qui sera choisi pour expliquer comment nous devons construire notre avenir, c'est l'avenir qui permettra de déterminer si nous avons ou non relevé le défi de maintenir notre succès comme espèce sur la seule planète dont nous disposons.

---

nement?, Les cahiers Miollis #6, UNESCO, 1999.

QUATRIÈME PARTIE

Avons-nous le choix d'inventer un autre monde ?

CHAPITRE 11

Une décroissance de la recherche scientifique pour rendre la science durable

Hervé Philippe

> Avertissement
> Cette longue réflexion est celle d'un scientifique hyper-spécialisé, elle demeure préliminaire étant donné le changement de paradigme que cela implique et la quantité de connaissances nouvelles que j'ai encore à acquérir. Le texte est donc souvent simpliste et insuffisamment référencé. Il est volontairement polémique dans le but de stimuler la réflexion et les critiques. Il est aussi eurocentrique, mais comme la science moderne a une origine européenne, cette limitation est moins grave que les précédentes.

Bien qu'ils demeurent confidentiels, les mouvements prônant la décroissance se sont pourtant attiré beaucoup d'ennemis. « Écolo intégriste », « ayatollah de l'écologie », « extrémiste », « utopiste », « idéologue » sont des qualificatifs souvent employés par les médias dominants. Et même un philosophe, ancien ministre français de l'Éducation, Luc Ferry, tient des propos similaires : « Est-ce que le développement tenable, c'est la croissance zéro, comme le pensaient les khmers verts des années 1970[1] ? » Discuter le fait que la décroissance s'attire plus d'insultes que de critiques rationnelles n'est pas le propos de cet article ; par contre, le qualificatif d'« extrémiste » est intéressant à développer. Dans un premier temps, je vais essayer de montrer que les partisans de la croissance sont, eux, extrémistes alors que ceux de la décroissance sont radicaux[2], c'est-à-dire qu'ils s'attaquent à la source (*radix* = racine) des problèmes environnementaux et humains. Ensuite, je proposerai l'hypothèse que la science moderne est un facteur important à l'origine de cet extrémisme. Puis, je chercherai à montrer que la recherche scientifique en constitue un des principaux moteurs. Enfin, je discuterai brièvement de possibles solutions.

1. Luc Ferry, « Protéger l'espèce humaine contre elle-même », *Revues des deux mondes*, vol. 10, n° 11, 2007.
2. V. Cheynet, *Le choc de la décroissance*, Paris, Le Seuil, 2008.

Extrémisme de la croissance et radicalité de la décroissance

L'extrémisme des partisans de la croissance infinie, que ce soit de l'économie, de la littérature ou du savoir scientifique, apparaît avec des calculs élémentaires des augmentations exponentielles, comme Malthus l'avait noté pour les populations[3]. Prenons une période de 300 ans, soit à peu près la durée de la civilisation occidentale moderne. Un simple taux de croissance annuel de 3 % du produit intérieur brut (PIB), généralement considéré par les économistes comme un minimum pour garantir la prospérité d'un pays, implique au bout de 300 ans une multiplication du PIB par 7098 ($=1{,}03^{300}$). Un taux de croissance de 10 %, réalisé par la Chine depuis des années et souvent présenté comme un miracle enviable, entraînerait sur une même période une multiplication du PIB par 2000 milliards ! Devant ces chiffres vertigineux, il n'y a pas besoin d'être grand clerc pour comprendre que la croissance infinie est une utopie et que, si miracle il y a, il est dû à la nécessité d'une intervention « divine » pour multiplier les ressources, à l'exemple des pains[4].

L'extrémisme occidental de la croissance infinie dans un monde fini s'est naturellement traduit dans la réalité. L'étude des ordres de grandeur est particulièrement instructive pour comprendre l'ampleur du problème. Prenons le cas du pétrole, qui a nécessité environ 200 millions d'années pour être formé ; la civilisation moderne ne mettra que 200 ans pour le consommer. Une consommation un million de fois plus rapide que la production ! Pour permettre à nos enfants, petits-enfants ou descendants lointains d'avoir un mode de vie semblable au nôtre, comme préconisé à juste titre par les partisans du développement durable, il faudrait diviser notre consommation de pétrole par environ un million. Comme un million est difficile à appréhender, illustrons par quelques exemples didactiques :

- Au lieu de parcourir 20 000 km par an en voiture, un Occidental ne couvrirait plus que 20 mètres par an.
- Au lieu de fonctionner tout l'hiver, le chauffage ne serait allumé que quelques minutes par an.
- Le nombre de personnes voyageant en avion passerait d'environ 2 milliards[5] à seulement 2000.

---

3. T. Malthus, *An Essay on the Principle of Population, as it Affects the Future Improvement of Society with Remarks on the Speculations of Mr. Godwin, M. Condorcet and Other Writers*, London, J. Johnson in St. Paul's Church-Yard, 1798.

4. Il est souvent avancé qu'une croissance continue serait possible en remplaçant les biens matériels par des services. L'espace manque pour analyser cette proposition, mais, même si l'on pouvait imaginer des services parfaitement immatériels, il semble difficile de ne pas buter sur la limite temporelle (un professeur de chant ne pourra pas donner plus de 24 heures de cours par jour !).

5. Voir le rapport 2007 de l'Organisation l'aviation civile internationale : <www.icao.int/icaonet/dcs/9898/index.html>.

Autrement dit, cela reviendrait pour un individu à dépenser l'ensemble de ses revenus annuels durant les 30 premières secondes de l'année. La prospérité actuelle est largement fondée sur cette manière bien extrémiste de vouloir paraître riche[6].

La consommation des énergies fossiles (pétrole, gaz, charbon) est un million de fois trop rapide pour être considérée « renouvelable ». Malheureusement toutes les autres ressources sont similairement affectées, quoique probablement à un rythme moins effréné : l'eau (souterraine)[7], les métaux rares, les poissons, les forêts et la biodiversité de manière générale. Ainsi les sols, leur raréfaction risquant très rapidement de poser des problèmes majeurs de survie, mettent plusieurs dizaines de milliers d'années à se former[8] mais subissent une érosion intense (~0,5 % par an), sont chimiquement pollués, voire complètement stérilisés par des constructions humaines. La bétonisation entraîne en France la perte d'environ un département tous les 10 ans et de plus d'un million d'hectares par an en Chine[9] ; et il s'agit souvent des meilleures terres agricoles[10]. Devant ces ordres de grandeur, il est raisonnable de penser que les partisans de la croissance infinie sont de dangereux extrémistes.

L'utilisation et la dégradation de l'environnement par la croissance économique ont souvent été excusées par l'amélioration des conditions de vie des humains[11]. L'existence d'améliorations, en particulier de confort et d'espérance de vie, n'est pas discutable, mais l'augmentation des inégalités, tant Nord-Sud qu'à l'intérieur de chaque pays, et de nombreux problèmes sociaux (émeutes de la faim, dépressions, suicides, etc.) nécessitent d'évaluer cet optimisme de manière critique. La décroissance, en remettant en cause la croissance exponentielle, est à l'inverse simplement radicale[12].

---

6. H. Philippe, « Western Prosperity is Based on Resources that are Running out », *Nature*, n° 457, 2009, p. 147.

7. Par exemple, l'aquifère Ogallala, une des plus grandes d'Amérique du Nord, mettrait 6 000 ans à se reconstituer par infiltration, mais elle a été en grande partie utilisée depuis 1950 par l'irrigation qui permet de produire un cinquième des récoltes états-uniennes. Cela correspond à une utilisation environ 100 fois trop rapide. Il est intéressant de noter que les géologues avaient prévenu les agriculteurs dès la fin des années 1960. Ce mauvais usage du savoir scientifique sera détaillé plus loin.

8. D. Nahon, *L'épuisement de la terre. L'enjeu du XXIe siècle*, Odile Jacob, Paris, 2008.

9. S. Foucart, « Inventoriés, les sols français sont dans un état médiocre mais pas catastrophique », *Le Monde*, 28 mars 2009.

10. Les villes ont été fondées dans des régions supportant une intense production agricole, et leur expansion récente se fait naturellement dans ces mêmes régions.

11. Cette justification est à juste titre récusée par les partisans du développement durable, qui cherchent à compenser cette dégradation.

12. V. Cheynet, *op. cit.*

Échec du couple croissance économique/progrès technologique

Pour réagir à ces crises environnementale et sociale, les extrémistes de la croissance infinie proposent encore plus de croissance. George W. Bush résume parfaitement l'opinion dominante: « Parce qu'elle est la clé du progrès environnemental, parce qu'elle fournit les ressources à investir dans les technologies propres, la croissance est la solution, pas le problème[13]. » Cela s'appelle aujourd'hui « croissance verte », « croissance durable » ou « croissance écologique ». Pour les partisans du développement durable, ces solutions technologiques sont aussi primordiales, même si la nécessité de changements de mode de vie est reconnue[14]. Sans même avoir besoin de rediscuter les ordres de grandeur, un peu d'histoire montre l'échec de cette approche technologique. En effet, après le premier choc pétrolier, les mêmes discours, en particulier concernant la réduction de la dépendance énergétique, étaient tenus (« Un certain type de croissance tire à sa fin. Il nous faut ensemble en inventer un autre », disait par exemple Valéry Giscard d'Estaing en 1974). Si les progrès technologiques sont indiscutables depuis 1973, ils n'ont absolument pas pu contrebalancer l'extrême croissance économique, comme le montre l'augmentation de la consommation de TOUTES les sources d'énergie[15]. Il faut être bien naïf, ou alors cynique, pour prétendre que les progrès technologiques vont permettre de se passer sans douleur des ressources fossiles limitées et polluantes, alors que l'approche a totalement échoué depuis 35 ans (en fait depuis plus d'un siècle, car le problème est discuté depuis fort longtemps dans le cas du charbon)[16].

La première raison de l'échec de l'approche croissance + technologie est évidente. Les solutions faciles ont été trouvées depuis longtemps, car nos ancêtres n'ont jamais cherché à gaspiller les ressources. La deuxième raison est que l'on se rapproche déjà souvent des limites physiques (par exemple, les frottements de l'air pour les transports). La troisième raison, tout aussi évidente mais trop souvent négligée, est qu'il faut prendre en

---

13. Cité dans Jean-Paul Besset, *Comment ne plus être progressiste… sans devenir réactionnaire*, Paris, Fayard, 2005.

14. Certains partisans du développement durable sont très proches de ceux de la décroissance quand ils considèrent que ces changements doivent être majeurs, alors que d'autres se rapprochent de la croissance verte quand ils les considèrent comme mineurs.

15. Voir <www.manicore.com/documentation/serre/consommation_graph1.jpg>.

16. Cette augmentation au niveau mondial est en partie due aux pays en développement qui se rapprochent du standard de consommation occidental. Mais elle s'observe aussi pour les pays industrialisés comme la France, qui a vu sa consommation d'énergie augmenter de 54 % entre 1973 et 2007 (<www.insee.fr/fr/themes/tableau.asp?reg_id=0&id=138>). La relative stagnation observée depuis 2000 est sans doute trompeuse, car de nombreuses industries très consommatrices, comme les aciéries, ont été délocalisées.

compte l'énergie grise, c'est-à-dire l'énergie nécessaire pour produire et détruire un objet. Par exemple, la Toyota Prius hybride consomme moins d'essence qu'un Hummer, mais a besoin de beaucoup plus d'énergie, investie en particulier dans l'extraction des métaux rares, pour être fabriquée. Le gain global des nouvelles technologies (cycle de vie des produits) est faible, voire négatif. Enfin, l'effet rebond[17] à lui seul constitue une raison fondamentale de l'échec du couple croissance + technologie. Cet effet pervers consiste à préserver l'environnement et les ressources par l'utilisation de technologies moins polluantes et moins énergivores ou par la suppression d'objets polluants, puis, dans un second temps, à utiliser l'argent ainsi économisé dans des activités détruisant l'environnement. Un exemple typique est de mieux isoler sa maison et d'utiliser l'argent économisé pour prendre des vacances d'hiver au soleil ou au ski. L'effet rebond peut donc très facilement, dans le cadre d'une vision « croissanciste » du monde, annihiler tous les bénéfices apportés par les progrès technologiques.

Cet échec semble contradictoire avec les succès tant vantés des technologies. Aux progrès apparents, il faut opposer l'utilisation de nouvelles ressources non renouvelables, ainsi que la délocalisation et la dilution de la pollution ; moins visibles, ces nouvelles solutions ne réduisent pas pour autant les impacts négatifs du « progrès », surtout à long terme. Ainsi, à la fin du XIXe siècle, le crottin de cheval constituait un problème majeur de pollution dans les villes. Au prix de l'utilisation massive du pétrole et de l'émission de gaz à effet de serre, le moteur à explosion a parfaitement résolu ce problème. Une pollution locale facile à corriger a ainsi été transformée en changement climatique global que l'on ne peut maîtriser[18]. Similairement, l'énergie électrique photovoltaïque pour remplacer le charbon entraîne, pour la fabrication des panneaux, l'émission de trifluorure d'azote, gaz à effet de serre 17 000 fois plus puissant que le CO_2, émission qui a augmenté de 10 % en 2008[19].

---

17. L'effet rebond a d'abord été défini en économie, une réduction des coûts permettant une augmentation de la production. Il a été ensuite appliqué à la consommation d'énergie, où une réduction de la consommation entraîne une augmentation de l'usage (parcourir plus de kilomètres avec une voiture moins gourmande). Nous utilisons ici la définition généralisée qui inclut toute augmentation des dépenses énergétiques permise par l'application d'une nouvelle technologie ou d'un changement de comportement. Voir : F. Schneider, F. Hinterberger, R. Mesicek et F. Luks, « Strategies for an Ecological Information Society », dans M. L. Hilty et P. W. Gilgen (dir.), *Sustainability in the Information Society*, Marburg, Metropolis-Verlag, 2001, p. 831-839.

18. Cette critique de ce qui est habituellement considéré comme un progrès ne doit surtout pas être vue comme un mythe de l'âge perdu où tout était mieux avant. Mais en termes de pollution et d'usage des ressources, c'est presque un truisme de constater que c'était mieux avant et que ça sera probablement pire encore dans le futur.

19. R. F. Weiss, J. Mühle, P. K. Salameh et C. M. Harth, *Nitrogen Trifluoride in the Global Atmosphere*, Geophys. Res. Lett., 2008.

Cette constatation que le mode de vie actuel des Occidentaux est intenable n'est pas originale[20]. Un mouvement puissant en a résulté dans les années 1970, mais a été incapable de remettre en cause ce mode de vie. Cet échec me conduit à me concentrer ici sur un aspect qui n'avait que peu été remis en cause à l'époque: la recherche scientifique.

Pourquoi les Européens ont-ils accepté l'extrémisme de la croissance infinie ?

L'idée de croissance infinie sur laquelle sont fondées nos sociétés modernes est extrémiste et l'approche technoscientifique, sans remise en cause de la croissance, ne permettra de résoudre ni l'épuisement des ressources ni la crise environnementale que nous connaissons. La décroissance attaque frontalement la source du problème, l'idéologie « croissanciste ». Il semble que cette idéologie soit unique dans l'histoire humaine. Une question fondamentale est donc de comprendre pourquoi les sociétés européennes se sont engagées vers une croissance infinie alors que toutes les autres sociétés humaines ont toujours rejeté ce concept même[21]. La question a déjà été abordée[22] et plusieurs ouvrages seraient nécessaires pour répondre à cette question; je me contenterai donc d'explorer une piste souvent ignorée. Il est facile de chercher des boucs émissaires comme les capitalistes, les communistes, les industriels ou les banquiers. Les économistes, en particulier les théoriciens de la croissance économique, constituent une cible facile, mais ils ont longtemps résisté à cette idéologie. À l'inverse, les scientifiques ont depuis des siècles été des ardents défenseurs de l'idéologie de la croissance infinie du savoir.

La conséquence logique du mythe de la croissance infinie est que la notion de limites doit disparaître. Effectivement, cette notion a presque complètement disparu de nos sociétés, comme le montre l'utilisation récurrente du mot « illimité » dans les publicités. Mais la notion de limites, de tabous, est l'un des fondements de toutes les sociétés et religions humaines[23]. Comment a-t-on pu briser les contraintes séculaires qui imposaient de strictes limites aux hommes? Je propose l'hypothèse que

20. D. H. Meadows, *op. cit.*; R. Dumont, *L'utopie ou la mort*, Paris, Le Seuil, 1973; I. Illich, *op. cit.*; A. Gorz, *Écologie et politique*, Paris, Galilée, 1975.

21. Cette affirmation mérite d'être validée par des études beaucoup plus approfondies que je n'ai pas encore eu le temps de réaliser. Mais il semble que la notion de temps cyclique, qui n'a été remplacée par celle de temps linéaire qu'au début du XIXe siècle, constitue un blocage majeur à l'idée de croissance infinie. De même, la puissance des religions a toujours placé les Hommes bien en dessous des Dieux, limitant leur possible volonté d'un monde sans limites.

22. L. T. White, « The Historical Roots of Our Ecologic Crisis », *Science*, n° 155, 1967, p. 1203-1207; K. Sale, *After Eden: The Evolution of Human Domination*, Durham (NC), Duke University Press, 2006.

23. Cela ne veut pas dire que toutes les limites soient intrinsèquement bonnes.

ce sont les scientifiques qui ont permis l'apparition de cette vision du monde sans limite et qui continuent à défendre cette démesure (« hubris »). La levée de boucliers contre Bush qui a arrêté le financement fédéral pour la recherche sur les cellules souches en constitue une parfaite illustration. Depuis la fondation de la science moderne au XIIe siècle (liée à l'idée d'un Univers gouverné par des lois accessibles à la raison humaine[24]), le chemin a été long pour faire admettre la disparition des limites. Depuis la fin du Moyen Âge, les scientifiques ont eu à se battre bec et ongles contre l'Église pour pouvoir mener leur recherche sans contraintes, en particulier celles posées par l'interprétation des Saintes Écritures. Et, chose extraordinaire, ils sont arrivés, dès le XVIIIe siècle, à faire reconnaître le dogme que la recherche de la connaissance ne devait souffrir d'aucune limite[25]. Et c'est seulement à partir du XXe siècle que l'idée de croissance économique infinie s'est mise en place. Je propose donc d'explorer l'hypothèse suivante : l'acceptation de la croissance infinie du savoir a grandement contribué à l'apparition de la première société humaine où la notion de limites a été abolie, et cela a ouvert la voie à l'acceptation d'un modèle de société extrémiste basée sur une croissance économique infinie.

La recherche scientifique, caricature de la croissance infinie et de ses effets pervers

Les scientifiques sont-ils des extrémistes de la croissance infinie ? La recherche appliquée qui, en fournissant des innovations, est le moteur de la croissance économique est un cas trop facile. Je ne considérerai donc que la recherche fondamentale. Commençons par l'évaluation de la recherche. Époque oblige, les demandes de financement commencent presque toujours par les problèmes sociétaux, souvent liés au réchauffement climatique, à la pollution, à l'épuisement des ressources, à la perte de biodiversité ou aux maladies émergentes ; suit l'urgence de les étudier ; des moyens financiers, souvent les plus grands possibles[26], concluent la demande. Il est difficile de voir comment une augmentation du financement contribuera à résoudre le problème de l'épuisement des ressources (*voir ci-dessous le coût environnemental de la recherche*). Plus grave encore, les critères d'évaluation sont essentiellement le nombre de publications, le nombre de citations et le nombre de participations à des conférences internationales (qui constituent un bon indicateur de l'impact des

24. P. Ball, « Triumph of the Medieval Mind », *Nature*, n° 452, 2008, p. 816-818.

25. En fait, l'expérimentation sur les humains est la seule limite qui n'ait rarement été franchie.

26. Des arguments politiques favorisent les grands projets, qui ont une plus grande visibilité médiatique, ce qui aggrave une tendance naturelle.

chercheurs), que l'on souhaite évidemment les plus élevés possible. En termes crus, plus un chercheur pollue et épuise les ressources, meilleure peut être son évaluation, et plus important peut être son financement pour continuer et amplifier ses actions destructrices[27].

On pourrait argumenter qu'il s'agit d'un dysfonctionnement du système d'évaluation causé par l'incitation au productivisme émanant de la société. Mais cela s'inscrit parfaitement dans la démarche scientifique expérimentale, démarche qui peut être qualifiée de « toujours plus ». Le fonctionnement normal de la recherche scientifique consiste à accumuler de plus en plus de données, données qui doivent être de plus en plus précises, et à développer de meilleures théories et de meilleurs modèles[28]. Il faut donc toujours plus de ressources pour acquérir les données et surtout pour les analyser. Prenons mon domaine de recherche, la phylogénie des espèces. Depuis 150 ans et la publication du livre fondateur de Darwin, on est passé de l'analyse des données morphologiques, nécessitant tout au plus un microscope, à l'analyse des données génomiques, coûteuses à acquérir, et nécessitant l'emploi de dizaines d'ordinateurs pendant des mois. Cet impact environnemental n'est pas du tout négligeable. Même si cela ne constitue qu'une mesure très partielle, j'ai quantifié les émissions de gaz à effet de serre dues à mon activité de recherche en 2007[29] : l'utilisation de mes 16 ordinateurs a produit 19 tonnes de CO_2, leur climatisation au moins 10 tonnes[30] et ma participation à des conférences internationales, 15 tonnes[31]. Mon activité de théoricien, une activité immatérielle qui, d'après les tenants du développement durable, est une activité d'avenir, propre et non polluante, a libéré au moins 44 tonnes de CO_2, soit plus de 10 fois la moyenne mondiale, déjà considérée comme excessive. L'étude de la pollution causée par la recherche scientifique en est à ses débuts, mais mon cas n'a aucune raison d'être une exception. Ainsi l'Université Harvard émettrait

27. Notons bien que je ne prends pas en compte ici les aspects positifs qui sans aucun doute émergeront de certaines de ces études, car l'histoire montre qu'ils ne compensent pas les hausses. Il est très improbable que l'on puisse sélectionner les recherches qui auraient le meilleur rapport coût/bénéfice, rendant un changement de tendance délicat.

28. Je ne remets absolument pas en cause que les sciences expérimentales constituent la meilleure approche existante pour améliorer notre compréhension du monde (même si certains gaspillages pourraient être évités), mais me contente de décrire froidement ses conséquences pratiques.

29. H. Philippe, « Less is More : Decreasing the Number of Scientific Conferences to Promote Economic Degrowth », *Trends in Genetics*, vol. 24, n° 6, 2008, p. 265-267.

30. Le chiffre de 19 tonnes est plus probable, car une étude récente suggère que les gros systèmes informatiques nécessitent autant d'énergie pour les alimenter que pour les refroidir.

31. Deux hypothèses supplémentaires sont nécessaires : seuls les calculs correspondant aux publications où je suis premier auteur ont été considérés, pour séparer mon empreinte de celle de mes collègues ; la transformation des KWh en CO_2 a été faite en utilisant la moyenne mondiale, pour donner au résultat une certaine généralité.

320 000 tonnes de CO_2[32]. Plus extrême encore, le récent grand collisionneur d'hadrons du CERN, à Genève, consomme autant d'électricité que 500 000 Genevois. Il produit 15 pétaoctets de données par an, qui nécessitent probablement encore plus d'électricité pour être analysées. En d'autres termes, quelques milliers de physiciens utilisent autant de ressources électriques que quelques millions de riches Occidentaux. Ce centre de recherche est un archétype du « toujours plus », comme l'illustre son site Internet[33]. En résumé, les scientifiques sont des fondamentalistes de la croissance : toujours plus de savoir, toujours plus d'activités de recherche, toujours plus de ressources.

En quoi la recherche scientifique peut-elle contribuer à résoudre la crise environnementale ?

La recherche scientifique contribue donc significativement à l'épuisement des ressources et à la dégradation de l'environnement. À supposer que les citoyens continuent à financer la recherche de manière croissante, il n'y a aucune raison théorique pour que cela n'aille pas en augmentant rapidement. Il faut donc se poser la question du rôle que la science peut jouer pour résoudre la crise environnementale à laquelle elle contribue activement[34]. Pour commencer, il est important de distinguer les quatre sens que le mot science recouvre généralement (Sokal et Bricmont) :

1) une *méthode* rationnelle d'explication du monde ;
2) un ensemble de connaissances (*savoir*) ;
3) des applications (*innovations* technologiques) ;
4) une communauté de professionnels (*scientifiques*).

Il convient aussi de distinguer la vision statique, c'est-à-dire sans nouvelle acquisition de connaissances, pour laquelle j'utiliserai le mot science, et la vision dynamique, que je qualifierai de recherche scientifique.

Je ne souhaite pas aborder le premier point, car il a montré son efficacité et même s'il peut encore être amélioré, il me semble que les principaux problèmes sont liés aux autres points, principalement de l'application de

32. D. J. Eagan, J. Keniry, J. Schott, P. Dayananda, K. Jones et L. Madry, *Higher Education in a Warming World: The Business Case for Climate Leadership on Campus*, Washington, National Wildlife Federation, 2008.

33. Voir : <http://public.web.cern.ch/Public/fr/LHC/Facts-fr.html>.

34. Les chiffres donnés ci-dessus suggèrent que l'activité scientifique contribue proportionnellement beaucoup plus à l'épuisement des ressources que la moyenne des activités humaines. L'utilisation d'appareils de mesure de précision, les déplacements et les calculs intensifs expliqueraient ce résultat, qu'il faut néanmoins confirmer à une échelle globale. De plus, être davantage consommateurs de ressources que la moyenne ne veut pas dire être les pires, la Formule 1 par exemple étant certainement plus gourmande.

cette méthode. La société attend légitimement de la science savoir et technologie afin d'améliorer les conditions de vie de l'humanité. Cependant, tous les gouvernements mettent l'accent sur la seule technologie. Par exemple Gary Goodyear, ministre canadien de la Recherche, affirmait en mars 2009: « Si nous voulons vraiment sauver des vies et améliorer les conditions d'existence sur Terre, si nous voulons vraiment protéger l'environnement, alors nous allons devoir transférer quelques-unes de ces technologies des laboratoires vers les usines. Concevoir. Produire. Vendre. » Les deux derniers siècles ont montré que cette croyance en la technologie menait à l'échec, à tout le moins en termes de durabilité[35]. À l'inverse, le savoir scientifique pourrait être très précieux pour éviter les crises sociales et environnementales, en trouvant, par exemple, un rythme adéquat d'utilisation des ressources fossiles. Mais que voit-on? Une ignorance, involontaire ou non, du savoir existant pour guider les décisions.

Plusieurs exemples simples peuvent être évoqués. Sachant que les frottements, et donc les coûts énergétiques, augmentent avec le carré de la vitesse, pour combattre l'effet de serre il suffirait de réduire la vitesse, comme on l'a intelligemment fait après le premier choc pétrolier. Au contraire, on investit dans des techniques permettant de générer une puissance accrue qui amène à une vitesse croissante au détriment de la consommation énergétique, ainsi en France avec le train à grande vitesse (TGV). L'obésité, le diabète et les maladies cardiovasculaires constituent un autre exemple clair. On connaît déjà la solution à la plupart de ces graves problèmes de santé: un meilleur régime alimentaire et plus d'exercice physique. Non seulement ces changements de comportement amélioreraient directement la santé humaine, mais ils auraient également une incidence positive sur l'environnement en réduisant les transports mécanisés, les faux besoins en nourriture et tous les déchets associés, comme les cannettes de boissons sucrées. Et au lieu de modifier les structures sociétales selon le savoir scientifique, on investit massivement dans la recherche médicale, moléculaire ou pharmacologique pour trouver des solutions technologiques[36].

---

35. Je ne nie pas que des progrès ont été réalisés. L'exemple généralement avancé est l'espérance de vie qui a considérablement augmenté durant cette période. Schématiquement, l'essentiel de l'augmentation est dû à la découverte de l'hygiène et à sa mise en place, une solution peu coûteuse, durable, et qui me semble donc constituer un succès de l'application intelligente du savoir. Le reste est permis par des technologies très coûteuses (IRM), qui nécessitent énormément de ressources et sont, pour la plupart, non durables. Non seulement il est largement reconnu que c'est une erreur de réduire la condition humaine à la santé et au confort, mais surtout que ces « progrès » sont obtenus à crédit sur le dos des générations futures.

36. Comme cela sera détaillé à propos de la science de la décroissance, cela suggère que les scientifiques devraient consacrer leur temps à l'enseignement, à la divulgation des connaissances, plutôt qu'à la recherche scientifique.

L'énorme préférence pour le développement technologique (point 3) plutôt que pour l'utilisation rationnelle du savoir (point 2) me semble être un des problèmes majeurs de nos sociétés[37]. Fondamentalement, cette idéologie revient à reléguer le point 1 à la seule découverte du monde réel en lui refusant tout rôle dans le comportement humain et dans la place des sociétés humaines dans le monde réel. Ce refus ou mauvais usage de la raison a déjà été critiqué[38], et il serait probablement plus pertinent de se demander pourquoi l'approche rationnelle ne s'est pas imposée, malgré les multiples proclamations sur le fait que les sociétés occidentales sont basées sur la raison.

Il me semble particulièrement intéressant de ce point de vue d'étudier la communauté des chercheurs (point 4). Même s'ils appliquent une approche rationnelle (point 1) dans leur propre recherche scientifique, ils oublient généralement le savoir apporté par toutes les autres disciplines (point 2) dans leur comportement. En effet, comment peut-on demander en même temps à la société de réduire les émissions de gaz à effet de serre et d'augmenter les crédits pour la recherche sur le changement climatique (c'est-à-dire incidemment augmenter la production de ces mêmes gaz) ? N'est-ce pas une dramatique contradiction avec l'approche rationnelle tant vantée par les scientifiques[39] ? Pour illustrer le fait que la communauté scientifique néglige les points 1 et 2 dans son propre comportement, il suffit de s'intéresser aux transferts de connaissances. On ne parle que du transfert des connaissances vers le grand public ou les décideurs, alors qu'il faudrait certainement réaliser un tel transfert vers les scientifiques qui semblent ignorer presque totalement les savoirs des autres disciplines scientifiques.

De l'arrêt de la recherche scientifique comme solution aux crises environnementales et sociales

La science moderne est probablement un précurseur, certainement un fondamentaliste de la croissance infinie, de la vision d'un monde sans limite. Les crises environnementales et sociales sont essentiellement dues

---

37. Les scientifiques (point 4) ne me semblent pas être particulilèrement responsables de cette situation, même si seule une minorité exprime publiquement son désaccord avec elle.

38. Pour des exemples récents, voir : J. Saul, Les bâtards de Voltaire. La dictature de la raison en Occident, Paris, Payot & Rivages, 2000 ; et A. Gore, The Assault on Reason, New York, The Penguin Press, 2007.

39. Il faut noter que, dès 1973, Ivan Illich avait noté cette contradiction dans *La convivialité*, alors que les scientifiques commencent seulement à lentement essayer de la corriger. Mon expérience personnelle suggère une très forte résistance, car, sur une dizaine d'invitations que j'ai reçues et pour lesquelles j'ai proposé une vidéoconférence pour réduire l'impact environnemental, un seul comité d'organisation a accepté !

à la croissance économique sans limite (la croissance démographique est volontairement ignorée ici, car, même si elle n'est pas négligeable du tout, elle n'influence pas les propriétés intrinsèques de la recherche scientifique). Il est donc légitime de s'interroger sur la philosophie de la croissance infinie et sur la pertinence de poursuivre des activités qui ne sont pas bornées par des limites. Je voudrais ainsi aller encore plus avant à la racine du problème environnemental, être extrêmement radical, en posant la question iconoclaste : n'est-il pas temps d'arrêter la recherche scientifique ? Je ne souhaite pas remettre en cause l'efficacité de l'approche (point 1) ni les résultats positifs qui en résultent, ce que d'autres ont déjà fait, mais étudier les conséquences de la recherche sur le long terme. Deux aspects négatifs vont être détaillés : le premier, intrinsèque, est ce que j'appelle la chrématistique du savoir ; le second, extrinsèque, concerne l'influence directe ou indirecte de la science et de la recherche scientifique sur la société. Après avoir critiqué la poursuite de la recherche scientifique avec la même philosophie, je conclurai en décrivant succinctement ma vision de ce que pourrait être une science durable.

Chrématistique du savoir

Aristote oppose la chrématistique, l'art d'acquérir des richesses, à l'économie, l'art de pourvoir au bien-être de la maison. Sans vouloir refaire les nombreuses critiques qui ont été formulées contre la chrématistique[40], contentons-nous de noter que cette accumulation sans limite de richesses[41] est à la base de la crise environnementale. À l'opposé, l'accumulation sans fin des connaissances, la chrématistique du savoir, est considérée par Aristote et par les sociétés modernes comme la voie royale pour réussir. Cependant, après des siècles de recherche, de découverte, l'accumulation des connaissances se heurte à deux obstacles majeurs, potentiellement mortels.

Le premier obstacle est l'augmentation exponentielle des ressources nécessaires à la recherche scientifique[42]. Scientifiquement parlant, cette

40. Voir : O. Aktouf, *La stratégie de l'autruche. Post-mondialisation, management et rationalité économique*, Montréal, Éditions Écosociété, 2002 ; et K. Marx, *Le capital*, Paris, Éditions sociales, 1967.

41. Il est ironique que les limites physiques à l'accumulation de déchets soient pour l'instant le principal frein à cette accumulation sans limite !

42. Toutes les recherches ne sont bien sûr pas autant demandeuses de ressources, les sciences expérimentales étant les plus gourmandes. Par exemple, les mathématiciens utilisent de plus en plus d'ordinateurs. Les sociologues étudient des cohortes de plus en plus grandes et des méthodes statistiques de plus en plus raffinées. Les paléo-anthropologues utilisent de plus en plus des méthodes moléculaires (isotope, séquençage). Et tous les chercheurs utilisent de plus en plus l'informatique au minimum pour accéder à des publications de plus en plus nombreuses.

augmentation est tout à fait justifiée : il faut décrire de plus en plus finement chaque objet, ainsi que les relations entre tous les objets précédemment décrits, et surtout il faut effectuer le plus grand nombre de mesures possibles pour capturer la complexité des processus à travers l'espace et au cours du temps ; puis il faut construire des modèles permettant d'expliquer toutes ces observations, des modèles obligatoirement de plus en plus complexes nécessitant une part toujours croissante en ressources informatiques ; ces analyses engendreront obligatoirement l'élaboration de nouveaux tests, de nouvelles expériences et surtout révéleront que de nombreuses approximations ne sont plus tolérables dans le nouveau contexte. Il faudra donc recommencer le cycle au départ, mais avec un facteur multiplicatif dans l'utilisation des ressources de 10, 100, voire 1000 pour affiner la compréhension. Ce cycle se répète inlassablement depuis des siècles, avec une augmentation croissante des besoins. En poussant à l'extrême, tout comme il est connu que l'observation implique la modification, voire la destruction, de l'objet étudié, l'objectif de la recherche scientifique de comprendre et maîtriser tous les processus se produisant sur Terre amènera à une modification significative de la Terre elle-même (qui très probablement sera nuisible à l'espèce humaine). Pour réduire cette dérive, on pourrait envisager d'arrêter les recherches les plus demandeuses en ressources ou les moins utiles, mais l'histoire des sciences montre clairement qu'il est impossible de savoir quelle recherche sera révolutionnaire (ce qui est en fait un truisme, par définition on ne sait pas ce que l'on cherche !) et donc qu'il est tout à fait impossible de savoir quelles recherches seraient les plus efficaces non seulement pour augmenter les connaissances humaines, mais surtout pour résoudre un problème particulier ou aboutir à des applications utiles à la société. Notons que cette critique est surtout valide pour les sciences expérimentales, mais paradoxalement, c'est cette capacité à se confronter à la réalité qui fait la force de celles-ci, mais nécessite le plus de ressources.

Le deuxième obstacle est notre incapacité à assimiler et à utiliser le savoir déjà existant. Qui peut croire raisonnablement que notre cerveau est assez grand pour contenir les mathématiques, la physique quantique, la biologie moléculaire, l'économie, la tectonique des plaques, la chimie organique, la biodiversité, la sociologie, l'histoire, l'anthropologie, l'immunologie, la virologie, la parasitologie, la cancérologie, l'informatique ? Personne bien sûr, et ce, au moins depuis les Grecs anciens. Comme les autres notions de limites, les limitations cognitives du cerveau humain ont été gravement sous-estimées, voire complètement ignorées. Prenons l'exemple de l'évolution des espèces. Nous pouvons assez facilement apprendre la théorie de la classification phylogénétique, mais comment connaître les millions d'espèces existantes, leurs caractères morphologiques, leur biologie, leur position dans l'écosystème, et l'évolution de tous ces objets pendant des millions d'années ? Pour avoir une vision globale de la vie, condition *sine qua non* pour avoir un point de vue éclairé sur son passé et son avenir, nous devrions être capables de maîtriser tout ce savoir.

Le pragmatisme conduit à se spécialiser en devenant expert des Gnathostomulides, des diatomées pennées ou des Gadiformes. Une telle spécialisation est pleinement justifiée par la volonté d'acquérir une connaissance plus exacte du monde qui nous entoure, mais elle implique nécessairement que chaque scientifique ne connaisse qu'une parcelle infiniment réduite du savoir, utilisant un jargon[43], extrêmement précis et adéquat, mais complètement inaccessible même à un spécialiste d'un domaine voisin. Il faut donc sacrifier non seulement un savoir généraliste mais aussi accepter de ne transmettre son savoir de plus en plus exact qu'à de seuls initiés. Comme Lévy Leblond[44] le dit respectueusement, « il faut en finir avec cette représentation héritée du XIXe siècle selon laquelle il y aurait, d'un côté, les scientifiques munis d'un savoir général et universel et, de l'autre, un public ignorant et indifférencié à qui il faudrait transférer ce savoir. Nous, scientifiques, devons commencer par faire acte de modestie, et reconnaître que nos savoirs sont fort limités. » En continuant la recherche, c'est-à-dire en poussant la logique de la chrématistique du savoir, les scientifiques ne peuvent que devenir de brillantissimes autistes.

La formation des chercheurs illustre parfaitement les conséquences néfastes résultant de la non-prise en compte de nos limitations cognitives. La durée d'apprentissage pour devenir un chercheur concurrentiel[45] est déjà tellement longue (plus de 20 ans) qu'il a été nécessaire de supprimer non seulement l'essentiel de l'enseignement « ancestral », d'abord la connaissance de notre entourage immédiat (tant humain que naturel) et plus récemment les humanités (toutes deux réduites à un simple vernis), mais aussi une part essentielle de l'enseignement scientifique (épistémologie, histoire des sciences en particulier)[46]. En fait, l'enseignement est

---

43. L'usage de jargon, qui est abondamment critiqué, est une conséquence naturelle de la meilleure description du monde par la science, qui nécessite d'avoir un vocabulaire précis pour décrire la multitude d'objets et de processus existants. Au lieu de critiquer le jargon, il faudrait critiquer sa cause, la chrématistique du savoir.

44. J.-M. Lévy-Leblond, « (re)mettre la science en culture : de la crise épistémologique à l'exigence éthique », *Courrier de l'environnement de l'INRA*, n° 56, 2008, p. 7-16.

45. Malheureusement, il tend à n'être plus qu'un hyper-spécialiste obtus. Il n'y a là aucune intention malveillante ni aucune bêtise, simplement la conséquence naturelle de la quête sans limite du savoir.

46. Charles Percy Snow, dans son célèbre discours « The Two Cultures », relevait déjà en 1959 l'impossibilité de communiquer entre sciences et humanités et les graves conséquences que cela entraînait. Pour le 50e anniversaire de ce discours, Martin Kemp constate que la situation s'est aggravée et que les scientifiques ont autant de mal à répondre à la question « Pourriez-vous décrire la deuxième loi de la thermodynamique ? » que les spécialistes en humanité à « Que signifie la déconstruction telle que pratiquée par le philosophe Jacques Derrida ? ». Comme solution à la chrématistique du savoir, il propose d'améliorer l'éducation,

lui-même devenu tellement pointu que même l'essentiel du domaine de recherche d'un étudiant n'est plus que superficiellement appris (et souvent vite oublié). Ainsi, même après un doctorat, les connaissances sont centrées sur une maîtrise de techniques de plus en plus sophistiquées, non par choix mais par nécessité. Cela correspond-il vraiment à l'idéal du savant contribuant au bien-être de la société? Avec un savoir général lacunaire et contraint par un nécessaire jargon qui restreint la communication, prendre des décisions éclairées concernant l'avenir de l'humanité et de son environnement devient une gageure. Ne devrait-on pas se demander si un paysan, certes illettré, mais ayant des connaissances héritées de sa communauté, n'est pas mieux placé qu'un agronome occidental pour gérer son avenir de manière rationnelle et durable[47]? Notons que je me focalise ici sur la science, mais au-delà de la chrématistique du savoir[48], que penser de celle des lois, du code des impôts ou des monuments historiques, par exemple? « Car la vie est courte, la lecture est longue et la littérature est en train de se suicider par une prolifération insensée. En commençant par lui-même, chaque romancier devrait éliminer tout ce qui est secondaire, prôner pour lui et pour les autres la morale de l'essentiel[49] ! »

Responsabilité sociale de la science

Les scientifiques font partie des élites de notre société, l'élite intellectuelle. Même si on ne peut pas leur reprocher d'avoir un effet direct faible sur les élites dirigeantes et économiques, leur effet indirect est indéniable. Le savoir[50] et les technologies[51] qu'ils génèrent ont une influence primordiale

---

ce qui me semble un dangereux vœu pieux ignorant totalement nos limitations cognitives. Voir: M. Kemp, « Dissecting the Two Cultures », *Nature*, n° 459, 2009, p. 32-33.

47. Voir l'exemple des méthodes agricoles des montagnards de Nouvelle-Guinée décrit dans le livre de Jared Diamond: « Mes amis des hautes terres, qui ont passé leur enfance loin de leur village pour pouvoir faire des études, se sont ainsi rendu compte à leur retour dans leur village qu'ils n'avaient pas les compétences suffisantes pour pouvoir cultiver les jardins familiaux, car ils n'avaient pas eu l'opportunité d'acquérir la somme importante de connaissances nécessaires. » Notons bien que, dans ce texte, la durabilité est considérée comme une condition nécessaire, mais non suffisante. Une société qui a été durable n'est pas forcément souhaitable. Voir: Jared Diamond, *Effondrement. Comment les sociétés décident de leur disparition ou de leur survie*, NRF Essais, Paris, Gallimard, 2006, p. 339.

48. On peut aussi se demander si la chrématistique du savoir n'est pas structurellement à l'origine de la bureaucratie (au sens kafkaïen) et des nombreuses formes d'accumulations qui y sont associées.

49. M. Kundera, *Le rideau*, Paris, Gallimard, 2005, p. 115.

50. Par exemple, Charles Darwin, par sa théorie de l'évolution par sélection naturelle, qui peut tout à la fois remettre en cause les mythes de la création de l'homme par Dieu et justifier la concurrence acharnée et la guerre économique, a ainsi changé la face du monde.

51. Voir l'œuvre de Jacques Ellul.

sur nos sociétés. Ils constituent donc une part fondamentale des élites, preuve en est du soutien apporté à la recherche par tous les gouvernements de la planète, même en période de crise économique[52]. Les sociétés non durables sont celles où les élites se sont trompées. Citons par exemple John Saul[53] : « en dépit de leur compétence et de leur pouvoir, croient-elles [les élites] vraiment que les sociétés peuvent être détruites par qui que ce soit, hormis par ceux qui les dirigent ? » Ainsi Lehman Brothers aurait-il pu être détruit par Amir Khadir et Québec solidaire ou par Olivier Besancenot et son Nouveau Parti anticapitaliste ? Par contre, Lehman Brothers a été très efficacement détruit par ses dirigeants, bien que formés dans les meilleures universités.

Les citoyens attendent au minimum des élites modernes qu'elles mènent la société dans la bonne direction. Mais il faut aussi revenir à deux conceptions plus anciennes de l'élite : l'exemplarité spirituelle (le refus de la démesure chez les Grecs) et l'exemplarité dans son comportement (pour les citoyens romains). Est-ce que la chrématistique du savoir répond à ces critères ?

La quête sans limite du savoir est par essence démesurée. Eugène Huzar évoquait déjà ce problème en 1855 dans son livre *La fin du monde par la science* : « Le serpent qui figure dans toutes les religions de l'Antiquité et qui embrase les mondes après les avoir séduits est le symbole de ce désir insatiable qu'a l'homme de tout connaître, tout approfondir, tout dominer, c'est le symbole de l'exagération, de l'orgueil, de la science et de la force qui croît en raison des connaissances acquises et qui a fait qu'un jour l'homme a tenté l'impossible et est tombé fatalement.[54] » Mais plus que le complexe de Prométhée[55], il faut s'interroger sur la démesure dans le besoin de ressources et les pollutions induites par cette approche. Les scientifiques montrent ici un bien mauvais exemple. Leurs observations montrent que l'épuisement des ressources et la pollution sont totalement insoutenables[56]. Il faut donc faire décroître l'utilisation des ressources et les pollutions résultantes. La logique impose aux scientifiques de commencer par leurs propres activités, car, au fait de la situation, ils sont donc les premiers à devoir mettre en œuvre la décroissance[57]. Malheureusement,

52. M. M. Waldrop, « Science in the meltdown », *Nature*, n° 456, 2008, p.155-159.

53. J. Saul, *op. cit.*

54. E. Huzar, *La fin du monde par la science*, Paris, Chercheurs d'ère, (1855) 2008.

55. G. Bachelard, *La psychanalyse du feu*, Paris, Gallimard, 1985.

56. Souvent des citoyens, des artistes ont relevé et critiqué ces faiblesses et nuisances du « progrès » bien avant les scientifiques (voir par exemple le cas du bruit du moteur à explosion de Jaromir John, cité dans *Le rideau* de M. Kundera, *op. cit.*). Malheureusement, ils ont été qualifiés de réactionnaires, de rétrogrades, et donc discrédités, un danger que les mouvements prônant la décroissance ne doivent pas négliger.

57. On peut en effet se demander si l'inertie de la société n'est pas telle qu'il serait plus long et plus difficile d'y mettre en œuvre la décroissance.

nous observons exactement le contraire. Prenons l'exemple des scientifiques du GIEC. Leur objectif est de prédire avec la plus grande précision possible l'évolution du climat durant les 100 prochaines années. Du fait de l'immense complexité de ce problème, il y a place à l'amélioration tant au niveau de la qualité des mesures que du réalisme des modèles. Mais est-il raisonnable que les scientifiques chargés d'étudier le réchauffement climatique et donc de protéger l'humanité contribuent de plus en plus à ce même réchauffement[58] ? Ils ont juste oublié que la recherche fait partie du monde réel[59], un reproche par ailleurs souvent adressé par les autres scientifiques aux économistes négligeant les externalités. Ils doivent donc logiquement suivre les mêmes règles que l'ensemble de l'humanité. Raison et savoirs scientifiques impliquent par eux-mêmes la nécessité de limiter une recherche de plus en plus polluante ; or, cette idée est à peine discutée par la communauté des chercheurs. L'exemplarité qui est actuellement demandée des dirigeants d'entreprise devrait être demandée aussi aux scientifiques.

Cet échec des élites scientifiques[60] a considérablement réduit leur crédibilité et renforce les mouvements anti-élitistes. D'un côté, les chercheurs sont amenés à faire des promesses pour justifier leur utilité dans la société ; de l'autre, ils savent qu'elles sont de plus en plus irréalistes (la recherche respectant généralement la loi des rendements décroissants de Ricardo). La liste des promesses non tenues est sans fin. « Étaient par exemple prédites la surabondance et la gratuité de l'énergie, grâce au nucléaire. Les journaux de vulgarisation de l'époque affirment très sérieusement – sur la base des déclarations des spécialistes ! – qu'avant la fin du siècle, chacun disposera d'un petit réacteur nucléaire domestique, et même dans sa voiture (*sic*), qu'à grande échelle, la fusion thermonucléaire sera maîtrisée », écrit Lévy-Leblond[61]. La « guerre contre le cancer » déclarée en 1973 par le président américain Richard Nixon en est un autre exemple. Bien que les progrès scientifiques aient été indéniables et que les traitements soient plus efficaces (quoique coûteux), le taux de décès par

58. Loin de moi l'idée que ces chercheurs ne font pas un excellent travail. Ce ne sont pas de monstrueux individus ayant pour but de détruire l'humanité. Ils accomplissent brillamment, souvent dans des conditions difficiles (voir par exemple les pressions des compagnies pétrolières ou de l'administration Bush), l'objectif de la recherche scientifique pure.

59. Comme la cause majeure du réchauffement climatique est l'utilisation des ressources fossiles limitées, les études complexes de ce problème ne sont finalement que d'un intérêt réduit. Le facteur un million évoqué ci-dessus est à lui seul suffisant pour aller beaucoup plus loin que les recommandations les plus sévères du GIEC. Encore un exemple de mauvais usage des connaissances.

60. Ce terme neutre me semble plus adéquat que *La trahison des clercs*, en référence à l'ouvrage de Julien Benda publié en1927. La responsabilité est certainement partagée entre ce que la société voulait entendre et ce que les scientifiques voulaient faire.

61. J.-M. Levy-Leblond, *op. cit.*

cancer augmente, en particulier chez les jeunes, car les causes de cancer ont augmenté encore plus vite (principalement à la suite d'une mauvaise utilisation d'un savoir déjà existant en 1973, en particulier sur la pollution chimique et le tabac). Il est urgent que la science regagne de la crédibilité pour espérer sauver la méthode et le savoir existants (points 1 et 2), et que les scientifiques retrouvent leur rôle d'élites contribuant à mener la société dans de bonnes directions. Cela ne s'effectuera pas avec toujours plus de promesses et de recherche, mais plutôt par une réflexion critique raisonnée et honnête.

La deuxième influence que la science et la recherche scientifique exercent sur la société est plutôt d'ordre religieux. Malgré le fait que le besoin de croire soit une propriété du cerveau humain, l'objectif des scientifiques a toujours été de combattre l'obscurantisme, les explications irrationnelles des phénomènes naturels. Nous ne discuterons pas ici des conséquences anthropologiques néfastes du refus de la pensée magique, des êtres surnaturels pour expliquer le monde[62] mais nous nous demanderons ce qu'a donné en pratique le développement infini des connaissances. La pensée est restée magique, mais a été mâtinée de sciences :

- *Magique par nécessité interne.* Les mathématiques ont dû être élaborées au point que plus personne ne les comprend vraiment, à tout le moins globalement. De même les modèles scientifiques, qui nécessitent ces mathématiques complexes ainsi qu'une foultitude de données, ressemblent beaucoup plus à une boîte noire que personne ne maîtrise vraiment, au moins en profondeur[63].
- *Magique par volonté.* Le désir cartésien de dominer la nature nécessite que les résultats scientifiques soient infaillibles. Mais la découverte des systèmes chaotiques en particulier montre que l'on ne peut pas prédire les évolutions à long terme, en d'autres termes que les résultats sont hautement imprécis.
- *Magique par facilité.* Quand les hommes modernes font face à des difficultés (épuisement du pétrole, réchauffement climatique, surpêche), ils ne cherchent plus la solution avec les savoirs existants. Ils demandent à la recherche scientifique non pas de chercher, mais de trouver la solution, et ce, sans pénaliser la croissance économique !

Notre civilisation croit non plus en Dieu, mais en notre capacité à maîtriser la nature grâce à la science et à la technologie[64]. Cette foi dans

62. F. Apffel-Marglin, « Rêveries à des désirs démesurés », *Défaire le développement. Refaire le monde*, Paris, L'Aventurine, 2003, p. 214-222.

63. La crise financière, amplifiée par l'utilisation aveugle de modèles mathématiques complexes mais fondés sur des hypothèses simplistes, est une illustration récente de notre vanité.

64. On accuse généralement la technologie de permettre un tel projet, mais il est évident que la science, la connaissance du monde, est indispensable à une maîtrise de la nature qui ne

la toute-puissance de nos capacités intellectuelles[65] est probablement plus dangereuse que la foi en n'importe quelle divinité, Zeus, Toutatis ou Thor. En effet, elle nous a enlevé toutes notions de limites et de contraintes imposées par les religions classiques, limites inspirées par le bon sens et surtout fruit d'une longue évolution. Ne peut-on pas se demander si les campus universitaires, constructions parmi les plus grandioses de l'époque moderne (avec certains instruments scientifiques comme le LHC ou l'ITER), ne constituent pas le chant du cygne de notre civilisation, tout comme les statues des Pascuans ou les églises des Vikings du Groenland?

On pourrait certainement ajouter d'autres influences négatives de la recherche scientifique sur la société. En particulier, elle apporte les innovations qui constituent le moteur de la croissance économique, croissance que l'on sait être la cause majeure des crises environnementales et sociales. Ou alors j'aurais pu répéter que le savoir actuel, beaucoup trop vaste, est foncièrement antidémocratique: seule une élite peut discuter d'un sujet (le nucléaire), mais la même élite ne peut pas discuter d'un autre sujet (les OGM) et les citoyens doivent faire confiance aux scientifiques sans pouvoir réellement donner leur avis. Mais je souhaitais insister sur les deux aspects qui me semblent majeurs: l'échec à tenir le rôle d'élite et la «religion de la science».

Conclusion

Voilà des arguments, en particulier la chrématistique du savoir, pour arrêter la recherche scientifique. Est-ce à dire qu'il faut abandonner science et raison pour revenir à un obscurantisme moyenâgeux? Soyons d'abord modestes et reconnaissons que toutes les sociétés, même les moins developpées scientifiquement, utilisent la raison et l'expérience, mais dans un autre contexte philosophique. Il me semble particulièrement important de noter que de nombreuses religions mettent l'accent sur les dangers de la quête du savoir, le fameux péché originel de la chrétienté. Cela amène plusieurs questions fondamentales pour résoudre les crises actuelles: est-ce que les civilisations qui ont réprimé la quête illimitée de la connaissance sont généralement plus durables? Pourquoi les religions ont-elles assimilé savoir et péché? Est-ce que l'idée de péché originel est une solution pour garder le pouvoir ou plutôt la sagesse issue d'un

soit pas catastrophique (voir les études faites pour lutter contre le réchauffement climatique via l'ensemencement de l'océan, l'émission de particules ou la mise en place de miroirs dans l'espace). On ne peut donc pas exclure la science de ce projet, même si la plupart des scientifiques n'y souscrivent pas.

65. Cette foi constitue à mon avis un argument implicite du développement durable.

apprentissage difficile ? Pourquoi le mouvement intellectuel et populaire contre les « progrès » scientifiques du XIXe siècle[66] a-t-il échoué ?

En fait, il est plus raisonnable de penser que la proposition d'arrêter la recherche scientifique est plus que tout autre chose une tentative désespérée de sauver la science. Je suis convaincu de la puissance de l'approche scientifique, en particulier de l'approche expérimentale (point 1), et de la validité et de l'intérêt du savoir déjà existant (point 2). Mais je crains que les problèmes évoqués dans cet article, causés en partie par le refus de poser des limites à la quête du savoir, auront pour conséquence un rejet complet de la science par la société. L'essai de théorisation des limites de la recherche scientifique esquissé ci-dessus (où la croissance infinie du savoir et des besoins constituerait l'essence des sciences expérimentales) me semble une étape nécessaire pour revenir aux fondamentaux de la simplicité.

Je propose donc d'envisager une décroissance de la recherche scientifique couplée à l'élaboration d'une science de la décroissance. Sa première caractéristique serait une diminution jusqu'à un niveau soutenable des ressources nécessaires à son fonctionnement[67]. Cette sobriété conduit à la deuxième caractéristique. Ce nouveau domaine de recherche se contenterait principalement de faire le tri parmi les connaissances existantes afin de les rendre réellement utilisables (c'est-à-dire enseignables au plus grand nombre) et réellement utilisées. La compilation de ces connaissances pourrait être particulièrement utile pour aider l'humanité à s'adapter aux perturbations générées par la folie passée d'une croissance sans limite. Cette nouvelle science, à l'opposée de la science productiviste, mettrait l'emphase sur l'analyse critique et sur l'aspect esthétique, la science étant fondamentalement un art. Cette utopie procurerait vraisemblablement un avantage sélectif à long terme à la société qui l'adopterait. Elle semble cependant peu réaliste quand on considère qu'un moteur de la science, non discuté ici, est de développer des techniques militaires[68] procurant des avantages sélectifs à court terme. Comme l'histoire le confirme, cette dernière approche s'est imposée.

Comment mettre en œuvre la simplification du mégasystème qu'est devenue la recherche scientifique ? Il faudrait avant tout changer les critères d'évaluation : minimiser l'utilisation des ressources devrait être un critère primordial et l'innovation ne devrait plus être qu'un critère secondaire. Il faudrait accorder beaucoup plus de temps à l'enseignement

66. Voir E. Huzar, *op. cit.*

67. On se retrouve immédiatement face à une contradiction : la détermination de ce niveau nécessite elle-même de longues études. Il est donc plus raisonnable de prévoir tout de suite un niveau très faible de ressources (bien en dessous d'estimations grossières que l'on pourrait faire de ce niveau).

68. J.-J. Salomon, *Les scientifiques entre pouvoir et savoir*, Paris, Albin Michel, 2006.

(tant auprès des étudiants que du reste de la société) qu'à la recherche. Une diminution progressive des crédits et des effectifs académiques se mettrait ainsi en route sans dommage majeur. De nombreuses questions restent à résoudre. Comment préserver les mérites de la formation par la recherche (esprit critique, curiosité, imagination, rigueur) si celle-ci devient très restreinte? On pourrait mettre en réserve, rendre inaccessibles, certains savoirs et laisser les étudiants les redécouvrir[69]. Comment décider que le savoir existant est insuffisant et que de nouvelles recherches sont nécessaires, par exemple face à un nouveau parasite? De manière générale, il faudra réfléchir, et ce, de manière aussi démocratique que possible, au compromis entre les bienfaits et les effets négatifs apportés par le savoir. Il est certain qu'une seule solution n'existe pas, mais que de multiples solutions émergeront, tout dépendant des contextes culturels et des contraintes environnementales des différentes sociétés.

Depuis que je suis convaincu de la nécessité d'une importante décroissance matérielle et économique, où que je regarde dans le domaine de la science, je ne vois que volonté exagérée de croissance. Considérant qu'un travail qui pose plus de questions qu'il n'apporte de réponses est un succès, cette conception implique naturellement une croissance exponentielle des besoins et des pollutions. En fait, c'est seulement en me détournant de nos sociétés occidentales contemporaines que j'ai trouvé une philosophie conforme avec la possibilité de construire une civilisation durable. Par exemple, Gandhi disait: « La civilisation, au vrai sens du terme, ne consiste pas à multiplier les besoins, mais à les limiter volontairement. C'est le seul moyen pour connaître le vrai bonheur et nous rendre plus disponibles aux autres. [...] Il faut un minimum de bien-être et de confort; mais, passé cette limite, ce qui devait nous aider devient source de gêne. Vouloir créer un nombre illimité de besoins pour avoir ensuite à les satisfaire n'est que poursuite du vent. Ce faux idéal n'est qu'un traquenard. » Il est impossible de remplacer civilisation par recherche scientifique dans cette citation. Le défi auquel devraient s'atteler les scientifiques est de résoudre ce conflit.

69. Voilà une autre contradiction, celle de la nécessité de garder un savoir pour la formation, savoir qui doit rester un privilège des élites intellectuelles, ce qui est profondément antidémocratique. Peut-être des savoirs sans application immédiate, comme la phylogénie ou l'astronomie, feraient l'affaire.

CHAPITRE 12

La décroissance : le changement social au-delà des limites de la planète

Mercedes Martinez-Iglesias et Ernest Garcia

Les limites naturelles de la croissance ont déjà été dépassées et nous sommes maintenant entrés dans une phase de translimitation (*overshoot*) qui ne peut être que transitoire et débouchera sur une période plus ou moins prolongée de décroissance... Cette description de l'état des choses, désormais reconnue comme extrêmement plausible, devient le thème central de bon nombre d'opinions quant aux grandes lignes et aux tendances du changement social actuel. Une partie de la littérature sur ce sujet – laquelle partie croît en quantité et en influence – considère même la possibilité d'un effondrement (*collapsus*) de la civilisation industrielle dans un avenir proche et revisite, selon cette perspective, le destin subi par diverses sociétés dans le passé[1].

Jusqu'à récemment, le débat sur la portée et les éventuels effets sociaux de la « descente » était resté principalement souterrain, trouvant ses espaces plus souvent dans les groupes de discussion sur Internet que dans les grands médias de masse. Cependant, ces trois ou quatre dernières années, le débat est devenu plus intense et plus visible[2] et la récession économique l'a propulsé au cœur de l'actualité.

Les idées de décroissance se sont alors répandues au point de mettre en doute les promesses d'un développement durable qui, après le Sommet de Rio en 1992, ont dominé le discours sur les solutions à apporter aux problèmes écologiques et sociaux. Le langage d'un rapport récent de la Commission du développement durable de Grande-Bretagne[3] illustre très

1. J. Diamond, *Collapse : How Societies Choose to Fail or Survive*, London, Allen Lane, 2005 ; et R. Costanza, L.J. Graumlich et W. Steffen, *Sustainability or Collapse ? An Integrated History and Future of People on Earth*. Cambridge (MA), The MIT Press, 2007.

2. D. Evans, « A Risk of Total Collapse : We Would Be Foolish to Take for Granted the Permanence of our Fragile Global Civilisation », *The Guardian*, 21 décembre 2005.

3. T. Jackson, *Prosperity Without Growth ? The Transition to a Sustainable Economy*, U.K., Sustainable Development Commission, 2009. Voir : <www. sd-commission.org.uk/ publications/downloads/prosperity_without_growth_report.pdf>.

bien dans quel sens vont les choses : la croissance y est ouvertement rejetée et l'expression « développement durable » en a presque disparu (excepté dans le nom de l'institution qui commandite le document).

La polémique ne se situe plus seulement entre développement durable et décroissance. Dans le champ de la décroissance, il y a aussi des frictions internes qui surgissent aux lignes de séparation potentielles. La plus importante oppose ceux qui associent la décroissance à un effondrement complet et catastrophique de la civilisation (le *die-off*, le retour subit à la gorge d'Olduvai, à l'origine préhistorique de l'espèce humaine) et ceux qui la relient à la continuité du bien-être (en défendant la possibilité d'un *prosperous way-down*, d'une descente plus ou moins confortable et gratifiante pour la plupart des êtres humains).

Le dilemme inhérent à la décroissance – la question de savoir si elle mène droit à l'extinction ou si, au contraire, elle offre une occasion d'améliorer la vie de la majorité – implique des distinctions théoriques complexes sur l'énergie, l'évolution, le déterminisme et la nature humaine. Mais, en dernier ressort, la décroissance sera désastreuse ou bénigne, le changement social au-delà des limites produira un monde nouveau ou ne fera qu'accentuer la dégradation du monde en cours, selon la manière dont seront socialement définis et satisfaits les besoins humains, dans des contextes de pénurie relative inédits. Cela dépendra aussi des effets imprévisibles de nos efforts d'adaptation à ces circonstances nouvelles. Nous développerons maintenant quelques réflexions relatives à ces propos[4].

Développement durable ou décroissance ?

Les différences entre développement durable et décroissance peuvent être résumées d'une manière schématique selon les termes de la figure 1. Sans doute le diagramme n'est-il qu'une simplification, mais il peut aider à cerner la question. Les propositions d'un développement durable supposent (a) que la transition démographique est en train de se généraliser pour toute l'humanité, de telle façon qu'elle conduira à une stabilisation de la population mondiale au-dessous des 10 milliards d'habitants, juste en deçà de la capacité de charge de la Terre ; (b) que le changement technologique pourra augmenter beaucoup l'*éco-efficience*, en « désaccouplant » le PIB et l'usage de ressources de telle manière que le premier croisse quand le deuxième se stabilise ou diminue ; (c) que cette double

4. Les matériaux présentés ici font partie du travail de fondement conceptuel du projet de recherche « L'information scientifique et technique, la participation du public et les effets de soutenabilité dans les conflits socioécologiques (CSO2008-00291) », qui compte sur une aide du programme espagnol de R+D, ainsi que du sous-programme FPI-MICINN financé par le Fonds social européen.

Figure 1. Développement durable et décroissance

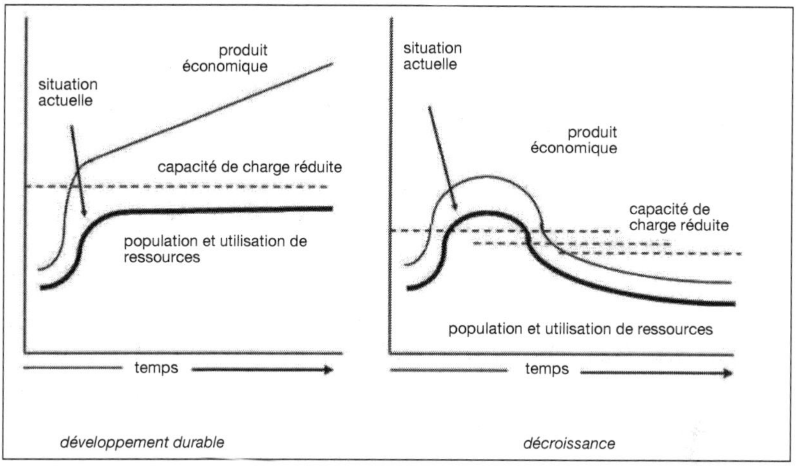

Source : Garcis, 2004.

transition, démographique et technologique, est déjà en cours et qu'il existe encore une marge de quelques décennies pour la mener à terme.

À l'inverse, les visions de la décroissance considèrent que l'évolution démographique est très incertaine étant donné l'absence de contrôles efficaces, qu'on ne voit nulle part les symptômes de la dématérialisation attendue de l'économie et, surtout, que les marges temporaires sont épuisées et la capacité de charge de la planète atteinte (ou si près d'être atteinte que rien ne pourra éviter le dépassement ou translimitation, ni l'effondrement en résultant).

Le développement durable et la décroissance sont donc deux réponses divergentes, liées mais profondément distinctes, à la préoccupation de l'impact humain sur les écosystèmes. Les deux répondent au même message bien connu de l'écologisme, qui date de presque 40 ans : « Alerte ! Si les choses continuent comme ça, si on ne réagit pas à temps et en profondeur, la Terre épuisée freinera l'expansion démographique et économique et imposera à l'humanité une situation très difficile, allant peut-être jusqu'à l'effondrement de la civilisation, et peut-être même jusqu'à l'extinction de l'espèce. » Il s'agissait avant tout d'un avertissement, d'un cri d'alarme[5]. Et il semble que l'avertissement ait été entendu. Les gouvernements ont maintenant des ministères de l'environnement ; les entreprises, des lignes de produits « verts » et des responsables de gestion des déchets ; les organisations sociales et politiques, des programmes et

5. K. E. Boulding, « The Limits to Societal Growth », dans E. Boulding et autres, *The Future : Images and Processes*, London, Sage, 1995, p. 26-39.

des secrétariats spécifiques. Dans les sondages, la population se déclare préoccupée par l'environnement. Mais en réalité, jusqu'à maintenant, la réponse au message s'est fondamentalement traduite ainsi : « D'accord, nous avons là un problème de plus, mais il ne faut pas exagérer ! » Ou plus précisément : « Des limites, quelles limites ? »

Opportunément, le développement durable – la conciliation entre économie et écologie – a servi de conjuration tranquillisante, de litanie destinée à différer l'angoisse (« une charmante berceuse », disait Georgescu-Roegen[6]). Le développement durable a été une idée forte de la dernière décennie du XXe siècle, de celles qui fonctionnent comme une lentille sélective dans la perception de la réalité sociale. Bien intentionnée, modérément réformiste, prêt-à-porter... Bien qu'élaborée antérieurement, elle a été lancée solennellement lors de la Conférence de Rio, en 1992, et s'est rapidement convertie en une clause omniprésente malgré (ou plutôt grâce à) son ambiguïté caractéristique. Cependant, son usure aura été tout aussi rapide et, maintenant, elle est visiblement un concept à la baisse.

N'évoquons qu'un symptôme, en guise d'exemple... Au début de 2006, l'Union internationale pour la conservation de la nature (IUCN) a lancé un débat dans le but de revoir et d'actualiser les bases conceptuelles de son activité. Dans l'exposé d'ouverture, on formulait la question de savoir si l'idée d'un développement durable avait encore un sens. Le langage employé (s'agissant d'un document émanant de l'organisation qui, de nombreuses années auparavant, avait substantiellement contribué à lancer le terme) s'avère significatif :

> Le concept est holistique, attrayant et élastique, mais imprécis. L'idée de développement soutenable peut unir les personnes, mais elle ne les aide pas nécessairement à convenir des objectifs. Indubitablement, en impliquant tout, le terme « développement soutenable » finit par ne plus rien signifier[7].

Ces doutes expriment la reconnaissance du fait que le nouveau jargon associé au développement durable n'est qu'une légère modulation du *business as usual*. Autrement dit, le développement soutenable, c'est le développement économique, point final. Comme cela s'est déjà produit avec ses précurseurs plus ou moins illustres (le développement *social* ou le développement *humain*), le développement durable n'aura été guère plus qu'une autre tentative pour étayer un programme d'expansion économique

6. N. Georgescu-Roegen, « Looking back », dans European Association for Bioeconomic Studies, *Entropy and Bioeconomics. First International Conference of the EABS. Proceedings*, Milano, Nagard, 1993, p. 11-21.

7. W. M. Adams, « El futuro de la sostenibilidad : Repensando el medio ambiente y el desarrollo en el siglo veintiuno », The International Union for Conservation of Nature (IUCN), 2006. Voir : <http://cmsdata. iucn.org/downloads/iucn_future_of_sustanability_sp.pdf>.

dont les coûts sociaux et environnementaux, sur le plan des inégalités et de la détérioration des écosystèmes, se sont révélés énormes et insolubles.

Le désenchantement des citoyens relativement aux discours sur le développement durable n'est pas uniquement le résultat de la banalisation rhétorique opérée par des politiciens, des chefs d'entreprise, des académiciens et des acteurs sociaux. Très probablement, on la doit surtout à l'évidence grandissante qu'on a déjà outrepassé les limites naturelles. Les notes mélancoliques expriment quelque chose comme : « Bon, ce truc du développement durable aurait pu être une bonne idée il y a 60 ans (ou 200 ?), mais maintenant, c'est trop tard et la seule chose qui reste à faire, c'est de se préparer au pire. »

Les idées de décroissance, qui étaient restées en arrière-plan durant plusieurs décennies, ont ressurgi de cette promesse non tenue du développement durable, conjuguée aux désillusions de la mondialisation, aux guerres pour le pétrole, à l'explosion de la bulle immobilière-financière et au début d'une récession économique. Le congrès *Conference on Economic De-Growth for Ecological Sustainability and Social Equity* qui eut lieu au printemps 2008 à Paris a permis aux idées de décroissance d'être reconnues au-delà des pays de l'Europe méditerranéenne où elles avaient commencé à être réélaborées au début de la décennie.

Au-delà des limites, il n'y a plus de choix : la décroissance semble inévitable

Les mises en garde relatives à la dégradation de l'environnement n'ont pas été suffisamment écoutées. Au cours des quatre dernières décennies, nous avons sans cesse différé le moment de prendre des mesures environnementales. Mais l'avenir a un inconvénient : il arrive et, selon tous les indices, il est arrivé. Nous vivons déjà au-delà des ressources de la planète. Le loup qu'on ne voyait jamais est entré dans la bergerie. Depuis quelques années, les informations qui vont dans ce sens sont plus nombreuses, détaillées et consistantes. En 1972, le premier rapport du Club de Rome nous avait déjà prévenus que, si la croissance de la population et du capital, l'utilisation des ressources naturelles, la production d'aliments, la contamination et la dégradation des écosystèmes se poursuivaient au même rythme, les limites de la biosphère seraient dépassées vers la seconde décennie du XXIe siècle.

La révision de cette analyse, 30 ans plus tard, a démontré que cette prédiction s'était réalisée plus tôt que prévu[8]. L'empreinte écologique mondiale dépasse de plus de 20 % le niveau soutenable. Si l'humanité

---

8. D. Meadows, J. Randers et D. Meadows, *Limits to Growth : The 30-year Update*, White River Junction (VT), Chelsea Green, 2004.

requérait la moitié de la capacité régénérative de la biosphère en 1961, elle a outrepassé cette capacité pendant les années 1980 et, depuis lors, elle continue à l'exploiter sans relâche[9]. La fin de l'ère du pétrole est déjà en vue : on consomme le pétrole cinq fois plus vite qu'on ne découvre de nouveaux gisements et la situation est en passe de devenir critique[10].

Pour l'heure, il n'y a pas de solution énergétique capable de maintenir les formes et les dimensions de la société industrielle actuelle et, moins encore, sa tendance historique à l'expansion. Il n'y a par ailleurs aucune garantie que de telles alternatives seront découvertes ni que, si elles le sont, elles seront développées à temps[11]. L'*Évaluation des écosystèmes pour le millénaire*[12] a conclu que la plupart des « services » de la nature sont en train de se détériorer. Il faut souligner la possibilité que le changement climatique ait déjà franchi un seuil irréversible, de sorte que le déchaînement d'altérations non linéaires soit totalement incontrôlable[13], mais aussi le fait que la relation entre les populations, la production alimentaire et les provisions d'eau douce ait commencé à se mouvoir à l'intérieur de marges extrêmement étroites[14]. Enfin, il faut mentionner les énormes niveaux de risque associés à la prolifération nucléaire, aux effets à long terme de la soupe chimique dans laquelle baignent tous les organismes de la Terre et à certains axes de développement de l'ingénierie génétique et de la nanotechnologie.

Il y a deux traits très significatifs dans la montagne d'informations sur la crise écologique qui se sont accumulées ces derniers temps. Le premier tient dans la finesse et la précision des données – ce qui représente un saut qualitatif pour l'analyse – souvent soutenues par une argumentation plutôt sobre, désireuse de ne pas tirer la sonnette d'alarme avant d'avoir présenté les raisons et les faits. Le second est un changement perceptible de ton : on parle de moins en moins des menaces futures et de plus en plus de la situation dans laquelle nous nous trouvons déjà. Les glaciers des Alpes ont diminué de moitié en un siècle, les températures moyennes ont *déjà* augmenté tout au long du XXe siècle, les fonctions de la nature sont

9. C. Hails et autres, *Living Planet Report 2006*, Gland (Suisse), WWF International/Zoological Society of London/Global Footprint Network, 2006.

10. K.S. Deffeyes, *Hubbert's Peak : The Impending World Oil Shortage*, Princeton (NJ), Princeton University Press, 2001 ; et C.J. Campbell, *The Essence of Oil and Gas Depletion : Collected Papers and Excerpts*, Brentwood, MultiScience Publishing Co., 2003.

11. R. McCluney, « Renewable Energy Limits », dans A. McKillop et S. Newman, *The Final Energy Crisis*, Londres, Pluto, 2005, p. 153-176.

12. Millennium Ecosystem Assessment, *Ecosystems and Human Well-Being. Synthesis*, Washington, Island Press, 2005.

13. J. Walter et A. Simms, *The End of Development ? Global Warming, Disasters and the Great Reversal of Human Progress*, London, New Economics Foundation, 2005.

14. L. R. Brown, « Could Food Shortages Bring Down Civilization ? », *Scientific American Magazine*, mai 2009. Voir : <www.scientificamerican.com/article.cfm?id=civilization-food-shortages>.

déjà en train de se détériorer, l'empreinte écologique est *déjà* supérieure à la capacité de renouvellement des écosystèmes. En définitive, il est bien possible que ceux qui affirment que nous sommes déjà entrés dans une phase de dépassement aient raison. Et que, en conséquence, un effondrement de la société industrielle est plus difficile à éviter maintenant qu'il y a 40 ans – quand la possibilité en fut détectée – parce que l'établissement d'un équilibre exigerait maintenant une phase prolongée de *décroissance*, de *dé-développement*.

Naturellement, ceci n'est rien de plus (ni de moins) qu'une hypothèse, c'est-à-dire qu'il faudra la revoir ou même l'abandonner si les données se révèlent erronées ou sa logique, incorrecte. De quelle autre manière devrait-on procéder ?

Il faut ajouter quelque chose. Malgré l'incertitude, malgré la possibilité d'une erreur dans les prédictions ou d'un changement technologique et/ou organisationnel important, la menace est si grande qu'elle justifierait une réponse préventive. Par contre, si nous sommes déjà entrés dans une phase de dépassement, les réponses ne peuvent plus qu'être adaptatives et palliatives. Autrement dit, les discussions intéressantes ne porteraient déjà plus sur le développement soutenable, la modernisation écologique ou la modernisation réflexive... mais sur les formes possibles de l'effondrement, les modalités bénignes ou catastrophiques de la décroissance économique et démographique. Il ne nous semble pas que ce soit un hasard si le livre *Collapse* de Jared Diamond est devenu une des références les plus usitées dans le traitement actuel de ce sujet.

N'oubliez-vous pas la technologie ?

Une objection presque évidente serait que l'analyse antérieure n'a tenu compte que d'un paramètre et que, pour répondre à la question de l'inévitabilité de la décroissance, il faudrait préciser : la décroissance est inévitable si les données sur le dépassement (empreinte écologique, pic pétrolier, etc.) sont correctes et s'il n'y a pas de changements techniques fondamentaux. Il faut que ces deux conditions soient réunies pour affirmer que la décroissance est d'ores et déjà inévitable, et ce, dans un délai plutôt bref.

Notre position est, en premier lieu, que les meilleures données disponibles sur la relation entre l'échelle physique de la société et la capacité de récupération (« soutenabilité ») de la planète, sur la fin inévitable de ressources irremplaçables et sur l'état des écosystèmes indiquent qu'on est déjà entré dans une situation de dépassement des limites. Comme nous l'avons déjà dit, il s'agit d'une hypothèse.

Et la technologie ? L'analyse de l'état de la planète permet de dire que, sans changement substantiel dans la matrice technologique, cette situation de « translimitation » cédera le pas, tôt ou tard, à une phase d'ajustement à la baisse, c'est-à-dire de décroissance. Plus on tarde à commencer cet ajustement à la baisse, plus les coûts de la décroissance seront élevés, même avec la possibilité d'un effondrement de la civilisation.

Les options technologiques nous font entrer dans un territoire terriblement incertain[15]. Les sources d'énergie en sont un bon exemple. Toute civilisation se caractérise par une technique de production d'énergie utile qui soutient tous les autres processus économiques[16]. Dans la situation actuelle, on peut seulement être raisonnablement sûr de deux choses à ce sujet: la première est que nous sommes au début de la fin du cycle historique des combustibles fossiles; la deuxième est qu'en matière d'énergie, personne n'a d'idées claires sur ce qui adviendra.

À l'encontre de ce que l'on pense généralement, une nouvelle matrice énergétique (une nouvelle technologie viable ou prométhéenne, selon le langage de Georgescu-Roegen[17]) est une invention extrêmement rare dans l'histoire humaine, qui ne s'est peut-être produite qu'à deux occasions (avec le contrôle du feu et avec les machines thermiques étudiées par Alain Gras[18]). Rien ne garantit donc qu'une nouvelle technologie viable soit sur le point d'apparaître. Il ne s'agit pas d'un événement prévisible. On peut y croire ou ne pas y croire, c'est tout. Comme l'a remarqué presque toute la philosophie de la science du XXe siècle, la découverte n'est pas programmable. Peut-être qu'un miracle technologique viendra à notre secours et reconstituera temporairement notre fierté blessée d'espèce dominante? Peut-être… Personne ne le sait, personne ne peut le savoir.

De toute façon, en phase terminale de la croissance, les soins palliatifs technologiques sont tout au plus provisoires. L'application de la technologie à des problèmes d'épuisement des ressources, de contamination ou de pénurie d'aliments – générés par la croissance exponentielle dans un système fini et complexe – ne fait que déplacer ou étendre pour un temps les limites à l'expansion de la population et du capital. Ceci est une leçon qu'on oublie trop fréquemment[19]. Il est important d'ajouter que cette leçon est indépendante du type de technologies considérées, et même de l'éventualité d'une dérive positive de l'innovation. (Un exemple historique

15. M. H. Huesemann et J. A. Huesemann, « Will Progress in Science and Technology Avert or Accelerate Global Collapse? A Critical Analysis and Policy Recommendations », *Environment, Development and Sustainability*, vol. 10, n° 6, 2008, p. 787-825.

16. N. Georgescu-Roegen, « Feasible Recipes versus Viable Technologies », *Atlantic Economic Journal*, vol. 12, n° 1, 1984, p. 21-31.

17. N. Georgescu-Roegen, « La dégradation entropique et la destinée prométhéenne de la technologie humaine », *Economie Appliquée*, vol. 35, n° 1-2, 1982, p. 1-26.

18. A. Gras, *Fragilité de la puissance: Se libérer de l'emprise technologique*, Paris, Fayard, 2003; et *Le choix du feu: aux origines de la crise climatique*, Paris, Fayard, 2007.

19. E. Garcia, « La technologie et les dilemmes de la décroissance », *Entropia – Revue d'étude théorique et politique de la décroissance*, n° 3, 2007, p. 142-155.

est intéressant. Entre les nombreux ajustements subtils que le premier rapport du Club de Rome a introduits dans ses prévisions figurait l'éventualité d'un accroissement important de l'éco-efficience, ainsi que la prévision d'une déconnexion significative entre croissance économique et demande de matériaux. Mais le résultat en était toujours l'effondrement, dû alors à la pénurie alimentaire, bien que différé dans le temps et situé à un niveau démographique et économique très supérieur.)

En tout cas, les enjeux sociaux relatifs au dépassement sont intrinsèquement incertains. Un demi-tour vers la décroissance pourrait être imminent, en raison du pic du pétrole, d'une modification soudaine et non linéaire des systèmes qui régulent le climat, ou d'une combinaison de ceux-ci et d'autres facteurs déclencheurs. Toutefois, l'incertitude inhérente à l'histoire implique qu'on ne peut refuser la possibilité que ce délai devienne plus important.

> ... il n'est pas possible de prédire avec exactitude quelle sera la limite qui se présentera d'abord ou quelles seront ses conséquences, parce qu'il existe beaucoup de réponses humaines concevables et imprévisibles dans une telle situation[20].

La fin de l'ère industrielle sera peut-être retardée à la suite de changements technologiques (ou peut-être organisationnels ou culturels ?). Il est impossible de le savoir parce que la relation entre une société et son environnement s'établit toujours par le biais de multiples médiations impossibles à anticiper.

La décroissance : catastrophe et/ou occasion ?

Considérant que le miracle technologique n'aura probablement pas lieu, il est opportun de s'interroger sur les implications d'un tel scénario pour le changement social. Dans ce débat, deux visions fondamentales sur la décroissance sont en train de se structurer : la décroissance comme voie d'extinction et la décroissance comme transition vers une société à échelle humaine.

Si l'on tient compte de l'épuisement prévisible des combustibles fossiles et, pour le moment, de l'absence d'alternatives énergétiques abondantes et bon marché, on peut prévoir qu'un effondrement de la population humaine sur la Terre ne pourra être retardé au-delà de quelques années. Quelques auteurs, comme Price[21], prévoient aussi que cet effondrement impliquera la fin de la civilisation – et non seulement son passage à une

20. Meadows et autres, *op. cit.*, p. 113.

21. D. Price, « Energy and Human Evolution », *Population and Environment*, vol. 16, nº 4, 1995, p. 301-319.

échelle inférieure soutenable. Pourquoi ? Parce que les survivants, s'il y en a, ne seront pas capables de maintenir la complexe association de traits culturels dont les hommes modernes sont tellement fiers. Les sociétés posteffondrement devront vivre des vies plus simples, comme les chasseurs et les agriculteurs de subsistance du passé. Price ajoute que ce n'est pas seulement la civilisation qui sera entraînée par la spirale descendante de l'effondrement, mais qu'il est peu probable que l'espèce elle-même puisse persister longtemps sans l'énergie fossile. D'autres auteurs, tel Duncan[22], ajoutent une médiation technologique : la « théorie Olduvai » que propose Duncan suggère que la civilisation industrielle durera au maximum un siècle, approximativement de 1930 à 2030. Il utilise pour sa démonstration l'indicateur clef qu'est le quota d'énergie disponible par personne. Pour Duncan, le signal du déclin sera l'apparition répétée de grandes coupures du courant et l'affaiblissement de l'approvisionnement électrique, préalable à la chute définitive du réseau.

Un autre aspect du raisonnement déterministe (déterminisme biologique, dans ce cas) est aussi généralement évoqué. Par exemple, la thèse que l'évolution pousse toute population d'organismes à se multiplier sans limite, jusqu'à épuiser les ressources qui rendent possible cette expansion[23]. Une version particulièrement crue de la combinaison de ces deux types d'argumentation nous a été récemment offerte par l'hypothèse de la collision thermo/gène[24]. L'expression fait allusion au croisement entre les lois de la thermodynamique (qui expliquent la constante diminution de la masse de ressources) et les impulsions génétiques (qui réclament toujours de plus en plus) : une situation caractérisée par la surpopulation et par la baisse dans l'offre de ressources aboutit nécessairement à une désorganisation catastrophique.

À l'opposé, le postulat de la liberté humaine, de la construction du cours de l'histoire à travers des choix collectifs conscients, est à la base des visions qui considèrent la décroissance comme une occasion d'organiser les sociétés humaines à une échelle soutenable. Un livre publié par Howard et Elisabeth Odum[25] soutient, par exemple, que les écosystèmes et les

---

22. Voir les trois références suivantes de R. C. Duncan : « The Life-Expectancy of Industrial Civilization : The Decline to Global Equilibrium », *Population and Environment*, vol. 14, nº 4, 1993, p. 325-357 ; « World Energy Production, Population Growth, and the Road to the Olduvai Gorge », *Population and Environment*, vol. 22, nº 5, 2001, p. 503-522 ; et « The Olduvai Theory : Energy, Population, and Industrial Civilization », *The Social Contract*, vol. 16, nº 2, hiver 2005-2006. Sur Internet : <http://www.hubbertpeak.com/duncan/OlduvaiTheory SocialContract.pdf>.

23. R. Morrison, *The Spirit in the Gene : Humanity's Proud Illusion and the Laws of Nature*, Ithaca, Cornell University Press, 1999.

24. J. Hanson, « Thermo/gene Collision : on Human Nature, Energy, and Collapse », *The Social Contract*, vol. 17, numéro du printemps 2007. Voir : <www.thesocialcontract.com>.

25. H. T. et E. C. Odum, *A Prosperous Way Down : Principles and Policies*, Boulder, University Press of Colorado, 2001.

civilisations ont en commun un cycle en quatre phases (croissance, climax, décroissance, puis lente récupération des ressources avant une nouvelle phase ascendante). Selon eux, la société industrielle vit maintenant son climax et, par conséquent, la chute est imminente et inéluctable. Ils estiment alors que l'application de principes adéquats à une situation de ressources limitées (échelle réduite, efficience et coopération) pourrait diminuer l'impact de la décroissance, et la rendre compatible avec le maintien d'un niveau de bien-être suffisant.

Kunstler[26] et Heinberg[27] voient le pic du pétrole comme le signal de départ d'une crise prolongée, dont le trait le plus caractéristique sera une contraction chronique et généralisée. De leur point de vue, cette crise sera l'occasion d'un changement de direction vers le plus petit, le plus lent et le plus localisé, ainsi que d'un passage de la concurrence à la coopération, de la croissance illimitée à l'autolimitation. Si l'humanité s'adaptait à un approvisionnement énergétique déclinant (*powerdown*) et développait des structures relocalisées d'organisation sociale, cette situation pourrait la conduire à une société moins peuplée et moins consommatrice d'énergie, bénéficiaire d'un bien-être axé davantage sur les arts et moins sur le consumérisme, organisée de manière plus conviviale, ouverte à des expériences spirituelles plus profondes et structurée en petites communautés dans lesquelles les personnes auraient plus de contrôle sur leur vie.

Cette conception de la décroissance a même été déclinée dans quelques versions explicitement programmatiques. C'est le cas, par exemple, du groupe lié à l'Institut d'études économiques et sociales pour la décroissance soutenable[28]. C'est aussi celui d'autres approches qui affichent un « air de famille » avec celles de la décroissance, bien qu'elles évitent souvent d'utiliser ce mot ; comme le protocole pour l'épuisement du pétrole promu par le Post-Carbon Institute[29] ou nombre des initiatives du mouvement Transition[30].

Naturellement, une possibilité n'est pas la même chose qu'une certitude et ne présente aucune garantie. Ceux qui affirment que la perspective de la décroissance pourrait ouvrir des voies vers des réorganisations sociales désirables ont coutume d'ajouter que ce n'est là qu'un des schémas

26. J. H. Kunstler, *The Long Emergency : Surviving the Converging Catastrophes of the Twenty-First Century*, New York, Atlantic Monthly Press, 2005.

27. R. Heinberg, *Powerdown : Options and Actions for a Post-Carbon World*, Gabriola Island, New Society, 2004 ; et R. Heinberg, *Peak Everything : Waking Up to the Century of Declines*, Gabriola Island, New Society, 2007.

28. Voir notamment S. Latouche, *op. cit.*, et J. P. Besset, *Comment ne plus être progressiste sans devenir réactionnaire*, *op. cit.*

29. R. Heinberg, *The Oil Depletion Protocol : A Plan to Avert Oil Wars, Terrorism and Economic Collapse*, Gabriola Island, New Society, 2006.

30. Rob Hopkins, *Manuel de Transition. De la dépendance au pétrole à la résilience locale*, Montréal, Éditions Écosociété, 2010.

possibles. Qu'il est même probable que des décisions erronées conduisent à un processus de régression économique et de conflit social croissant. Les visions « positives » de la décroissance oscillent entre l'espoir d'une société plus « mince », mais meilleure, et la crainte d'un recul important de la civilisation. Un roman récent de Kunstler[31] illustre bien ces fluctuations de l'âme.

Mais en définitive, les différentes visions de la décroissance sont toutes des réponses à l'idée que la fin des énergies fossiles risque d'être la source de conflits et reste, par conséquent, un chemin rempli de menaces. Même ceux qui voient dans la décroissance une occasion de mettre en pratique le principe *small is beautiful* partagent ces craintes (on pourrait bien sûr ajouter que, d'une certaine manière, la décroissance est bien la démonstration que nous n'en sommes pas encore arrivés à la fin de l'histoire).

> Pour l'instant, la vie humaine est vécue dans une ère où le *déficit de la capacité de charge s'approfondit*. Dans cette nouvelle ère où la cargaison excède de plus en plus les capacités de charge de beaucoup des régions, et aussi d'une planète finie, tous les aspects familiers de la vie humaine en société se trouvent sous la pression contraignante d'un changement obligatoire. La désorganisation sociale, les frictions, la démoralisation et les conflits iront *in crescendo*[32].

Afin de comprendre cette affirmation, il convient de s'interroger sur la relation entre la décroissance et un autre concept qui surgit du même contexte et naît de préoccupations identiques : l'effondrement (*collapse*). Dans ses termes les plus généraux, la discussion traite des formes, de la portée et des conséquences d'une *descente* de la civilisation industrielle, et donc d'un effondrement. Et le premier pas – pour une analyse qui essaie de se libérer des connotations dramatiques de ce mot – consiste à déterminer son signifié comme un concept utilisable par la science sociale. Il faut constater que, dans ce sens, le mot « effondrement » ne signifie pas nécessairement la chute catastrophique jusqu'à une désorganisation chaotique de la société, mais plutôt le passage à une condition humaine de moindre complexité :

> Une société complexe qui s'est effondrée est soudainement plus petite, plus simple, moins stratifiée et avec moins de différences sociales. La spécialisation y diminue et il y a moins de contrôle centralisé. Le flux d'information s'y réduit, les gens font moins de commerce et il y a moins d'interactions et, en général, il y a une moindre coordination entre les individus et les groupes. L'activité économique décline proportionnellement à tout ce qui précède[33].

31. J. H. Kunstler, *World Made by Hand*, New York, Atlantic Monthly Press, 2008.

32. W. R. Catton, « A Retrospective View of my Development as an Environmental Sociologist », *Organization and Environment*, vol. 21, 2008, p. 471.

33. J. Tainter, *The Collapse of Complex Societies*, Cambridge, Cambridge University Press, 1995, p. 193.

D'un certain point de vue, cette description de l'effondrement n'est pas très différente du vieux programme écologiste : réduire, freiner, démocratiser, décentraliser[34]. Le slogan *small is beautiful* signifiait-il autre chose[35] ? Dans cette perspective, l'effondrement peut autant être un résultat qu'un objectif. La question significative n'est pas tant le résultat lui-même que les coûts pour y parvenir. Autrement dit : si, par effondrement, on entend une transition relativement rapide à un niveau de complexité inférieur, alors la société « à échelle humaine » aussi bien que la désorganisation chaotique seraient des sorties alternatives d'une situation de dépassement.

L'étude de l'effondrement, d'un point de vue qu'on pourrait qualifier de technique[36], contribue à établir les bases d'une approche qui essaie de se libérer à la fois du déterminisme réductionniste (qui voudrait déduire les trajectoires historiques concrètes à partir des lois de la nature biophysique) et du volontarisme idéologique (qui considère que les restrictions imposées à la dynamique sociale par l'épuisement des ressources naturelles ou la détérioration de fonctions basiques des écosystèmes peuvent être surpassées grâce à l'adoption de mesures « judicieuses » ou « politiquement justes » qui affectent des aspects plus ou moins importants de l'organisation socioéconomique).

Sur la désirabilité de la décroissance, mais aussi sur la relation toujours difficile entre l'utopie et la sociologie

Nous pourrions résumer tout ce qui a été dit précédemment en deux propositions : (a) la décroissance est inévitable ; (b) l'avenir n'est pas écrit et la décroissance pourrait être ordonnée et plus ou moins prospère, ou bien chaotique et plus ou moins radicalement régressive. Ce dernier dilemme pose la question des conditions d'une décroissance ordonnée.

Nous allons écarter la possibilité d'une descente ordonnée imposée d'une façon autoritaire par un pouvoir despotique, mais conscient de l'ampleur de la crise écologique. Ce scénario a été évoqué plusieurs fois, mais personne n'a jamais réussi à offrir une réponse acceptable à la vieille objection de la théorie politique : *quis custodiat ipsos custodes* ? (« Qui gardera les gardiens ? », selon l'expression de Juvenal.)

---

34. T. Roszak, *The Voice of the Earth : An Exploration of Ecopsychology*, Londres, Bantam, 1993, p. 312.

35. E. F. Schumacher, *Small is Beautiful*, Londres, Abacus, 1973.

36. En tenant compte des nuances conceptuelles aussi bien que des expériences à petite échelle géographique. Voir notamment : J. Gowdy, « Sustainability and Collapse : What Can Economics Bring to the Debate ? », *Global Environmental Change*, vol. 15, 2005, p. 181-183 ; B. Orlove, « Human Adaptation to Climate Change : a Review of Three Historical Cases and Some General Perspectives », *Environmental Science & Policy*, vol. 8, 2005, p. 589-600 ; M. Bunce et autres, « Collapse and Recovery in a Remote Small Island : A Tale of Adaptive Cycles or Downward Spirals ? », *Global Environmental Change*, vol. 19, n° 2, 2009, p. 213-226.

Quand on évalue les scénarios plus ou moins compatibles avec la démocratie, la question importante est alors celle des conditions qui rendraient la décroissance désirable (au moins pour la majorité).

La question de la désirabilité de la décroissance présente évidemment un aspect normatif général: tous nos problèmes auraient une solution plus simple avec une population et une échelle physique plus réduites. La décroissance serait alors désirable parce qu'elle minimiserait les coûts de la transition; la seule alternative à une décroissance organisée, volontaire, rapprochée dans le temps et moins coûteuse serait une décroissance chaotique, imposée par la nature, certes plus éloignée dans le temps, mais amplement plus coûteuse.

D'autres dimensions normatives de la décroissance ont été exposées et explorées depuis longtemps. On les trouve, par exemple, fort bien explicitées dans les analyses d'Ivan Illich sur les processus par lesquels les institutions de la modernité s'étendent et embrassent toujours plus de dimensions de la vie sociale, jusqu'à franchir les seuils où elles deviennent contre-productives. Elles avaient été reliées aux catégories fondamentales de la pensée politique dans les textes de Gorz[37] sur les conditions pour le développement d'une sphère de l'existence sociale libre de l'hétéronomie. Il ne semble pas fortuit que ces deux auteurs soient des références fréquentes dans les textes actuels des partisans de la décroissance et des considérations similaires pourraient être faites à propos d'autres apports des années 1970.

Cependant, personne ne peut savoir si les visions de l'avenir et les critères normatifs proposés dans le cadre de la décroissance arriveront à s'incarner en comportements collectifs menant à des transformations sociales profondes. Gorz pensait qu'il était possible de tracer une voie de sortie de la société productiviste sous l'impulsion de mouvements sociaux massifs orientés vers des transformations radicales, bien qu'il considérât difficile et improbable que la conscience sociale évolue effectivement dans ce sens. Quant à Illich, il peut être compris dans le sens que, même si la contre-productivité des institutions de la société industrielle peut être démontrée, les trajectoires sociales qui pourraient éventuellement se générer en dehors de ces institutions sont radicalement imprévisibles: personne ne pourrait les annoncer ni les décrire d'avance, au-delà de quelques principes très généraux (la convivialité, etc.).

Ce que les sciences sociales peuvent apporter (dans leur dimension *critique*) n'est ni plus ni moins que cela: les données et les arguments qui montrent la contre-productivité et l'insoutenabilité des structures et des institutions de la croissance. Dans leur dimension *positive*, elles peuvent

---

37. Voir les ouvrages d'André Gorz: *Écologie et politique*, Paris, Galilée, 1975; *Misères du présent, richesse du possible*, Paris, Galilée, 1997.

explorer la connexion entre les formes de vie propres au développement et les nécessités et aspirations « authentiques » des populations, en contribuant ainsi à dissiper les illusions simplement volontaristes et à réduire la présence de discours inutilement moralisateurs. Elles permettent aussi – et il y a beaucoup de travail à faire dans ce sens – l'analyse d'expériences locales, souvent à petite échelle géographique[38]. Il s'agit d'épisodes d'initiative et d'organisation citoyennes, de mouvements, etc., dans lesquels s'exprime de façon embryonnaire la volonté de vivre autrement, plus en accord avec des critères de suffisance et de rejet de l'excès (ou de répudiation de l'extravagance, comme le disait Georgescu-Roegen).

Que pourrait-il subsister de ces expériences dans un contexte généralisé de décroissance ? Quelles sont leurs possibilités de se généraliser, de devenir universelles ? Ces questions ont une réponse extrêmement incertaine... Par exemple, il y a beaucoup de cas concrets intéressants, des processus qui ont réussi à améliorer la vie des gens en marge des dynamiques du développement globalisé, autant dans des localités du tiers-monde que dans des régions du monde industrialisé économiquement déprimées ou chroniquement en crise. Très souvent, ces expériences plus ou moins réussies ont existé en gardant un pied à l'intérieur de l'univers du développement et l'autre à l'extérieur : en canalisant des énergies propres à la communauté et en les combinant peut-être avec des fonds d'aide internationale... Il est difficile de savoir jusqu'à quel point ces expériences pourraient survivre dans un contexte de décroissance très répandu et comment elles devraient évoluer pour y parvenir. Mais cela n'empêche pas que l'étude de leurs formes actuelles offre un enseignement précieux sur des possibles trajectoires futures de la société.

Par ailleurs, il est évident qu'il serait bon de réorienter les études de cas locales – qui, pour leur grande majorité, ont été mises au point sans autre objectif que de ménager les petits effets politiques de la participation réglée et de la gouvernance – afin de les insérer dans des cadres sociologiques beaucoup plus larges, les cadres d'une écosociologie structurelle en tant que tels. Seule une réorientation de ces études permettrait de détecter dans les conflits locaux leurs dimensions significatives pour des processus de changement social de plus grande ampleur[39].

Il faut tenir compte de tous ces paramètres pour évaluer les visions du changement social au-delà de la croissance qui commencent à proliférer. Elles ne sont pas précieuses par ce qu'elles nous annoncent sur l'avenir (*allez donc savoir !*), mais parce qu'elles nous aident à penser et, éventuellement,

38. J. Sempere, M. Martinez-Iglesias et E. Garcia, « Ciencia, movimientos ciudadanos y conflictos socioecológicos », *Cuadernos Bakeaz*, nº 79, 2007, p. 1-17.

39. M. Martinez-Iglesias et autres, « Políticas de medio ambiente y participación ciudadana », *Ciriec-España, Revista De Economia Pública, Social y Cooperativa*, nº 61, 2008, p. 179-201.

à agir hors du dogme de la croissance; parce qu'elles ouvrent la voie à une imagination décolonisée, pour recourir à la phrase de Latouche. Toute tentative de prédire *en détail* comment seront les sociétés postfossilistes et d'anticiper les chemins que suivra le changement social postcarbone nous semble condamnée à être réfutée par les faits[40]. À cet égard, la multiplication des propositions rappelle beaucoup les discours du XIXe siècle sur le socialisme du futur. On pourrait parler d'une nouvelle vague de pensée utopique.

Il n'y a là rien de surprenant. Tout compte fait, la pensée utopique pourrait être décrite comme une recherche de « sociétés complètes », une recherche libre de la « charge lourde de la politique et la pratique immédiate du monde réellement existant »[41]. Et il est indubitable que la société postcarbone ou *low-carbon*, dont l'arrivée est presque admise par tout le monde, aura des structures matérielles et institutionnelles très différentes de celles qui existent actuellement (il suffit de penser à la production d'énergie, au transport et à l'urbanisme, si on ne veut pas trop laisser libre cours à l'imagination). La décroissance et d'autres positions alternatives ne sont pas seules à prétendre à une réconciliation entre la sociologie et l'utopie; cette aspiration pourrait être partagée par n'importe quelle lecture consciente de la situation dans laquelle nous nous trouvons.

Conclusion

En guise de conclusion, nous résumerons l'argument. La possibilité d'un développement durable (c'est-à-dire d'une expansion continuelle du modèle socioéconomique en vigueur sans dépasser la capacité de charge de la planète et sans aggraver la pauvreté et l'inégalité sociale) semble de plus en plus problématique parce qu'on a perdu trop de temps avant d'aménager une réponse à la hauteur du problème. Si les limites de la planète ont été effectivement outrepassées, la décroissance n'est plus une option volontaire. C'est-à-dire qu'elle n'est pas seulement une idée à laquelle nous pourrions ou non nous rallier selon nos préférences philosophiques ou politiques, mais un cours inévitable du changement social imposé par la force des lois de la nature. Toute intervention technologique ou réajustement de l'organisation sociale ne pourrait faire mieux que de l'ajourner transitoirement, sans jamais réussir à l'éviter. La perspective de la décroissance ouvre, comme tous les grands changements historiques, un ensemble de bifurcations et des routes multiples: certaines pourraient

40. Contre toute tentation d'évolutionnisme social déterministe, on peut lire S. Juan, *Critique de la déraison évolutionniste. Animalisation de l'homme et processus de « civilisation »*, Paris, L'Harmattan, 2006.

41. M. Redclift, « The Environment and Carbon Dependence: Landscapes of Sustainability and Materiality », *Current Sociology*, vol. 57, n° 3, 2009, p. 382.

conduire à l'abîme, d'autres, à une réorganisation praticable (et même désirable) de l'existence sociale. Ces chemins du postdéveloppement ne peuvent être exposés positivement, sinon imaginés, que par des esprits ayant plus ou moins complètement abandonné le paradigme de la croissance. Ils peuvent aussi être lus dans certaines des expériences locales existantes, qui expriment sous des formes plus ou moins embryonnaires les lignes d'articulation sociale susceptibles de répondre à d'autres structures de nécessité. C'est un terrain où, encore une fois, l'imagination sociologique et la pensée utopique se rejoignent.

CHAPITRE 13

Il n'y a pas de limite à l'amélioration qualitative de la vie[1]

Michel Freitag

Ma première remarque, c'est qu'il existe un certain nombre de choses évidentes, assez simples en somme dans leur évidence : continuer comme on le fait présentement, ce n'est plus possible. On ne peut plus aller où l'on va, on ne le peut vraiment plus. Il y a aussi peut-être une autre évidence à souligner, c'est que la manière dont on y va est relativement récente dans l'histoire de l'humanité. Récente, ça veut dire 2000 ans, 200 ans et éventuellement 50, 60 ans. Je pense que l'on pourrait rattacher des éléments pour appuyer ces trois dates – en gros 2500 ans, 200 ans, 50 ans – et les réponses aux problèmes sont différentes selon l'origine, finalement, que l'on considère comme étant la source principale du problème. Si le problème est lié au développement du capitalisme, ça part il y a 200 ans. S'il est lié au développement de la civilisation occidentale, parce que c'est évidemment elle qui a mis l'humanité au complet dans cette situation vers laquelle aucune des grandes civilisations ne se dirigeait d'elle-même, là, il faut remonter alors à 2500 ans. Et puis, si on pense à une certaine perte de contrôle du mouvement, à son caractère plutôt systématique, je pense qu'il faudrait plutôt penser à environ 50 ans ou même 30 ans. Alors, je reviens sur ces trois dates seulement pour souligner la difficulté de savoir de quoi il faut parler lorsqu'on est à la recherche d'une alternative. Et je ne prétendrai pas pouvoir énoncer quoi que ce soit ici sur une alternative, mais seulement peut-être sur quelques formes de pensée qui peuvent nous préparer à imaginer des solutions. Celles-ci ne sont pas tout à fait les mêmes, suivant où l'on place l'origine du problème auquel l'humanité est actuellement confrontée.

Si c'est depuis 2500 ans, je dirais simplement que ça correspond à l'origine du monothéisme et aussi à la découverte grecque, comme on l'a

---

1. Ce texte est la retranscription de l'intervention orale de Michel Freitag lors du colloque qui est à l'origine de ce livre. Cette retranscription a été révisée par Louis Marion.

dit, de la raison humaine, c'est-à-dire de la capacité d'autonomie par rapport à la tradition et au mythe. La raison, c'est l'appropriation par l'être humain d'une capacité de s'autodéterminer dans la recherche du vrai, du juste et du beau. L'autre dimension, c'est l'apparition du monothéisme parce que dans les situations traditionnelles de polythéisme ou de mythe, l'être humain était (dans sa conscience, dans sa sensibilité) confronté à une pluralité de sources de la justification transcendantale. Le monothéisme les a unifiées, c'est-à-dire a mis l'Homme en dialogue direct avec l'Absolu. Une fois qu'on est en dialogue avec l'Absolu, on peut rester longtemps sous la dépendance de l'Absolu, dans le respect de l'Absolu, dans l'amour de l'Absolu. Mais c'est assez normal qu'à un certain moment, on pense que l'Absolu est aussi en soi-même, à titre d'individu qui est en relation directe avec un Absolu qui peut alors être pensé d'une manière abstraite. C'est dans ce sens que le monothéisme a été un facteur important dans cette mutation de l'humanité. Il y avait une certaine sagesse dans tous les polythéismes et les pensées mythiques qui mettaient directement l'Homme en dialogue avec la multiplicité des choses et des essences des choses. En fait, le monothéisme a réduit l'essence des choses en deux, virtuellement. Ça ne s'est pas fait en un jour. Il est resté des polythéismes dans le monothéisme pendant des millénaires et il en reste encore, mais ça a quand même créé une dynamique où l'on a abouti finalement à l'opposition cartésienne entre l'esprit et la matière ; un concept de matière qui est l'objet même de la science.

Je préciserai ici que lorsque la science n'est pas science de la matière, elle devrait se donner un autre nom pour éviter les confusions ; elle devrait se penser « les Humanités », elle devrait parler de connaissances parce que l'on peut connaître autre chose que la vérité de la matière. On peut connaître la valeur des normes, on peut connaître la beauté de la nature, etc. Mais lorsque cette scission [rendue possible par le monothéisme] a été faite entre l'esprit et la matière, il y a eu une radicale dévalorisation de la matière et, du même coup, un radical aveuglement devant la réelle consistance du monde.

Réduire le monde à la matière, c'est ignorer la nature essentielle et fondamentale du monde. Les anciens et même l'Occident avaient une idée plus juste lorsqu'ils ne parlaient pas de la nature soumise à des lois universelles, mais parlaient plutôt d'un cosmos qui obéissait à un principe d'harmonie générale. Alors, évidemment, le cosmos était pertinent comme idée pour désigner la planète que nous habitons et les quelques sphères spirituelles qui l'entouraient. En revanche, la vision de la science moderne a complètement renversé cette priorité. Le silence éternel des espaces infinis m'effraie, disait Pascal pour prendre acte de la nouvelle situation de l'Homme. Avec la révolution copernicienne, on n'est plus que perdu dans l'univers infini. Mais, du moment qu'on est perdu dans l'univers infini et que la valeur du réel a été ainsi projetée dans l'infini, les choses relatives du monde proche sont alors dévalorisées.

Alors voilà pour ce qui est de la vision lointaine du problème, comprise entre 2500 ans et puis 1 500 ans. On peut relever également que cette vision (dont était virtuellement porteur le monothéisme) a été extraordinairement renforcée en Occident par le protestantisme, qui supprimait les médiations sociales et les rituels du rapport à Dieu, et donc qui confrontait directement l'individu en solitaire à son Créateur, mais aussi à la source de toute norme, de toute vérité et de toute beauté. Comme on le sait (les sociologues le savent mieux que tout le monde), il y a eu en Occident un processus de laïcisation de la transcendance religieuse qui s'est accéléré à partir du protestantisme. Ce procès est un peu indifférent à la filiation religieuse entre les catholiques et les protestants, parce que le catholicisme a intégré une bonne partie de la nouvelle mise du protestantisme pour maintenir son implantation. Il y a donc une mutation du christianisme au moment du protestantisme, et c'est cette mutation qui a permis finalement d'intérioriser le principe de la transcendance dans l'esprit humain lui-même, et de s'engager à partir de là dans un processus que l'on a appelé la laïcisation, la dé-transcendantalisation, le désenchantement du monde.

Donc, il y a eu un double désenchantement. Il y a eu un désenchantement du monde sensible par la religion monothéiste et puis, ensuite, il y a eu un désenchantement de la référence transcendantale à Dieu ; en même temps, la connaissance a changé progressivement de nature. Cette histoire a mis beaucoup de temps, ça se chevauche longtemps, mais il y a malgré tout une orientation qui est assez constante, c'est que la raison de la science moderne, qui avait pour condition une prétention de connaissance absolue, était elle-même conditionnée par les révolutions religieuses, et est restée d'ordre contemplatif pendant longtemps. La connaissance, disons de Galilée, la connaissance de Newton, c'était une connaissance du monde en tant que création divine, et l'idée d'une légalité universelle régissant le monde restait sous la dépendance du créationnisme et donc de l'attribut d'une rationalité absolue accordée à Dieu. Ce n'est que progressivement que cette conception transcendantale de la Nature s'est transformée en une idée de l'utilité de la Nature pour les êtres humains. Les télescopes de Galilée, et puis de Newton, et puis les lois de Newton, ne servaient pas encore vraiment à grand-chose. Mais ils ont permis d'établir un lien de certitude entre la connaissance scientifique et certaines applications techniques. Mais cela a mis du temps pour que les applications techniques effacent la motivation principiellement contemplative et cognitive de la connaissance scientifique.

Alors, j'aboutis maintenant au capitalisme.

Disons que cela fait deux siècles, mais disons que c'est aussi une longue histoire, car le capitalisme est impensable sans la propriété individuelle.

C'est une institution que les Romains, les juristes romains, ont imaginée pour régler des problèmes finalement assez marginaux dans l'Empire romain, mais qui se répandaient. La propriété privée, c'était l'idée d'une possession qui n'était pas régie par des règles coutumières inhérentes aux peuples multiples de l'Empire romain. L'Empire était le lieu d'importants échanges entre populations et les Romains faisaient beaucoup de procédures. Ils étaient très portés sur le droit, car à cette époque, de nombreux procès pouvaient avoir lieu entre, disons, des Syriens et des Égyptiens habitant à Athènes ou à Rome, et la question se posait pratiquement de savoir quel droit au juste appliquer : le droit des Romains ou le droit des Égyptiens ?

C'est dans ce contexte que les juristes romains ont fait très tardivement un immense effort d'abstraction pour décrire des droits de la personne humaine en tant que telle, c'est-à-dire de la personne humaine détachée des communautés normatives dans lesquelles elle avait jusque-là vocation de passer sa vie, en se soumettant aux normes telles qu'elles avaient été élaborées dans les histoires sociétales particulières. Alors là, le principe de la propriété a pu se définir formellement. C'est une immense invention juridique, mais c'est peut-être aussi une catastrophe pour l'humanité de manière négative, c'est-à-dire que le *jus usus* est *abusus*. L'abus, c'est un mot, mais dans le mot abus, il y a *usus,* et puis dans *usus,* il y a usage, et puis dans les usages, il y a les normes, et puis l'*abusus,* ça voulait dire au bout du compte, épistémologiquement, le droit d'user des choses indépendamment des normes sociales qui en régissent l'usage. C'est donc un affranchissement du rapport aux choses par rapport aux rapports sociaux.

C'est sur cette institution sociale de la propriété qu'a pu se développer progressivement (même si cela a pris des siècles et toute une succession de formes) une économie de marché, puisque l'économie de marché doit, pour s'imposer, transcender les liens entre les hommes en tant qu'ils sont la condition des rapports aux choses. Elle doit libérer les choses des liens sociaux pour qu'elles puissent circuler et pour que la loi de leur circulation soit la recherche de l'accroissement de la valeur à travers l'échange.

Voilà, j'aborderai maintenant la deuxième période de l'accélération de la production du problème dans lequel on est. En fait, le capitalisme aurait été relativement innocent s'il ne s'était développé que dans sa phase primitive où il ne mettait pas encore la main sur la production, mais seulement sur les échanges. Le grand moment classique fondamental, c'est la révolution industrielle où le capitalisme a mis la main sur le travail, et à partir de là, on peut parler vraiment du système capitaliste comme tel. Il met la main sur le travail, il met progressivement la main sur la terre (auparavant la terre était une possession). Ça a pris beaucoup de temps – et il en reste mille traces dans les droits contemporains – avant que la propriété de la terre soit libérée des restrictions de nature sociale. Elle n'a pas été libre aussi rapidement que les biens d'usage. Ensuite, il y a eu la mainmise du capitalisme sur l'argent (qui est la médiation des rapports d'échange) à travers la déréglementation des marchés financiers et à travers l'abolition d'un répondant matériel de la valeur mise en circulation. Je me réfère ici aux accords de Bretton Woods, etc. Mais il y a une chose sur laquelle on n'a pas insisté, puisque c'est la dernière révolution du capitalisme.

Actuellement, et depuis au moins une bonne trentaine d'années, le capitalisme a mis la main virtuellement sur tout le reste, c'est-à-dire sur tout ce qui ne faisait pas encore partie de l'idée de l'économie, par exemple sur la connaissance. Ce système pénètre de manière massive dans la réorganisation et les réformes de tous les systèmes d'enseignement. Il a aussi mis la main directement sur la culture dans un passage de l'idée de culture symbolique à l'information, transmission d'information, communication, etc. Les systèmes informatiques produisent une réalité virtuelle qui est totalement détachée du monde, les images numériques gardent l'apparence de la sensibilité humaine et des formes, mais sont en fait seulement la production de n'importe quel monde virtuel possible.

Derrière l'actuelle phase de développement du capitalisme se cache une chose qui a été déjà aussi remarquée depuis bien longtemps – à travers des schémas évolutionnistes qui ne sont certainement pas justes, mais qui ne sont pas non plus entièrement erronés parce qu'il y a des dynamiques sociales cumulatives qui justifient certaines évolutions qui leur donnent un sens – c'est que le capitalisme est en train de mettre la main sur ce qui était la fierté de l'humanité par rapport aux animaux, c'est-à-dire la raison, le jugement et la volonté. Et ceci se fait à travers une autonomisation croissante ou une rationalisation objective de tous les processus de décisions. Je suis ici même [à HEC Montréal] dans un des hauts lieux de cette mainmise d'une logique gestionnaire capitaliste sur la volonté et sur l'esprit d'autogestion politique et sur la capacité de décision et de jugement de l'être humain. C'est là la thèse andersienne d'une extranéation des puissances humaines, d'une réification des puissances humaines dans des « appareils » ou dans des « machines » qui peuvent se substituer finalement à la capacité humaine de juger et de vouloir décider en commun.

Alors voilà, c'est un portrait de la situation où l'on est. C'est dans cette dynamique finalement qu'a été produite la rupture, le rejet de toutes les dépendances concrètes qui formaient les limites telles que comprises de mille façons par les sociétés primitives et qui ne sont pas celles qui sont établies juridiquement ou culturellement par les sociétés traditionnelles ou encore politiquement par des hiérarchies de pouvoir.

Tout ça, finalement, a été et est progressivement éliminé. Mais je veux dire aussi que si tout avait été éliminé, il n'y aurait plus aucun intérêt à parler et il en reste encore des réserves assez extraordinaires chez les gens et dans les institutions sociales, dans des groupes, etc. Mais ce sur quoi je veux insister, c'est que tout ce qui en reste est en train, en voie d'être éliminé, usé, saccagé par le développement du système capitaliste. Celui-ci a, en tant que système, établi sa souveraineté progressivement sur la vie sociale.

Par rapport au discours, par exemple, de Madame Martinez-Iglesias et de Monsieur Garcia qui nous dressent un scénario en deux versions (voir le chapitre précédent), une version optimiste et une version pessimiste – dans la version optimiste il y a encore un choix possible, je dirais que j'adhère à la version pessimiste et que les limites sont déjà probablement passées et que, si elles ne le sont pas, on ne voit pas malheureusement dans la situation sociale, politique, économique et culturelle actuelle comment on renverserait vraiment le mouvement, la tendance lourde, avant que ces limites soient dépassées d'ici 10 ou 15 ans. Donc, il faut plutôt se préparer à savoir comment on fera après la catastrophe, qui sera j'espère la plus minime possible, la plus faible, la plus rapide. Une très grave crise économique aurait été un facteur de salut fondamental parce que, comme en temps de guerre, on aurait bien été obligé de contraindre les gens à vivre autrement, tandis qu'on ne peut pas le faire lorsqu'il n'y a pas une évidence de temps de guerre.

Nous devons reconnaître que la planète entière dépend maintenant à 2 ou 3 % près du système capitaliste, soit directement soit indirectement. Il faut donc espérer que le système économique se casse la gueule plus vite que se détraque la nature. Il est construit de toute façon pour se casser la gueule lui-même, et même s'il n'y avait pas de crise écologique, il se casserait la gueule. Mais plus rapidement cela se produirait, et moins les dégâts écologiques seraient grands et plus proches seraient encore les possibilités de retomber sur des formes de production et des solidarités locales, etc. Mais voilà, je pense qu'on en est effectivement à un point assez avancé du danger.

Le problème s'est déplacé vers le quantitatif, parce que c'est précisément le quantitatif qui est radicalement mis en cause. À propos des images qui ont été données par Hervé Philippe (voir le chapitre 11), je pense à une en particulier qui est très ancienne. C'est l'histoire de l'inventeur du jeu d'échec en Inde, quelque part vers l'an 100 après Jésus-Christ. Il en fait cadeau à un prince et le prince est tellement enchanté qu'il lui dit: « Demande-moi tout ce que tu veux, je te le donnerai. » L'inventeur lui répond de mettre un grain de riz sur la première case et deux sur la deuxième et quatre sur la troisième, ainsi de suite. Alors, le prince dit: « Non, je vous demande quelque chose de sérieux. Vous pouvez me demander la moitié de mon royaume. » Ce à quoi l'autre lui répond que c'est très sérieux. Et en effet, si on fait le calcul, on s'aperçoit que deux à la puissance 64 équivaut à une superficie de grains de riz plus importante que le volume de la terre. Donc il y a une chose qui est certaine, c'est que toute croissance exponentielle, quel que soit le taux de l'exposant, est invivable à long terme, et le long terme, il n'est jamais si long que ça, puisque comme Hervé Philippe nous l'a rappelé, on vit dans un monde qui a des milliards d'années et une humanité qui a des centaines de milliers d'années. Si on fait le calcul en siècles plutôt qu'en années, on ne fait que gagner 1000 ans sur le problème, mais la destruction sera pareille dans 1000 ans.

Alors voilà, je voulais replacer les choses en perspective, toujours encore un peu en arrière considérant l'histoire de l'Occident. Les êtres humains dans toutes les sociétés et même encore en Grèce n'ont pas dissocié la quantité de la qualité. On pouvait mesurer des quantités, mais la quantité ne se substituait jamais à la qualité. Ce qui fait que dans de nombreuses évaluations, on s'en tenait à des batteries d'adjectifs hétérogènes qui, précisément, étaient adéquats pour la nature des choses que l'on mesurait. C'est la science moderne qui a ramené le tout à une seule et même mesure, qui l'a mathématisé. Et là, qu'il s'agisse de loi déterministe, de formule logique différente ou de théorie probabiliste, on est toujours dans l'uniformisation de la mesure et donc dans un procès consistant à rapporter la connaissance à une seule dimension.

Or, cela fait longtemps déjà, les Grecs avaient distingué dans ce que l'on peut appeler la « connaissance », ou l'« appréhension humaine du monde », ou encore les « facultés de l'esprit humain », au moins trois grandes dimensions. Il vaut mieux ne pas les appeler des facultés parce que ce serait en faire des blocs psychologiques distincts les uns des autres. Dans la modernité, ces dimensions sont pourtant distinctes les unes des autres. Il y a une dimension cognitive, il y a une dimension normative, et puis il y a une dimension esthétique et créatrice. Ces trois dimensions d'un rapport d'objectivation cognitif, normatif et esthétique ont toujours été reconnues comme profondément interreliées. C'est seulement la modernité qui les a distinguées, notamment avec Kant et ses trois critiques. On se rappelle que l'une de ces critiques concerne la raison cognitive et une autre les normes, mais celles-ci deviennent des normes abstraites, formelles et universelles, dont le seul support est la liberté individuelle ; et la société chez Kant devient réductible, finalement, au respect de la liberté d'autrui en tant que principe transcendantal régulateur de la pratique. La dimension esthétique quant à elle est comme chassée en dehors, à côté, à travers une scission qui coïncide avec la séparation du travailleur et de l'artiste, c'est-à-dire la séparation de l'artisan et de l'artiste d'avec le travailleur qui fait une activité qui n'a plus de rapport immédiat avec la beauté et avec la création, mais qui est au service de la production de la valeur. Alors que l'artisan, bien sûr, lui aussi produisait des valeurs sur le marché, mais il produisait d'abord des objets qui étaient porteurs d'un sens propre et il restait plus ou moins le maître de ce sens qui était en même temps normatif et esthétique. Alors là, il y une rupture qui s'est faite, et je pense que pour retrouver les bases d'un équilibre qu'on pourra peut-être rétablir (mais peut-être aussi qu'il sera trop tard), il faut en tout cas revenir sur cette décomposition de la connaissance en sphères séparées.

Je ne vais pas parler encore longtemps de l'esthétique, sinon pour remarquer que pendant très longtemps, l'esthétique a servi de compensation au processus de rationalisation de la connaissance, de la production et de l'État. Ça s'est alors ramassé dans une vague qui s'appelait « les Humanités ». À cette époque, toute personne devant accéder à des responsabilités publiques, que ce soit dans la science, dans l'État, la gestion ou l'administration des affaires publiques, devait faire preuve d'une connaissance humaniste; elle devait avoir appris le grec, le latin, avoir lu des auteurs, etc., de telle façon que son critère de jugement ne soit pas que celui de la raison quantitative. C'est quelque chose qui a été abandonné, et finalement l'art a conquis sa liberté en abandonnant la fonction sociale qui était la sienne et qui consistait à élaborer des représentations d'un monde commun qui soient significativement communes pour tout le monde. Alors, pendant un siècle, il y a eu la critique de la *mimésis*, les théories de la représentation, etc., avec pour résultat que l'art n'est plus désormais pour le commun des mortels qu'un phénomène de marché avec un contenu arbitraire. Vous voyez, on ne reconnaît plus vraiment ce que veut dire l'œuvre d'art et, donc, l'œuvre d'art comme telle n'est plus un lieu autour duquel la socialité peut concrètement faire prise et être partagée.

Alors le problème, je pense, est dans cette révolution des valeurs. Si j'ai fait ce long chemin en arrière, c'est pour montrer par où on en est arrivé là aujourd'hui. Je pense qu'il faut aussi refaire ce long chemin en arrière pour savoir où l'on peut trouver les valeurs, parce que les valeurs, elles, ne s'inventent pas. Les valeurs, finalement, elles sont toujours le signe de la manière dont les êtres humains ont condensé sous forme de sagesse commune et de norme commune l'expérience immémoriale du vivre-ensemble. Elle est immémoriale, car depuis qu'il y a des êtres humains, qui sont déjà humains, les langages se sont diversifiés, les sociétés se sont multipliées, etc., mais l'origine de tout ça, c'est il y a 3 ou 400 000 ans, etc., c'est l'origine du langage, c'est l'origine du symbolique, c'est l'origine des premiers dessins dans les grottes, c'est l'origine des premiers outils auxquels on donnait des formes esthétiques équilibrées, etc.

Il nous faut revenir aux sources de ce que c'est que la valeur comme expression de l'*a priori* du *lien* sur l'autonomie arbitraire du sujet par rapport à la société, pour retrouver finalement un lieu d'attachement des pratiques sociales qui soit distinct de l'utilité, qui soit distinct de ce que l'on peut calculer, qui soit distinct de la satisfaction subjective, mais qui soit tout de même lié à la reproduction objective du réel.

À ce moment-là, il faut aussi, je pense, revenir à la condensation de la dimension de la valeur sur la seule existence humaine. Tout l'Occident peut se prévaloir d'avoir plus que les autres civilisations reconnu la dignité indépassable de l'être humain, et c'est sans doute quelque chose de vrai, mais c'est aussi quelque chose de radicalement insuffisant parce qu'aucun être humain n'est humain sans être d'abord un animal, toute la sensibilité humaine est de nature animale. Ensuite, il y a une construction symbolique qui lui donne un autre sens. Les animaux sont entièrement construits de matière prévivante, ce qui veut dire que l'univers circule encore dans le corps animal en totalité, car il y a des atomes, des électrons, il y a des particules, il y a des mécanismes qui se sont construits sur place, qui sont d'ordre matériel, mais qui se sont déjà construits à travers la sensibilité de l'animal. La seule dignité supérieure de l'être humain, c'est l'élargissement de son expérience du monde grâce à ses capacités symboliques. Mais si on détruit le monde, cette supériorité s'effondre instantanément.

Le principe de responsabilité développé par Hans Jonas[2] n'est pas quelque chose d'erroné, mais il reste insuffisant parce ce que ce principe de responsabilité ne concerne que nous. On n'attribue aucune valeur expressive existentielle et ontologique au monde comme il est, alors que c'est le monde comme il est qui est en fait la valeur qui englobe et qui est la condition de possibilité de toutes les autres valeurs. Un dernier mot sur Hans Jonas : sa conception est un dialogue d'une part avec Kant et d'autre part avec Bloch, l'auteur du *Principe espérance*. L'espérance est une vertu humaine fondamentale, mais l'espérance détachée de l'amour de ce qui existe, l'espérance pour elle-même est une expérience finalement vaine. C'est-à-dire une espérance qui ou bien ne vise qu'à la satisfaction égoïste et immédiate de besoins, ou bien ne fait que refléter une laïcisation de l'espérance de vivre finalement dans un autre monde. Or il n'y a pas plus d'autres planètes que d'autres mondes dont nous puissions tenir compte pour juger de la situation.

Alors, je regrette ce que j'ai dit, ce sont des banalités philosophiques, mais ce n'est surtout apparemment que de la rhétorique, parce que ça ne change rien, ça ne donne pas de programme, ça éclaire et ça a un seul effet de délégitimation de ce dans quoi on est plongé.

En tant que sociologue, je crois que les questions de légitimité sont fondamentales et qu'il faut se rendre compte que la véritable légitimité, nous devons la chercher dans l'harmonie et non pas dans l'utilité. Il faut la chercher dans un principe, donc, qui est fondamentalement esthétique, le respect de l'harmonie, mais aussi le respect des êtres comme ils sont, tels qu'ils existent, tels qu'ils sont devenus de manière contingente.

---

2. Hans Jonas, *Le Principe Responsabilité. Essai d'une éthique pour la civilisation technologique*, Paris, Editions du Cerf, 1990.

En revanche, ce qui n'est pas contingent, c'est l'équilibre général dans lequel toutes les contingences de ce qui existe se sont produites, se sont construites. Un chien, ça pourrait ne pas exister, pourtant le chien, il existe, l'univers, il existe, le monde, il existe, et c'est par une éducation, une sensibilisation à l'amour du monde que nous pourrons sentir que le sens de la vie, c'est l'expérience que l'on peut avoir de la vie et, cette expérience de la vie, on peut l'affiner et l'accroître indéfiniment. S'il y a une limite au quantitatif, il n'y en a pas au qualitatif.

ÉPILOGUE

Pour en finir avec la Nature !

Yves-Marie Abraham

Ralentir ou bifurquer ?

Comment bâtir une société humaine qui ne rende pas intenables nos conditions de vie sur Terre et qui accomplisse enfin l'idéal des Lumières, en garantissant à ses membres, à tous ses membres, liberté et égalité ? Pour les promoteurs d'un « développement durable », la solution consiste à aménager notre modèle de société de telle sorte qu'un équilibre soit trouvé entre croissance économique, progrès social et préservation de l'environnement. Pour les « objecteurs de croissance », dont je suis, c'est un tout autre monde qu'il s'agit de concevoir ; un monde « a-économique » qui ne soit pas fondé sur cette course infinie à la production de marchandises dans laquelle nous sommes actuellement tous embarqués, bon gré mal gré.

Ces deux projets sont donc radicalement différents. Les opposer ne relève pas, comme le suggère Claude Villeneuve (voir le chapitre 10), d'une simple « chicane sémantique » plus ou moins « stérile ». Les partisans du « développement durable » tiennent à notre modèle de société. Ils veulent le réformer pour le faire durer. Les partisans d'une « décroissance soutenable » ne voient pas d'autre issue que d'inventer un autre monde. Le nôtre leur paraît aussi intenable qu'inacceptable. Les premiers sont réformistes, les seconds, révolutionnaires, pour reprendre les termes employés par Andreu Solé dans le premier chapitre de ce livre.

Toutefois, les extrémistes et les utopistes ne sont pas ceux que l'on croit. Comme le souligne Hervé Philippe (voir le chapitre 11), en défendant la possibilité d'une croissance économique infinie dans un monde fini, ce sont les promoteurs d'un développement « durable » qui font preuve d'extrémisme. L'histoire fameuse, rappelée par Michel Freitag, de l'impossible récompense réclamée par l'inventeur du jeu d'échec[1], montre de

1. D'après la légende, cet inventeur aurait demandé au roi qui voulait le remercier, de lui offrir du riz selon la formule suivante : un grain sur la première case, deux sur la seconde,

manière forte et simple que « toute croissance exponentielle, quel que soit le taux de l'exposant, est invivable à long terme, et le long terme n'est jamais si long que cela... » (voir le chapitre 13).

Quant à la conviction qu'une « dématérialisation » de l'économie contribuerait à la fois au progrès social et à une croissance respectueuse des limites de la biosphère, elle est rigoureusement utopique. Les sociétés dont l'économie est aujourd'hui la plus « dématérialisée » sont également celles qui présentent l'empreinte écologique la plus étendue[2]. En outre, ces mêmes sociétés ont toutes connu depuis 30 ans une forte régression sur le plan social, alors même que s'y développait cette « économie du savoir » présentée comme émancipatrice par nombre d'analystes. Le capitalisme ne se nourrit pas d'immatériel, mais de travail humain (« vivant » et « mort », sous la forme de machines par exemple) et de « ressources naturelles ». Or son appétit, stimulé par la concurrence, est insatiable !

Reste tout de même une possibilité, évoquée par Ernest Garcia et Mercedes Martinez-Iglesias (voir le chapitre 12) : celle d'un miracle technologique qui permettrait, sans renoncer à la croissance, de faire face, au moins pour un temps encore, à l'épuisement annoncé des ressources devenues indispensables au bon fonctionnement de nos sociétés (le pétrole, en particulier) et à la raréfaction de ces éléments essentiels à la vie que sont l'eau (buvable), l'air (respirable) et la terre (fertile). Mais force est d'admettre qu'en l'état actuel des choses, on ne discerne pas le moindre signe annonciateur d'un tel miracle. Soutenir le projet d'une croissance sans limite sur la base d'un aussi fragile espoir paraît donc bien moins raisonnable que d'adopter la politique du « pas de côté » que préconisent les objecteurs de croissance.

Évidemment, ce pas de côté peut effrayer. Comme plusieurs auteurs de ce livre l'ont souligné, il implique de remettre en cause des institutions aussi centrales que l'entreprise (Solé), l'innovation technologique (Marion), le salariat et l'argent-marchandise (Beau-Ferron), la propriété privée (van Griethuysen, Freitag) ou encore la recherche scientifique (Philippe). Cependant, ces institutions sont bien plus fragiles et bien

---

quatre sur la troisième, et ainsi de suite jusqu'à la 64e case. Cette requête d'apparence modeste dépassait en fait très largement les capacités de production du vaste royaume sur lequel régnait ce monarque.

2. Faut-il le rappeler, les pays occidentaux n'ont fait que délocaliser une grande partie de leurs activités industrielles dans les pays pauvres. Leurs économies de « services » et du « savoir » continuent de dépendre étroitement de ces activités industrielles, dont le volume global, à l'échelle de la planète, n'a cessé de croître depuis que nos sociétés sont qualifiées de « postindustrielles ». Pour une critique systématique de l'idée qu'il serait possible de « découpler » croissance économique et utilisation des ressources naturelles, voir par exemple « Le mythe du découplage » dans : Tim Jackson, *Prospérité sans croissance. La transition vers une économie durable*, Paris, Éditions de Boeck, 2010, p. 77-94.

moins inéluctables qu'elles le paraissent. Elles ne se perpétuent qu'avec notre participation active et n'ont d'autre fondement qu'un certain nombre de convictions que nous partageons sur la marche du monde. Comme le rappelle Louis Marion, citation à l'appui: «Les hommes ne sont limités par rien que par des opinions» (voir le chapitre 2).

Pour rendre possible une décroissance soutenable, il faut donc commencer par mettre au jour et questionner les convictions ou les opinions sur lesquelles repose notre modèle de société. Ces idées perdront alors leur caractère d'évidence et, par conséquent, les institutions qu'elles supportent n'apparaîtront plus aussi nécessaires, ni aussi légitimes. Tel est l'objectif que vise Serge Latouche, l'un des principaux hérauts de l'objection de croissance, lorsqu'il appelle à «décoloniser l'imaginaire»[3]. Telle est la tâche à laquelle se sont employés certains auteurs de ce livre en interrogeant notamment la notion de progrès (Marion, Philippe), celle de rationalité économique (Sabourin) ou encore celle de durabilité (Keller).

Dans cette perspective, et en guise d'épilogue à cette œuvre collective, je voudrais quant à moi questionner une autre idée, à la fois omniprésente dans les pages qui précèdent et pourtant jamais débattue: l'idée de Nature. Pourquoi s'y intéresser particulièrement? Ma thèse est la suivante: la plupart des coauteurs de ce livre s'entendent sur la nécessité de protéger ou préserver la Nature; le problème est qu'ils définissent généralement celle-ci, au moins implicitement, dans des termes qui rendent en fait possible sa destruction massive. Autrement dit, ces chercheurs, qu'ils soient favorables au «développement durable» ou «objecteurs de croissance», se retrouvent dans une situation paradoxale qui consiste à dénoncer la dégradation catastrophique de notre habitat terrestre sur la base d'une conception de la Nature que l'on peut tenir pour responsable, dans une large mesure, de cette dégradation. La très grande majorité des défenseurs de la Nature sont victimes de ce paradoxe, et contribuent donc à perpétuer les conditions de possibilité des phénomènes qu'ils réprouvent, faute de s'être libérés de l'idée de Nature telle qu'elle est admise aujourd'hui en Occident[4].

Qu'est-ce pour nous, Occidentaux modernes, que la Nature? En quoi le sens que nous donnons à ce terme est-il problématique? Comment s'en libérer? Telles sont les questions auxquelles je voudrais tenter d'apporter des éléments de réponse dans les pages qui suivent.

---

3. Voir: Serge Latouche, *Décoloniser l'imaginaire. La Pensée créative contre l'économie de l'absurde*, Lyon, Parangon, 2003.

4. Cette thèse est en partie le fruit de discussions avec Andreu Solé, qui a lui-même défendu récemment une position proche de celle que j'expose dans les pages qui suivent à l'occasion d'un colloque organisé dans le cadre du congrès annuel de l'ACFAS en 2009. Sa conférence s'intitulait: «Comment nous libérer de l'idée d'environnement? Une hypothèse anthropologique».

Qu'est-ce que la Nature ?

Seuls les humains modernes croient dans l'existence de la Nature, soutient en substance l'anthropologue Philippe Descola, dont les travaux constitueront ici ma principale référence[5]. Leur rapport au monde peut donc être qualifié de naturaliste. Cette cosmologie particulière, rappelle Descola, repose sur l'idée que tout ce qui a une existence physique est fondamentalement gouverné par des lois et des principes universels, sur lesquels la volonté humaine n'a pas de prise. Dans cette perspective, l'être humain lui-même, de par sa corporéité, ainsi que tous les artefacts dont il s'entoure, sont soumis à ces lois, à commencer par celles de la physique. Tel est le règne de la Nature, objet des sciences du même nom.

Toutefois, cette cosmologie réserve aux humains une place à part. Si elle ne les distingue pas foncièrement des plantes ou des animaux sur le plan de leur physicalité, en revanche elle leur reconnaît une intériorité dont les autres existants seraient au contraire dépourvus. Du point de vue naturaliste, seuls les être humains ont une conscience réflexive et une subjectivité, sont capables d'agir de manière intentionnelle et volontaire, ont le pouvoir de signifier et de communiquer par l'intermédiaire de symboles. Ces aptitudes sont ce qui leur permet d'inventer des manières de vivre et de penser qui peuvent varier considérablement d'un groupe humain à un autre. Tel est le règne de la Culture, objet des sciences sociales.

Être naturaliste en définitive, nous dit Descola, c'est envisager le monde sur la base de la distinction nature/culture ou nature/société. Or, ajoute-t-il, ce découpage ne va pas de soi. La plupart des humains ont envisagé leurs rapports aux autres humains et aux non-humains selon des principes radicalement différents.

Au terme d'une vaste étude, l'anthropologue soutient que trois autres modes d'identification sont en principe praticables par les humains : l'animisme, le totémisme et l'analogisme, chacun d'entre eux correspondant à une manière particulière de concevoir les rapports entre humains et non-humains. Seul point commun à ces quatre façons d'appréhender le monde, elles définissent et classent les existants sur la base d'une même distinction fondamentale entre leur intériorité et leur physicalité[6]. La

5. Voir en particulier : Philippe Descola, *Par delà nature et culture*, Paris, Gallimard, 2005.

6. Cette distinction entre intériorité et physicalité est-elle vraiment aussi universelle et importante que le prétend Descola ? Lui-même le reconnaît, il s'agit d'une simple hypothèse. Rien n'interdit de penser que les humains s'appuient sur des principes plus nombreux ou différents pour se définir par rapport aux autres existants. Par ailleurs, l'identification n'est pas la seule question que règle une cosmologie. Le rapport au temps et à l'espace, notamment, constitue une autre composante essentielle de ces schèmes collectifs de représentations du monde. La possibilité de les cartographier à partir d'autres points de vue reste donc évidemment ouverte.

variante naturaliste de ce dualisme que Descola considère comme universel est l'opposition familière en Occident entre le corps et l'esprit.

Dans la cosmologie animiste, dont les formes les plus caractéristiques s'observent au sein de nombreuses sociétés amérindiennes (Amérique du sud tropicale, aire subarctique de l'Amérique du Nord), mais aussi en Sibérie, une grande partie des animaux et des plantes sont dotés d'une « âme », au sens large du terme. Ces êtres, parmi lesquels on trouve parfois aussi des entités inanimées, sont considérés comme de véritables personnes et doivent donc être traités comme telles par les humains. Sur le plan de l'intériorité, il n'y a donc pas de discontinuité essentielle entre humains et non-humains. Par contre, cette ontologie, comme le dit encore Descola, souligne les discontinuités entre les existants sur le plan de leur physicalité, là où nous postulons leur homogénéité fondamentale, en professant par exemple l'atomisme. Dans le monde animiste, la Nature, définie comme l'ensemble des entités soumises à des lois universelles, n'existe donc pas. Et, chose inacceptable du point de vue naturaliste, l'être humain n'y a pas le monopole de la conscience ni celui de la culture.

Les quatre modes d'identification possibles selon Philippe Descola		**Intériorité**	
		Continuité	Discontinuité
Physicalité	Continuité	*Totémisme*	*Naturalisme*
	Discontinuité	*Animisme*	*Analogisme*

Le totémisme, objet fétiche, si j'ose dire, de l'anthropologie, est défini par Descola comme une autre cosmologie essentielle. L'archétype de ce mode d'identification se retrouve chez les Aborigènes australiens. Dans son principe, il consiste à prêter à des humains et des non-humains des propriétés identiques, à la fois sur le plan physique et sur le plan moral. La classe ou le groupe totémique est constitué typiquement d'êtres en apparence fort divers : humains, animaux, plantes, artefacts, entre lesquels on postule pourtant une continuité des physicalités et des intériorités. Les discontinuités sont posées entre les différents groupes, considérés généralement comme complémentaires les uns aux autres. Dans le cas australien, l'association entre les membres de la classe totémique est justifiée par la référence à une genèse commune, remontant aux origines du monde et dont seraient responsables des « êtres de rêve » sortis provisoirement des profondeurs de la Terre. Ce qui est particulièrement inadmissible dans cette ontologie, du point de vue naturaliste, est la transgression systématique de la frontière entre nature et culture que réalise chaque regroupement.

Quatrième et dernière cosmologie possible selon Descola, l'analogisme peut être présenté comme l'envers structural du totémisme : au lieu d'affirmer des ressemblances entre existants, cette vision de monde ne reconnaît que des dissemblances, aussi bien sur le plan physique que moral. L'univers analogique est composé d'êtres irréductiblement singuliers, d'une foule infinie de principes uniques. Face à cette foisonnante diversité se pose le problème de l'intégration et de la mise en ordre de ces singularités. C'est là que l'analogie intervient, en tant que procédé permettant d'établir des correspondances, des connexions et des rapprochements entre ces entités fondamentalement différentes. Exemple prototypique : les analogies établies entre macrocosme (le mouvement des astres) et microcosme (les péripéties d'une vie humaine). D'après l'anthropologue, ce mode d'identification est très répandu en dehors de l'Occident moderne, notamment dans les sociétés traditionnelles d'Amérique centrale et dans les Andes, mais aussi en Afrique de l'Ouest et en Asie (tout particulièrement en Chine et en Inde)[7]. La conception d'une nature soumise à des lois universelles lui est étrangère, de même que l'anthropocentrisme radical qui caractérise notre naturalisme.

En quoi l'idée de Nature pose-t-elle problème ?

Quels rapports entre ces cosmologies et le problème de la dégradation de notre habitat terrestre qui nous occupe ici ? Il ne fait pas de doute que cette dégradation est la conséquence directe de l'industrialisation et du productivisme caractéristiques de la civilisation occidentale moderne. La crise écologique à laquelle nous faisons face n'est qu'un vaste effet pervers du modèle de société industrielle. Or, il me semble que ce modèle présuppose dans une large mesure le naturalisme. La révolution industrielle est en revanche impensable dans le cadre des trois autres cosmologies. Ce n'est d'ailleurs pas un hasard, bien sûr, que cette révolution s'amorce à la fin du XVIIIe siècle, au moment même où le naturalisme s'impose en Europe de l'Ouest.

Dans son sens moderne, qui émerge lui aussi au XVIIIe siècle, le mot « industrie » désigne, selon le *Petit Robert*, l'« ensemble des activités économiques ayant pour objet l'exploitation des richesses minérales et des diverses sources d'énergie ainsi que la transformation des matières

7. En fait, les ontologies analogiques apparaissent, à lire Descola, si nombreuses et si diversifiées que l'on peut parfois éprouver le sentiment qu'il s'agit d'une catégorie fourre-tout. Cela justifie-t-il un travail d'élaboration supplémentaire, la définition de sous-catégories analogiques ou même une remise en cause plus fondamentale des bases de la topographie proposée ici ? Le débat est ouvert.

premières (animales, végétales ou minérales) en produits fabriqués». Vague à souhait, cette définition dit pourtant l'essentiel. Trois idées clefs au moins y sont exprimées: 1) l'activité industrielle suppose d'envisager la terre, au sens large du terme, comme un moyen au service des humains – c'est le sens du verbe «exploiter»; 2) animaux, végétaux et minéraux sont traités par l'activité industrielle sur un même plan, en tant qu'objets destinés à être transformés par la main humaine; 3) l'activité industrielle est fondamentalement une activité de production, c'est-à-dire de fabrication et de création.

Ces trois idées relèvent du naturalisme le plus strict. Comme nous l'avons vu plus haut, cette cosmologie confère aux êtres humains une incontestable supériorité ontologique sur tous les autres existants. Radicalement anthropocentrique, elle ne conçoit que des rapports hiérarchiques entre les humains et les non-humains, les seconds étant toujours subordonnés aux premiers. Plus précisément, d'après Descola, cette vision du monde privilégie entre ces deux catégories d'êtres une relation de production, dans laquelle les non-humains sont appréhendés essentiellement comme des moyens au service de l'activité créatrice des humains, ou comme le résultat de cette activité. Dans le cadre de cette relation, les êtres humains sont sujets, les non-humains ont le statut d'objets.

Tout ceci est en revanche rigoureusement impensable et inacceptable dans le cadre des cosmologies non modernes.

Un exemple suffira à le faire éprouver: quiconque est effectivement persuadé que certains animaux et certaines plantes ont une âme sera tout à fait incapable de les soumettre aux formes intensives d'élevage et de culture que nous avons développées en Occident. C'est même le «simple» principe de la domestication qui va faire problème dans ce cas, comme le montre Descola à propos par exemple des relations qu'entretiennent les peuples autochtones d'Amazonie avec le pécari ou les Innus canadiens avec le caribou. Dans ces deux cas, l'élevage s'avère techniquement possible et économiquement souhaitable, mais n'est pourtant pas pratiqué. C'est culturellement qu'il est inacceptable[8].

Du point de vue des ontologies animistes et totémistes, ce n'est pas seulement la révolution industrielle qui est problématique, mais également la révolution néolithique (passage à l'agriculture et à la sédentarisation). La domestication animale et végétale est envisagée par ceux qui la pratiquent essentiellement sur le mode de la protection, explique encore Descola. Cette relation est hiérarchique. Elle associe des êtres

8. Philippe Descola, *op. cit.*, 2005, p. 497-525; Philippe Descola, «Pourquoi les Indiens d'Amazonie n'ont-ils pas domestiqué le pécari?», dans Bruno Latour et Pierre Lemonnier, *De la préhistoire aux missiles balistiques*, Paris, La Découverte, 1994, p. 329-344.

interdépendants mais inégaux, un protecteur et son protégé. L'animisme et le totémisme ont tendance en revanche à ne concevoir entre les êtres que des rapports d'égal à égal, qui peuvent prendre toutefois des formes diverses (échange, don, prédation). Cela n'interdit pas bien sûr la consommation de l'animal ou de la plante par l'être humain, mais impose de la part de ce dernier de nombreuses précautions et des restrictions sévères. Un shaman inuit confiait ainsi à l'ethnographe Rasmussen : « Le grand péril de l'humanité, c'est que la nourriture des humains est entièrement faite d'âmes[9]. »

L'appropriation du sol, telle que nous l'entendons en Occident, n'est guère plus concevable dans le cadre de ces deux cosmologies. Selon l'anthropologue Rémi Savard, les premiers Européens qui se sont installés en Amérique du Nord n'ont pu obtenir sans violence la cession de vastes territoires de la part des Amérindiens que parce que la revendication d'un droit de propriété sur le sol était chose impensable pour ces derniers. « Rien ne leur permettait de soupçonner, suggère Savard, que ces *arrivants*, souvent maigres et affamés, ne s'introduiraient pas, comme tout être sensé, dans le grand cercle des fils de la *terre-mère*. On a pu vérifier après coup que de nombreux traités, dont on nous a toujours appris qu'ils avaient été des opérations consenties de transport du titre foncier, furent perçus par les Autochtones comme des cérémonies d'alliances entre gens s'engageant mutuellement à respecter la spécificité de leur vis-à-vis[10]. »

De leur côté, les cosmologies analogiques sont tout à fait sympathiques, si je puis dire, à la révolution néolithique. L'élevage et l'agriculture occupent généralement une place essentielle dans les sociétés où domine ce type de visions du monde. En revanche, ces sociétés ne se sont engagées sur la voie de l'industrialisation que récemment et le plus souvent sous la contrainte des pays occidentaux (pensons en particulier au Japon, à la Chine ou encore à l'Inde). Fait troublant du point de vue naturaliste : certaines d'entre elles avaient développé bien avant les pays européens des procédés techniques qui auraient pu leur permettre d'effectuer cette fameuse révolution industrielle[11]. Le cas de la Chine est à cet égard particulièrement remarquable, on le sait.

9. Descola, *Par delà nature et culture*, *op. cit.*, p. 37.

10. Rémi Savard, *Le sol américain : propriété privée ou terre-mère*, Montréal, Éditions de l'Hexagone, 1981, p. 27. Tout animistes qu'ils fussent, ces Autochtones n'étaient évidemment pas des imbéciles et n'ont pas tardé à comprendre leur méprise. Cité par Savard, ce passage du récit d'une attaque cherokee, dans un texte datant du XVIIIe siècle, ne laisse planer aucun doute sur ce point : « Nous apprenons dans ce moment qu'un parti de guerriers de la nation appelée Chérakises (*sic*) et commandé par le chef de guerre le Loup vient de s'emparer du Fort London, appartenant à la Grande-Bretagne, et que le commandant appelé M. Damari a été mis à mort par les Sauvages, qui lui ont enfoncé de la terre dans la bouche, en lui disant : « Chien, puisque tu es si avide de terre, rassasie-toi » ; ils en ont fait autant à quelques autres. »

11. Voir par exemple : Philippe Norel, *L'histoire économique globale*, Paris, Le Seuil, 2009.

Pourquoi alors ces sociétés n'ont-elles pas franchi plus tôt le pas qui les séparait de l'industrialisation ? Les cosmologies analogiques ne sont guère plus compatibles que les deux autres types de visions du monde avec la relation de production que l'on retrouve au principe de l'activité industrielle. Elles privilégient certes des relations hiérarchiques entre les êtres, mais celles-ci relèvent le plus souvent de la transmission (soumission des vivants à la volonté des morts) et surtout de la protection (assistance aux plus faibles par les plus forts, sur le modèle de la relation parent/enfant).

La relation de protection, qui fonde de nombreuses techniques d'élevage et d'agriculture, ne relève jamais simplement de cet utilitarisme avoué si caractéristique de la relation de production. Les non-humains qui en bénéficient, animaux ou plantes en l'occurrence, ne sont pas appréhendés comme de purs moyens au service de la satisfaction des besoins humains, ni comme des objets à fabriquer ou à transformer. Ils sont plutôt traités comme des enfants, éventuellement difficiles et capricieux, qu'il faut aider à grandir. L'anthropologue Evans-Prittchard disait ainsi de ces pasteurs du Soudan auxquels il s'est longuement intéressé : « La vache est un parasite des Nuer, qui passent leur vie à assurer son bien-être[12]. »

Par ailleurs, la production suppose « la prépondérance d'un agent intentionnel individualisé comme cause de l'avènement des êtres et des choses, et la différence radicale de statut ontologique entre le créateur et ce qu'il produit[13]. » Marx définit pratiquement en ces termes le travail comme production de valeur d'usage[14]. Selon Descola, le modèle de référence implicite de cette relation est la création du monde par le Dieu de la Bible. Or, cette manière de se représenter l'origine des choses est tout à fait étrangère aux cosmologies analogiques.

Dans le cas du confucianisme, par exemple, « toute réalité se conçoit comme un procès continu relevant d'une interaction entre deux instances dont aucune n'est plus fondamentale ou plus originelle que l'autre : le *yin* et le *yang*, par exemple, ou le Ciel et la Terre. De là naît une logique de la relation mutuelle sans début ni fin qui exclut toute extériorité fondatrice, toute nécessité d'un agent créateur en tant que cause initiale ou premier moteur, toute référence à une altérité transcendante[15]. »

L'analogisme réserve une place privilégiée à l'être humain, comme point de repère immédiat au sein de ces univers foisonnants et fragmentés qu'il s'agit de mettre en ordre. Mais ce type de vision du monde n'en demeure pas moins cosmocentré. Jamais les humains n'y jouissent de ce statut de démiurge que le naturalisme leur garantit et que présuppose la

---

12. Cité par Descola, *op. cit.*, p. 447.
13. Descola, *op. cit.*, p. 442.
14. Karl Marx, « Production de valeurs d'usage », *Le Capital*. Livre I, section III, édition électronique, Les classiques des sciences sociales (<http://classiques. uqac.ca>), 1867.
15. Descola, *op. cit.*, p. 441-442.

notion de production. C'est l'une des raisons pour lesquelles la révolution industrielle est restée largement inacceptable par les collectifs analogiques.

Quelle cosmologie « pour la suite du monde » ?

Le tour d'horizon effectué dans les paragraphes précédents a permis de montrer que l'industrialisation, dont les conséquences sont aujourd'hui en passe d'être désastreuses pour l'humanité, est indissociable de l'idée de Nature. Dès lors, pour espérer mettre un terme à cette incroyable autodestruction à laquelle nous prenons part, il est urgent de tenter de se libérer de cette idée.

Évidemment, il ne suffit pas pour ce faire d'abandonner le mot « nature » ou celui d'« environnement », ni d'adopter le vocabulaire de la protection. Nous avons commencé à protéger de plus en plus de non-humains, mais les relations que nous entretenons avec eux ont-elles changé ? Rien n'est moins sûr. Le plus souvent, cette protection ne leur est accordée que dans une perspective purement utilitariste. Ce sont les intérêts des humains qui la justifient. Ce n'est pas la planète que l'on cherche à sauver, mais nous-mêmes et éventuellement nos descendants. La définition officielle du développement durable le dit bien d'ailleurs : « un développement qui répond aux besoins des générations du présent sans compromettre la capacité des générations futures à répondre aux leurs. » Ce projet demeure totalement anthropocentrique et continue d'envisager les rapports entre humains et non-humains sur le seul mode de la production. Il s'agit simplement d'être un peu moins gourmands que nous ne l'avons été jusque là, vis-à-vis d'une planète qui demeure essentiellement à nos yeux une ressource au service de nos besoins (voir par exemple la notion très en vogue de « services écosystémiques »)... En somme, nous restons tout à fait naturalistes dans notre manière de prendre soin des non-humains. Ce faisant, nous continuons de rendre possible leur destruction massive et, par voie de conséquence, celle de l'espèce humaine.

Cette mise en garde vaut également pour les objecteurs de croissance, bien qu'il y ait de leur part un rejet net du productivisme et de la société industrielle que l'on ne retrouve pas chez les promoteurs du développement durable. Une relecture des textes qui prônent la décroissance dans ce livre permet de constater que leurs auteurs s'expriment sur la base de postulats et de présupposés qui relèvent encore pour l'essentiel du naturalisme. Sous réserve d'une enquête exhaustive, il me semble que l'idée de Nature, à la différence de l'idée de progrès qui a fait l'objet d'un travail critique fondamental, reste un impensé des principales thèses décroissancistes. Cela n'a rien d'étonnant, puisque cette idée fait partie de celles qui nous ont été transmises en priorité et sur le mode de l'évidence la plus indiscutable au cours de notre socialisation primaire. Notre monde repose sur elle dans une large mesure. Mais tant qu'il en sera ainsi, tant que nous n'aurons pas questionné cette évidence et commencé à concevoir une tout autre cosmologie, il ne sera pas possible d'accomplir complètement ce pas de côté que représente le projet d'une décroissance soutenable.

Comment s'affranchir alors pour de bon de ce naturalisme qui a fait notre toute-puissance et qui nous conduit aujourd'hui droit vers l'abîme ? En soulignant d'abord, comme j'ai tenté de le faire ici, avec l'aide de Philippe Descola, que cette ontologie n'en est qu'une parmi d'autres possibles. En remarquant ensuite, que dans les manières de penser et d'agir caractéristiques de toute société humaine, on trouvera généralement des manifestations plus ou moins nombreuses des quatre cosmologies ou ontologies évoquées précédemment. Les modernes que nous sommes ne font pas exception.

C'est par exemple un comportement assez typiquement animiste et pourtant fréquent dans notre monde que d'adresser la parole à un animal familier (voire à une plante), en lui prêtant des intentions et une volonté semblables à celles d'une personne. De même, le fait d'éprouver un sentiment patriotique à la vue d'un drapeau, d'un animal (le coq gaulois !) ou d'un grand joueur de football n'est pas rare chez nos contemporains et relève d'une forme élémentaire de totémisme. Enfin, la consultation d'un acupuncteur, démarche qui connaît en Occident un succès croissant, suppose de s'en remettre à une pratique médicale fondée sur l'analogisme.

Bien que naturalistes, nous ne sommes donc pas imperméables aux cosmologies non modernes, loin s'en faut. Celles qui nous sont les plus familières relèvent de l'analogisme. Il faut dire, d'une part, que le temps où ce mode d'identification était dominant en Europe occidentale n'est pas si lointain. La Renaissance est une période historique fortement marquée par une ontologie de type analogique. D'autre part, des variantes exotiques de l'analogisme ont fait une entrée en force dans les pays Occidentaux depuis les années 1970, sous la forme de pratiques (sportives, médicales…) et de philosophies importées d'Asie (Inde, Chine, Japon…).

Ce succès est-il révélateur d'un début de transformation de notre cosmologie naturaliste ? L'analogisme pourrait-il effectivement redevenir dominant en Occident ? Descola considère comme probable cette éventualité.

> « Mon sentiment, dit-il, est que ce que l'on appelle la mondialisation, c'est-à-dire le développement accéléré d'un certain mode de circulation des marchandises et des habitudes de consommation qui vont avec, va probablement engendrer le retour à une nouvelle forme d'analogisme, à un collectif analogique transnational, qui sera véritablement coextensif au monde[16]. »

16. Entretien avec Philippe Descola mis en ligne sur *Parutions.com*, le 2 septembre 2006. Consultable à l'adresse suivante : <www.parutions.com/index.php>.

Une chose paraît certaine : le virage cosmologique, si j'ose dire, est amorcé. Le naturalisme ne va déjà plus complètement de soi pour un nombre grandissant d'humains modernes. Qu'un livre tel que celui de Descola ait pu être écrit constitue un premier indice du fait que notre cosmologie a commencé à perdre son caractère d'évidence. Mais plus fondamentalement, on assiste actuellement à un début de redéfinition de nos relations avec les non-humains. Nous sommes de moins en moins sûrs du bien-fondé de la démarcation que le naturalisme pose entre les « animaux humains » et les autres. Je pense ici, entre autres, aux débats scientifiques et philosophiques contemporains portant sur la pertinence de continuer à distinguer l'être humain de certains grands singes. Sur le plan juridique, les animaux ne sont plus simplement considérés comme des choses. On leur reconnaît à présent certains droits réservés jusqu'à récemment aux personnes humaines. Certes, le projet de leur offrir les services d'un avocat, soumis à référendum en Suisse il y a quelques temps, a été rejeté. Mais ce n'est sans doute que partie remise. En outre, les associations de protection des animaux assument déjà en partie de telles fonctions.

Autre manifestation de la recomposition cosmologique en cours : la prolifération d'êtres et de phénomènes hybrides, qu'il n'est pas possible de classer simplement du côté de la nature ou de la culture. C'est le cas d'un certain nombre de symptômes de la crise écologique actuelle, au premier rang desquels on trouve le réchauffement climatique. Cet événement relève à la fois du règne de la Nature et du règne de la Culture. Difficile donc d'en rendre compte dans le cadre des catégories habituelles de la cosmologie naturaliste. D'où également les débats sans fin dont il fait l'objet. Par ailleurs, les progrès de la technoscience permettent d'ores et déjà d'entrevoir la possibilité d'une transformation radicale de l'être humain, que ce soit sous la forme de *cyborgs* (êtres mi-humains, mi-machines) ou de clones. Le simple projet de concevoir de tels existants vient questionner les fondements de notre ontologie dualiste, comme en témoignent les vives inquiétudes qu'il suscite.

La sortie du naturalisme a donc commencé, et l'on peut considérer qu'il s'agit d'une bonne nouvelle puisque, comme j'ai tenté de le soutenir dans ce texte, c'est la condition *sine qua non* pour que cesse la destruction massive de notre habitat terrestre. Mais ce n'est jamais qu'une condition nécessaire, pas suffisante. Les promoteurs du transhumanisme ou du posthumanisme, par exemple, et avec eux tous ceux qui ne voient de salut pour l'humanité que dans le progrès technique, veulent aussi « en finir avec la Nature ». Toutefois, leur souci n'est pas tant d'instaurer des rapports moins dissymétriques entre humains et non-humains, que de radicaliser cette dissymétrie en créant des êtres surhumains, libérés de leur condition animale et de ses contraintes[17]. En d'autres termes, pour ces technicistes, le problème n'est pas de réussir à préserver l'habitat terrestre et les êtres qui le peuplent, mais de s'en passer, autant que faire se pourra.

Il faut bien réaliser en outre qu'une sortie du naturalisme risque d'impliquer une redéfinition des rapports entre humains. Si, comme le présume Descola, c'est une forme renouvelée d'analogisme qui devait finir par s'imposer à l'échelle planétaire, la prudence commande de se souvenir que l'un des dispositifs de mise en ordre du monde privilégiés par ce mode d'identification est la hiérarchie. Sur le plan de l'organisation sociale, cela peut se traduire par un système tel que celui des castes en Inde. Un nouvel analogisme faciliterait donc sans doute un rééquilibrage salutaire des rapports entre humains et non-humains, mais risquerait de mettre en question un acquis fondamental du naturalisme: l'égalité de principe entre humains.

L'ébranlement de notre cosmologie peut donc déboucher sur toutes sortes d'issues. Ceux d'entre nous qui tiennent au principe de l'unité du genre humain, fruit du naturalisme, tout en aspirant à des relations moins désastreuses avec les non-humains, libérées notamment du modèle de la production, doivent par conséquent redoubler de vigilance et travailler à rendre possible une cosmologie sans doute inédite, non référencée dans la topographie proposée par Descola. Ce n'est pas une mince affaire, mais il n'y a aucune raison de penser que l'être humain ait épuisé sa capacité à imaginer des mondes toujours différents[18]. Les temps qui viennent, avec les risques de catastrophes que l'on sait, ne peuvent que stimuler cette capacité.

---

17. Pour une critique du «transhumanisme» d'un point de vue à la fois humaniste et écologique, voir par exemple: André Gorz, *L'immatériel. Connaissance, valeur et capital*, Paris, Galilée, 2003, p. 105-150.

18. Sur ce point voir: Andreu Solé, *Créateurs de mondes. Nos possibles, nos impossibles*, *op. cit.*

BIBLIOGRAPHIE

Aktouf, Omar. *La stratégie de l'autruche. Post-mondialisation, management et rationalité économique*, Montréal, Éditions Écosociété, 2002.

Anders, Günther. *La menace nucléaire. Considérations radicales sur l'âge atomique,* Paris, Serpent à Plumes, [1960] 2006.

Anders, Günther. *L'obsolescence de l'homme. Sur l'âme à l'époque de la deuxième révolution industrielle*, Paris, Encyclopédie des nuisances, [1956] 2001, 360 p.

Arendt, Hannah. *La condition de l'homme moderne,* Paris, Calmann-Lévy, 1961.

Arendt, Hannah. *La crise de la culture. Huit exercices de pensée politique,* Paris, Gallimard, 1989, 380 p.

Arendt, Hannah. *La tradition cachée*, Paris, Christian Bourgois, 1987.

Ariès, Paul. *La décroissance. Un nouveau projet politique*, Lyon, Golias, 2007.

Beauvois, Jean-Léon. *Traité de la servitude libérale. Analyse de la soumission*, Paris, Dunod, 1994, 247 p.

Beck, Ulrich. *La société du risque. Sur la voie d'une autre modernité*, Paris, Flammarion, [1986] 2003, 522 p.

Beck, Ulrich. *World at Risk*, Oxford, Polity Press, 2008, 240 p.

Beck, Ulrich. Giddens, Anthony et Scott Lash, *Reflexive Modernization: Politics, Tradition and Aesthetics in the Modern Social Order*, Cambridge, Polity Press, 1994, 240 p.

Besancenot, Olivier et Daniel Bensaïd. *Prenons parti. Pour un socialisme du xxie siècle*, Paris, Mille et une nuits/Librairie Arthème Fayard, 2009, 376 p.

Besset, Jean-Paul. *Comment ne plus être progressiste sans devenir réactionnaire*, Paris, Fayard, 2005.

Bodinat, Baudouin de. *La vie sur terre*, tome second, Paris, L'Encyclopédie des nuisances, 1999.

Boltanski, Luc et Ève Chiapello. *Le nouvel esprit du capitalisme*, Paris, Gallimard, 1999, 843 p.

Brand, Karl Werner. « Sustainability Transition. La durabilité, un défi politique et social », 2010, à paraître dans Lange, Hellmuth *et al.*, *La sociologie et l'environnement. Perspectives franco-allemandes,* Actes du colloque de Strasbourg, Paris, Harmattan.

Braudel, Fernand. *Civilisation matérielle, économie et capitalisme. XVe-XVIIIe siècles*, Le Livre de poche références, Paris, Librairie Armand Colin, 3 volumes, 1979.

Bromley Daniel W. *Economic Interests and Institutions. The Conceptual Foundations of Public Policy*, Oxford, Basic Blackwell, 1989.

Campbell, Colin J. *The Essence of Oil and Gas Depletion. Collected Papers and Excerpts*, Brentwood, MultiScience Publishing Co., 2003.

Chauvel, Louis. *Les classes moyennes à la dérive*, Paris, Seuil, 2006, 109 p.

Cheynet, Vincent. *Le choc de la décroissance*, Paris, Seuil, 2008.

Commission mondiale sur l'environnement et le développement (CMED). *Notre avenir à tous*, Québec, Éditions du fleuve, 1988.

Coase, Ronald. « La nature de la firme », *in L'entreprise, le marché et le droit*, Paris, Éditions d'Organisation, 2005, p. 51-73.

Cordonnier, Laurent. *Coopération et réciprocité*, Paris, Presses universitaires de France, 1997, 209 p.

Cordonnier, Laurent. *Pas de pitié pour les gueux. Sur les théories économiques du chômage*, Paris, Raisons d'agir, 2000, 124 p.

Costanza, Robert, Graumlich, Lisa, J. et Will Steffen. *Sustainability or Collapse? An Integrated History and Future of People on Earth*, Cambridge (MA), The MIT Press, 2007.

Deffeyes, Kenneth S. *Hubbert's Peak: The Impending World Oil Shortage*, Princeton (NJ), Princeton University Press, 2001.

Descola, Philippe. *Par-delà nature et culture*, Paris, Gallimard, 2005, 623 p.

Descombes, Vincent. *Les institutions du sens*, Paris, Éditions de Minuit, 1996, 349 p.

Diamond, Jared. *Effondrement. Comment les sociétés décident de leur disparition ou de leur survie*, NRF Essais, Paris, Gallimard, 2006.

Di Castri, Francesco. « La société globale de l'information : atout ou risque pour l'environnement ? », *Les cahiers Miollis*, nº 6, UNESCO, 1999, 75 p.

Di Castri, Francesco. « Les conditions gagnantes du développement durable », *in* Villeneuve, Claude, *Le développement durable : quels progrès, quels outils, quelle formation*, collection Actes #6, Institut de l'environnement et de l'énergie de la Francophonie (IEPF), 2006, p. 17-28.

Di Méo, Cyril et Jean-Marie Harribey. *La face cachée de la décroissance. La décroissance : une réelle solution face à la crise écologique ?*, Paris, L'Harmattan, 2006.

Dubois, Nicole. *La norme d'internalité et le libéralisme*, Grenoble, Presses universitaires de Grenoble, 1994, 223 p.

Duncan, Richard C. « The Olduvai Theory : Energy, Population, and Industrial Civilization », *The Social Contract*, vol. 16, nº 2, hiver 2005-2006, <www.hubbertpeak.com/duncan/OlduvaiTheorySocialContract.pdf>.

Dumont, René. *L'utopie ou la mort*, Paris, Seuil, 1973.

Dupuy, Jean-Pierre. *Pour un catastrophisme éclairé*, Paris, Seuil, 2002.

DURNING, Alan T. *How Much Is Enough? The Consumer Society and the Future of the Earth*, W.W. Norton & Company, 1992, 200 p.

ELLUL, Jacques. *La technique ou l'enjeu du siècle,* Paris, Colin, 1954.

EWALD, François. *L'État providence*, Paris, Grasset, 1986, 608 p.

FABER, Malte, MANSTETTEN, Reiner et John PROOPS. *Ecological Economics. Concepts and Methods*, Cheltenham, Edward Elgar, 1998.

FREITAG, Michel. *Le naufrage de l'université,* Québec, Nuit Blanche, 1995.

FRIEDMANN, Georges. *Le travail en miettes. Spécialisation et loisirs*, Paris, Gallimard, 1956, 347 p.

FRIEDMANN, Georges. *La puissance et la sagesse*, Paris, Gallimard, 1970, 503 p.

GALBRAITH, John Kenneth. *Le Nouvel État industriel. Essai sur le système économique américain*, Paris, Gallimard, 1967.

GARCIA, Ernest. *Medio ambiente y sociedad. La civilización industrial y los límites del planeta*. Madrid, Alianza Editorial, 2004.

GARCIA, Ernest. « La technologie et les dilemmes de la décroissance », *Entropia – Revue d'étude théorique et politique de la décroissance*, n° 3, 23 novembre 2008, p. 142-155.

GEORGESCU-ROEGEN, Nicholas. *La décroissance*, Paris, Éditions Sang de la Terre, 2006.

GODELIER, Maurice. *Rationalité et irrationalité en économie*, Paris, Maspero, 1966, 293 p.

GODELIER, Maurice. *L'idéel et le matériel: pensée, économies, sociétés*, Paris, Fayard, 1984.

GORZ, André. *Écologie et politique*, Paris, Galilée, 1975.

GORZ, André. *Misères du présent, richesse du possible*, Paris, Galilée, 1997.

GOULD, Stephen Jay. *Aux racines du temps*, Paris, Grasset & Fasquelle, 1990.

GRAS, Alain. *Fragilité de la puissance. Se libérer de l'emprise technologique*, Paris, Fayard, 2003.

GRAS, Alain. *Le choix du feu. Aux origines de la crise climatique*, Paris, Fayard, 2007.

GRÉMILLET, David. « Paradox of Flying to Meetings to Protect the Environment », *Nature*, vol. 455, 28 octobre 2008, p. 1175.

GRIETHUYSEN, P. van. « Why Are We Growth-Addicted. The Hard Way Towards Degrowth in the Involutionary Western Development Path », *Journal of Clean Energy Production*, vol. 18, n° 10, 2010, p. 590-595.

HAILS, Chris *et al. Living Planet Report 2006*, Gland, WWF International/Zoological Society of London/Global Footprint Network, 2006.

HAMEL, Jacques, HOULE, Gilles et Paul SABOURIN. « Stratégies économiques et développement industriel: l'émergence de Forano », *Recherches sociographiques*, vol. 25, 1984.

HEINBERG, Richard. *Peak Everything: Waking Up to the Century of Declines,* Gabriola Island, New Society, 2007.

HOPKINS, Rob. *Manuel de transition. De la dépendance au pétrole à la résilience locale*, Montréal, Éditions Écosociété, 2010.

HUZAR, Eugène. *La fin du monde par la science*, Collection Chercheurs d'ère, Alfortville, Éditions è®e, [1855] 2008.

ILLICH, Ivan. *La convivialité*, Paris, Seuil, [1973] 2003, 158 p.

JACKSON, Tim. *Prosperity without Growth? The Transition to a Sustainable Economy*, Royaume-Uni, Sustainable Development Commission, 2009, <www.sd-commission.org.uk/publications/downloads/prosperity_without_growth_report.pdf>.

JANICAUD, Dominique. *La puissance du rationnel*, Paris, Gallimard, 1985.

JUAN, Salvador. *Critique de la déraison évolutionniste. Animalisation de l'homme et processus de « civilisation »*, Paris, L'Harmattan, 2006, 438 p.

KELLER, Reiner. « Le développement durable dans la société du risque », *Géographica Helvetica*, n° 2, 1999, p. 81-89.

KELLER, Reiner. « L'univers dynamique des risques : événements, catastrophes, drames publics », *Annales des Ponts et Chaussées. Ingénieur Science Société*, n° 106, 2003, p. 7-22.

KORTEN, David C. *The Great Turning. From Empire to Earth Community*, San Francisco, Berrett-Koehler, 2006.

KOSIK, Karel. *La dialectique du concret*, Paris, François Maspero, 1970, 170 p.

KUNSTLER, James Howard. *The Long Emergency. Surviving the Converging Catastrophes of the Twenty-First Century*, New York, Atlantic Monthly Press, 2005.

KUNSTLER, James Howard. *World Made by Hand*, New York, Atlantic Monthly Press, 2008.

LAFONTAINE, Céline. *La société post-mortelle*, Paris, Seuil, 2008.

LATOUCHE, Serge. *La planète des naufragés : essai sur l'après-développement*, Paris, Éditions La Découverte, 1991, 235 p.

LATOUCHE, Serge. *La mégamachine*, Paris, La Découverte, 1995, 243 p.

LATOUCHE, Serge. *Décoloniser l'imaginaire*, Lyon, Parangon, 2005.

LATOUCHE, Serge. *Le pari de la décroissance*, Paris, Fayard, 2006.

LATOUR, Bruno. *Nous n'avons jamais été modernes. Essai d'anthropologie symétrique*, Paris, La Découverte, 1991, 210 p.

LUHMANN, Niklas. *Ecological communication*, Chicago : University of Chicago Press, [1986] 1989, 200 p.

MALTHUS, Thomas. *An essay on the principle of population, as it affects the future improvement of society with remarks on the speculations of Mr. Godwin, M. Condorcet, and other writers*, Londres, J. Johnson, in St. Paul's Church-Yard, 1798.

MANDOSIO, Jean Marc. *Après l'effondrement*, Paris, L'encyclopédie des nuisances, 2000.

MARION, Louis. « Le progrès en procès », *L'objecteur de croissance*, vol. 1, n° 1, janvier 2009.

MARX, Karl. *L'idéologie Allemande*, Paris, Nathan, [1845] 2009.

MARX, Karl. *Le capital*, Paris, Éditions sociales, 1967.

MEADOWS, D. H., MEADOWS D. L. et J. RANDERS. *The Limits to Growth*, New York, Universe Books, 1972.

MEADOWS, D., RANDERS, J. et D. MEADOWS. *Limits to Growth: The 30-year Update*, White River Junction (VT), Chelsea Green, 2004.

METZ, B., Davidson, O.R., BOSCH, P. R., DAVE, R. et L. A. MEYER (dir.). *Contribution of Working Group III to the Fourth Assessment Report of the Intergovernmental Panel on Climate Change*, Cambridge University Press, 2007, disponible en ligne: <www.ipcc.ch/publications_and_data/ar4/wg3>.

MICHÉA, Jean-Claude. *La double pensée*, Paris, Flammarion, 2008.

MILLENNIUM ECOSYSTEM ASSESSMENT. *Ecosystems and Human Well-being: Synthesis*. Washington, Island Press, 2005.

MORRISON, R. *The Spirit in the Gene: Humanity's Proud Illusion and the Laws of Nature*, Ithaca (NY), Cornell University Press, 1999.

MUNCK, Jean de. *L'institution sociale de l'esprit: nouvelles approches de la raison*. Paris, Presses universitaires de France, 1999, 201 p.

MYLONDO, Baptiste (dir.). *Pour une politique de décroissance*, Lyon, Golias, 2007.

NAHON, Daniel. *L'épuisement de la terre. L'enjeu du XXIe siècle*, Odile Jacob, Paris, 2008.

ODUM, H. T. et E. C. ODUM. *A Prosperous Way Down: Principles and Policies*, Boulder, University Press of Colorado, 2001.

PERROW, Charles. *Normal Accidents: Living With High-Risk Technologies*, Princeton, Princeton University Press, 1999, 386 p.

PHILIPPE, Cécile. *C'est trop tard pour la terre*, Paris, JC Lattès, 2006, 176 p.

PHILIPPE, Hervé. « Less is more: decreasing the number of scientific conferences to promote economic degrowth », *Trends in Genetics*, vol. 24, n° 6, 2008, p. 265-267.

PHILIPPE, Hervé. « Western prosperity is based on resources that are running out », *Nature*, vol. 457, 2009, p. 147.

PIKETTY, Thomas et Etienne SAEZ. « Income Inequality in the United States, 1913-1998 », NBER, WP n° 8467, 2001.

POLANYI, KARL. *La Grande Transformation. Aux origines politiques et économiques de notre temps*, Paris, Gallimard, [1944] 1983, p.102-112.

RAHNEMA, Majid et Victoria BAWTREE. *The post-development reader*, London, Zed Books, 1997, 440 p.

RIESEL, René. *Aveux complets des véritables mobiles du crime commis au CIRAD le 5 juin 1999*, Paris, L'encyclopédie des nuisances, 2001.

RIST, Gilbert. *Le développement: histoire d'une croyance occidentale*, Paris, Presses de la Fondation nationale des sciences politiques, 1996.

RIST, Gilbert, RAHNEMA, MAJID, Gustavo ESTEVA et LA FONDATION ECKENSTEIN POUR L'ÉTUDE DES RELATIONS AVEC LE TIERS MONDE. *Le nord-perdu: repères pour l'après-développement*, Lausanne, Éditions d'en bas, 1992, 175 p.

ROSZAK, Theodore. *The Voice of the Earth: An Exploration of Ecopsychology*, Londres, Bantam, 1993.

SABOURIN, Paul. « L'économie de la parenté au Québec. Sur la constitution symbolique des formes de circulation matérielle », *L'Ethnographie*, 1994, p. 73-99.

SABOURIN, Paul, HURTUBISE, Roch, LACOURSE, Josée et CONSEIL QUÉBÉCOIS DE LA RECHERCHE SOCIALE. *Citoyens, bénéficiaires et exclus : usages sociaux et modes de distribution de l'aide alimentaire dans deux régions du Québec : la Mauricie et l'Estrie*, rapport remis au Conseil québécois de la recherche sociale, 2000, 480 p.

SACHS, Ignacy. *L'écodéveloppement. Stratégies de transition vers le XXI*[e] *siècle*, Paris, Syros, 1993.

SAHLINS, Marshall David. *Âge de pierre, âge d'abondance : l'économie des sociétés primitives*, Paris, Gallimard, 1976, 409 p.

SALE, Kirkpatrick. *After Eden : The Evolution of Human Domination*, Duke University Press, 2006.

SALOMON, Jean-Jacques. *Les scientifiques entre pouvoir et savoir*, Paris, Albin Michel, 2006.

SAUL, John. *Les bâtards de Voltaire. La dictature de la raison en Occident*, Payot & Rivages, Paris, 2000.

SCHNEIDER, F., HINTERBERGER, F., MESICEK, R. et F. LUKS. « Strategies for an Ecological Information Society », *in* Hilty, M. L. et P. W. Gilgen (dir.), *Sustainability in the Information Society*, Metropolis-Verlag, Marburg, 2001.

SCHUMACHER, E. F. *Small is beautiful*, Londres, Abacus, 1973.

SCHUMPETER, Joseph. *Théorie de l'évolution économique; recherche sur le profit, le crédit, l'intérêt et le cycle de la conjoncture*, Sirey, Dalloz, [1911] 1999.

SCHUMPETER, Joseph. *Capitalisme, socialisme et démocratie*, New York, Harper and Brothers, 1942.

SIMMEL, Georg. *Philosophie de l'argent*, Paris, PUF, [1900] 1987.

SOLÉ, Andreu. *Créateurs de mondes*, Paris/Monaco, Editions du Rocher, 2000.

SOLÉ, Andreu. *Repenser l'entreprise*, Paris, Le cherche midi, 2008.

SOLOMON, S., QIN, D., MANNING, M., CHEN, Z., MARQUIS, M. AVERYT K. B., TIGNOR, M. et H. L. MILLER (dir.). *Contribution of Working Group I to the Fourth Assessment Report of the Intergovernmental Panel on Climate Change*, Cambridge, Cambridge University Press, 2007, disponible en ligne : <www.ipcc.ch/publications_and_data/ar4/wg1/fr/contents.html>.

STEIGER, Otto (dir.). *Property Economics. Property Rights, Creditor's Money and the Foundations of the Economy*, Marburg, Metropolis, 2008.

STEPPACHER, Rolf (dir.). *Introduction à l'économie institutionnelle à l'exemple de la problématique du développement agricole dans le tiers monde*, Genève, Institut Universitaire d'Études du Développement, Itinéraire, n° 30, 1983.

STIEGLER, Bernard. *La télécratie contre la démocratie*, Paris, Flammarion, 2006, 269 p.

TAINTER, Joseph. *The Collapse of Complex Societies*, Cambridge, Cambridge University Press, 1995.

VILLENEUVE, Claude. *Qui a peur de l'An 2000?*, UNESCO et Éditions Multimondes, 1998, 303 p.

VILLENEUVE, Claude et François RICHARD. *Vivre les changements climatiques, réagir pour l'avenir*, Éditions Multimondes, 2007, 449 p.

WALDROP, M. M. « Science in the meltdown », *Nature*, vol. 456, 2008, p. 155-159.

WALTER, J. et A. SIMMS. *The end of development? Global warming, disasters and the great reversal of human progress*, Londres, New Economics Foundation, 2005.

WEBER, Max. *Le savant et le politique*, Paris, Plon, 1919.

WHYTE, William Foote et Kathleen King WHYTE. *Making Mondragón: the growth and dynamics of the worker cooperative complex*, Ithaca, ILR Press, 1991, 333 p.

ZACCAÏ, Edwin. *Le développement durable. Dynamique et constitution d'un projet*, Bruxelles, P.I.E. – Peter Lang, 2002, 358 p.

PRÉSENTATION DES AUTEURS

Yves-Marie Abraham
Diplômé en lettres classiques, en sociologie et en sciences de gestion, Yves-Marie Abraham est professeur agrégé à HEC Montréal. Il y enseigne la sociologie de l'entreprise. Ses recherches portent sur l'enseignement de la gestion, les marchés financiers et les fondements socioanthropologiques de l'économie. Il est membre du Mouvement Québécois pour une Décroissance Conviviale (MQDC).

Catherine Beau-Ferron
Catherine Beau-Ferron est titulaire d'un baccalauréat en sculpture et histoire de l'art de l'université Concordia, ainsi que d'un diplôme d'études supérieures en gestion d'organismes culturels à HEC Montréal. Elle a récemment adopté la région de la Haute-Gaspésie comme terre d'accueil, un lieu où les projets foisonnent et où les belles idées quittent le papier pour faire de l'utopie une alternative viable… et surtout conviviale.

Michel Freitag
Sociologue et philosophe, Michel Freitag est mort peu de temps après avoir prononcé la conférence qui est retranscrite dans le présent ouvrage. Il était alors professeur émérite au département de sociologie de l'UQAM. Michel Freitag est l'auteur d'une théorie sociologique générale à caractère dialectique, qu'il a exposée en particulier dans les deux tomes de *Dialectique et Société, Introduction à une théorie générale du symbolique* (1986). Il a publié par la suite *Le naufrage de l'université – Et autres essais d'épistémologie politique* (1995), *L'oubli de la société, Pour une théorie critique de la postmodernité* (2002), et plus récemment, aux Éditions Écosociété, *L'impasse de la globalisation* (2008).

Ernest Garcia
Professeur de sociologie, Ernest Garcia est directeur du département de Sociologie et Anthropologie Sociale de l'université de Valencia (Espagne), où il enseigne depuis 1971, ainsi que doyen de la Faculté des sciences sociales. Il mène des recherches dans les domaines du changement social et de la sociologie écologique et a publié plus d'une centaine de livres et d'articles sur ces thèmes, dont *Medio ambiente y sociedad : la civilización industrial y los límites del planeta*

(2004) et *El trampolí fáustic: ciència, mite i poder en el desenvolupament sostenible* (1995). En langue française, il a publié notamment dans la revue *Entropia* en 2007 : « La technologie et les dilemmes de la décroissance ».

Corinne Gendron
Membre du barreau du Québec, Corinne Gendron est diplômée du MBA de HEC Montréal et docteure en sociologie (UQAM). Professeure de stratégie à l'École supérieure de gestion de l'UQAM, elle est titulaire de la Chaire de responsabilité sociale et de développement durable, où elle mène de front plusieurs programmes de recherche sur le développement durable, la responsabilité sociale des entreprises, la mondialisation, les mouvements sociaux économiques et le commerce équitable. Elle a publié de nombreux articles sur ces questions et plusieurs livres dont *Vous avez dit développement durable?* (2007), *Le développement durable comme compromis* (2006) et *Développement durable et participation publique* (2004).

Reiner Keller
Professeur de sociologie à l'université de Koblenz-Landau (Allemagne), Reiner Keller a étudié à Saarbruck, Bamberg et Rennes (France). Il vit actuellement à Munich, où il a un moment travaillé au sein d'un institut de recherche en sciences sociales sur des sujets liés aux discours et aux pratiques écologiques, avant de collaborer au centre de recherche sur la modernisation réflexive fondé par Ulrich Beck. Plus récemment, il s'est spécialisé dans le domaine de l'analyse du discours en sociologie. Reiner Keller a publié de nombreux articles et plusieurs livres, notamment sur la question des déchets, le discours environnemental, la modernisation réflexive et la sociologie de la connaissance.

Louis Marion
Philosophe, essayiste, conférencier, membre de plusieurs collectifs (Nouveaux Cahiers du Socialisme, Groupe de Recherche d'Intérêt Public de l'UQAM, Mouvement Québécois pour une Décroissance Conviviale), Louis Marion collabore régulièrement au journal *L'objecteur de croissance* et a publié plusieurs articles à propos de la question de la technique. Il est l'auteur en particulier de « La perte de l'expérience chez Günter Anders », (*Société*, 2007) et de « La dimension technique de la domination contemporaine » (*Possibles*, 2008).

Mercedes Martinez-Iglesias
Sociologue, Mercedes Martinez-Iglesias est professeure associée et chercheure au sein du département de Sociologie et Anthropologie Sociale de l'Université de Valencia (Espagne). Spécialisée en sociologie de l'environnement et sociologie du genre, elle a publié, parmi d'autres textes, « Políticas ambientales y participación ciudadana » (2009). Mercedes Martinez-Iglesias est membre du *Coordination Board of the Environment & Society Network, European Sociological Association* (ESA). Elle a travaillé au sein du CETCOPRA (Université de Paris 1), de l'Environmental Science & Policy Program (Michigan State University) et de l'ESRC Genomics Policy and Research Forum (University of Edinburgh).

Hervé Philippe
Ingénieur des mines (École des Mines de Paris) et docteur en évolution moléculaire (Université Paris-Sud), Hervé Philippe est actuellement professeur au département de Biochimie de l'Université de Montréal. Titulaire de la chaire de recherche du Canada en Bio-informatique et Génomique Évolutive et éditeur de plusieurs journaux scientifiques de premier rang, Hervé Philippe est un expert internationalement reconnu de la reconstruction de l'histoire de la biodiversité. Il a récemment commencé à étudier l'empreinte environnementale de la recherche scientifique, ainsi que les moyens de la réduire.

Gilles Rotillon
Professeur émérite à l'université Paris Ouest Nanterre la Défense et professeur à l'Institut national des Sciences et Techniques nucléaires (INSTN), membre d'EconomiX (CNRS) et du conseil scientifique du département de sciences sociales de l'INRA, Gilles Rotillon est économiste de l'environnement. Ses recherches portent en particulier sur la régulation des politiques agricoles, les marchés de droits à polluer et le développement durable. Il est l'auteur de nombreux articles dans des revues académiques et de plusieurs livres dont *Économie des ressources naturelles* (La Découverte, 2010, 2e éd.) et *Faut-il croire au développement durable?* (L'Harmattan, 2008).

Paul Sabourin
Paul Sabourin est professeur agrégé au département de sociologie de l'Université de Montréal. Ses recherches s'insèrent dans les domaines de la sociologie de l'économie, de l'épistémologie et de la méthodologie sociologiques. Il a publié des recherches sur la naissance « hétérodoxe » de la connaissance économique au Québec, sur les pratiques économiques de l'ordre de l'accumulation (développement industriel), mais aussi de la redistribution sociale (l'aide alimentaire). Ses travaux visent à contribuer au développement d'une théorie sociologique de l'économie intégrant sa dimension sociocognitive, qui porte notamment sur l'analyse des idéologies économiques.

Andreu Solé
Sociologue et économiste, professeur à HEC-Paris, Andreu Solé mène des recherches sur la décision, le dirigeant d'entreprise, la relation entreprise-société et la question du bonheur. Son approche procède d'une théorie de l'homme (de la liberté humaine) qu'il expose dans son livre *Créateurs de mondes* (Ed. du Rocher, Paris, 2000). Il est l'auteur également de « L'entreprisation du monde » (*in* J. Chaize, F. Torres, *Repenser l'entreprise*, Le cherche midi, Paris, 2008) ; « Prolégomènes à une histoire des peurs humaines » (*in* J. Méric, Y. Pesqueux, A. Solé, *La « Société du Risque » : analyse et critique*, Economica, Paris, 2009).

André Thibault
Actuellement chargé de cours en sociologie à l'Université du Québec en Outaouais, André Thibault a travaillé à Hydro-Québec en tant que sociologue du travail, puis à l'Éducation permanente de l'Université de Montréal. Impliqué dans la revue *Possibles* et aux « Amis du Monde Diplomatique », il a publié *Ses propres moyens* (essai) chez Nota Bene en 2004. Au printemps 2011, il publie chez Lévesque éditeur un roman : *Sentiers non balisés.*

Pascal van Griethuysen
Docteur en économie politique, diplômé en relations internationales et spécialiste des interactions Homme-Nature, Pascal van Griethuysen enseigne l'économie évolutive à l'Institut de Hautes Études Internationales et du Développement (IHEID) de Genève, ainsi qu'à la Faculté des Géosciences et des Sciences de l'Environnement (FGSE) de l'Université de Lausanne. Ses recherches et publications portent sur des problématiques environnementales (changement climatique, biosécurité, principe de précaution) et sociales (mondialisation capitaliste et développement soutenable) appréhendées à travers les perspectives de l'économie évolutive, institutionnelle et écologique. Il intervient également comme consultant pour le compte d'organisations, à l'instar du CIO (impact global des Jeux Olympiques) ou l'UICN (relations entre pauvreté, inégalités sociales et dégradation écologique).

Claude Villeneuve
Professeur au département des sciences fondamentales de l'UQAC et directeur de la Chaire de recherche et d'intervention en Éco-Conseil, Claude Villeneuve est biologiste. Depuis plus de 30 ans, il partage sa carrière entre l'enseignement supérieur, la recherche et les travaux de terrain en sciences de l'environnement. Coauteur de 11 livres dont *Vivre les changements climatiques, réagir pour l'avenir* avec François Richard (Éditions Multimondes, 2007), il a reçu de nombreuses récompenses pour la qualité de son travail, dont le titre de « scientifique de l'année 2001 », et est membre du cercle des Phénix en Environnement.

TITRES DE LA MÊME COLLECTION

L'impasse de la globalisation
Une histoire sociologique et philosophique du capitalisme
MICHEL FREITAG

Démocratie dans quel état ?
GIORGIO AGAMBEN, ALAIN BADIOU, DANIEL BENSAÏD, WENDY BROWN, JEAN-LUC NANCY, JACQUES RANCIÈRE, KRISTIN ROSS, SLAVOJ ŽIŽEK

Art et politique
Nouvelles formes d'engagement artistique au Québec
ÈVE LAMOUREUX

Offshore
Paradis fiscaux et souveraineté criminelle
ALAIN DENEAULT

Le trésor perdu de la politique
Espace public et engagement citoyen
DIANE LAMOUREUX

La tyrannie de la valeur
Débats pour le renouvellement de la théorie critique
Sous la direction de ERIC MARTIN, MAXIME OUELLET

Comment exister encore ?
Capital, techno-science et domination
LOUIS MARION

La révolution culturelle du capital
Le capitalisme cybernétique dans la société globale de l'information
MAXIME OUELLET

Faites circuler nos livres.
Discutez-en avec d'autres personnes.
Si vous avez des commentaires,
n'hésitez pas à nous les faire parvenir.

écosociété

ÉDITIONS ÉCOSOCIÉTÉ

C.P. 32 052, comptoir Saint-André
Montréal (Québec) H2L 4Y5
ecosociete@ecosociete.org

www.ecosociete.org

DIFFUSION ET DISTRIBUTION

Au Canada : Diffusion Dimedia
En Europe : Harmonia Mundi Livre

FSC www.fsc.org
MIXTE
Papier issu de sources responsables
FSC® C100212

Achevé d'imprimer en mars 2020 sur les presses
de l'imprimerie Gauvin à Gatineau, Québec,
pour le compte des Éditions Écosociété